中华之源与嵩山文明研究系列丛书

土木之魂

中华传统建筑的中和人文精神

李永铭　著

创于1897
商务印书馆
The Commercial Press

图书在版编目(CIP)数据

土木之魂：中华传统建筑的中和人文精神/李永铭著.—北京：商务印书馆，2022
（中华传统中文化研究丛书）
ISBN 978-7-100-21590-9

Ⅰ.①土… Ⅱ.①李… Ⅲ.①古建筑—建筑艺术—研究—中国 Ⅳ.①TU-092.2

中国版本图书馆CIP数据核字（2022）第153034号

中华传统中文化研究丛书

土木之魂

中华传统建筑的中和人文精神

李永铭　著

商 务 印 书 馆 出 版
（北京王府井大街36号　邮政编码100710）
商 务 印 书 馆 发 行
南京新洲印刷有限公司印刷
ISBN 978-7-100-21590-9

2022年11月第1版　　开本 889×1240 1/32
2022年11月第1次印刷　　印张 12 3/8

定价：98.00元

郑州中华之源与嵩山文明研究会

郑州嵩山文明研究院

郑州市嵩山文明研究基金会

资助研究出版

序

中华文化源远流长，博大精深，是世界上唯一没有中断的文化。中华文化的核心和灵魂是中文化。中文化是指中华民族信中、尚中、求中、执中、用中的文化精神及其文化体系。其主要内涵和特质体现在以下五个方面。

一、中是中华民族传统的宇宙观

人生天地间，首先关注的是天地人之间的关系。古人通过对天地运行变化的长期观察，形成了以下观念：

其一是天地之中的观念。天在上，地在下，人在天地中间。北斗星“运乎天中”，地中则在嵩洛地区。地中是“天地之所合也，四时之所交也，风雨之所会也，阴阳之所和也”。即地中自然环境条件最好，最适合人类繁衍生息。显而易见，这里的“中”既是描述空间方位的概念，也是表达价值的概念。“天地之中”观念的形成，标志着中华民族原初的宇宙观已经确立起来。

其二是“天圆地方”说。天是“圆”的，地是“方”的。随着时间的推移、知识的增加和思维能力的不断提升，人们逐渐认识到了天“大”、地“广”，认识到了宇宙的无限性、事物的多样性。

其三是万物皆“易”，都是恒变无常的。何谓易？生生不息之谓易。

宇宙的本质就是一个不断运动、变化、创新的过程。

其四是天人合一的观念。人与自然是对立的，又是统一的，天地与人是共生、共存的有机整体。

在这些观念形成的过程中，人们逐渐认识到“中”对于事物形成、发展、变化的极其重大的意义，从而提出了“中也者，天下之大本也”的论断。沿着这一思维路向，后世思想家则进一步强调：“中者，天地之所终始也”“人受天地之中以生”。并将“中”称为“天理”，认为“天下之理统一于中”。这样，以“天地之中”观念为基础，中华传统文化以“中”为核心的精神体系便逐步建立和不断完善起来。

二、中是中华民族认识事物、推动事物发展的方法论

在实际生活中，人们必然要面对各种各样的事物，处理各种各样的问题。通过长期的社会实践，人们逐渐总结、形成了以下认识事物、推动事物发展的方法。

首先，将构成天地万物的各种要素，归结为“阴”“阳”两个方面。提出了“万物负阴而抱阳”“一阴一阳之谓道”“一物两体”等论断。强调任何具体事物内部都包含着“阴阳”“两体”，这两个方面既对立又统一，是事物存在、变化和发展的基本法则。

其次，强调事物内部各要素之间的和谐、平衡，人和事物与外部环境的和谐、平衡，是人和事物存在、发展的前提。当某一事物内部各方面处于高度和谐、平衡状态时，即谓之“中”。反之，则为“不中”。“中”既是对事物良好状态的描述，又是对事物良好状态的评价、肯定。因此，“求中”也就成了人们认识事物、分析问题和价值选择的基本原则和方法。

再次，“执其两端，用其中于民”。即是说，在治理民众、处理各种政事时，要注意倾听各方面的意见，了解各方面的情况，兼顾各方面的利益，采取“适中”的方针措施。从而实现社会稳定，促进社会发展。这种思想对后世产生了极其深远的影响。

最后，执中致和。“中也者，天下之大本也，和也者，天下之达道也。致中和，天地位焉，万物育焉。”中为本，和为用，执中才能致和，致和才能够促使事物各适其位，遵循规律、繁衍生息。

三、中是中华民族传统的行为规范

人类社会要保持有序运行，就必须建立一套规范系统来约束、规范人们的行为。中华民族传统的行为规范涵盖了多个方面，是“中”的具体化。其中最主要的就是道德规范和礼仪规范。

首先是道德规范。早在五帝时期，执政者就强调执中修德，“顺天之意，知民之急，仁而威，惠而信，修身而天下服”。开始重视以德为政，以德教民。经夏、商、西周到春秋时期，道德规范趋于成熟。一是尚中、守中，以中为至高之德。二是以仁、义、礼、智、信五常为标准修身养性。三是坚守君子之道。敏而好学，文质彬彬，坦坦荡荡，成人之美，和而不同，己所不欲，勿施于人。四是做到“诚”，从而达到“不勉而中，不思而得，从容中道”。

其次是礼仪规范。中华传统礼仪规范由来已久。西周时期，周公旦主持制定周礼。在夏、商礼制基础上，制定了一套系统的礼仪规范。其核心内容是：以中为本，以礼立序，以德治国，以乐致和，自强不息，忠诚无私，举贤任能，礼让为先，尊老爱幼。周礼涉及社会生活的方方面面，是礼仪规范、治国方案，也是一部法典，对后世产生了极其深远的影响。

四、中是中华民族的审美理想

审美是人认识、理解和评价外部事物的一种活动方式。与主体自身的宇宙观、道德观等密切相关。《国语》中提出了“和实生物”的命题。各种事物的生存、发展，正是构成事物的各要素高度“融和”的结果。而这种“融和”是以各要素的协调、平衡即“中”为前提和基础的。即由“中”致“和”。事物各要素“融和”的程度越高，事物的存续状态就越美好，就越能使主体得到愉悦。

《左传》载，晏子在论述“和”时曾谓“和如羹焉”。厨师做汤之所以要放入多种食材、佐料，目的正是在于“济其不及，以泄其过”。好喝的汤，是不同的食材、佐料由“中”致“和”的结果。同样道理，好听的音乐也是不同的乐声由“中”致“和”的结果。孔子在评论乐曲《韶》时曰：“尽美矣，又尽善也。”孔子认为乐曲《韶》的表现形式与思想内容高度和谐，故称“尽善尽美”。

孔子曰：“质胜文则野，文胜质则史。文质彬彬，然后君子。”“质胜”则“文”不及，表现为粗野；“文胜”则“质”不及，表现为虚浮。“质”“文”高度协调、和谐，无过无不及，这才是完美的“君子”形象。

一般来说，审美有三种境界：一是“时中”之美，也可称和时之美；二是中和之美，也可称和谐之美；三是和而不同之美，各美其美，美美与共，是最高理想境界。

五、中是中华民族传统治国理政之策

《尚书》载，舜传位禹时说，"人心惟危，道心惟微，惟精惟一，允执厥中"。舜要求禹要秉持"执中"的理念治国理政。舜这种治国理政的基本理念，承继于尧。尧、舜、禹一脉相承的这种治国理政的"执中"理念，为后世人们所继承和发扬，成为中华民族传统治国理政的基本理念。

秉持"执中"的理念治国理政，首先就是要"明于刑之中"。治理国家要"善刑"，"刑新国用轻典，刑平国用中典，刑乱国用重典"。要选择公正的贤人做刑官，犯罪依律惩治，凡有疑不符者，从轻发落。审慎施法，让当事者信服。

其次，"为政以德""宽猛相济"。"敬事而信，节用而爱人，使民以时。"当政者要忠诚守信，取信于民；要用财节俭，爱护百姓，薄赋轻徭，调用民力适时有度。

最后，要施行"仁政"。对民众要先"富之"，然后"教之"。"制民之产"，使民众具有一定的产业。要注重解决民众面临的实际问题。同时，"谨庠序之教，申之以孝悌之义"；还要抓好农业生产，做好资源的利用与保护工作。特别是要注意把控贫富之间的差距，不能使之过于悬殊。"大富则骄，大贫则忧。忧则为盗，骄则为暴。"要对"大富"与"大贫"进行"调均之"。所谓"调均"，就是在"大富"与"大贫"之间"求中"。

总之，秉持"执中"的理念治国理政，就是要求执政者做到公平、公正、无私，注意协调社会各方面的关系，注重教养民众，不要采取偏激措施，以避免激化矛盾，从而实现社会的和谐、稳定和发展。秉持"执中"的理念治国理政，就是"以德治国"，就是"善政"。这种"执中"的执政理念，对于中国社会的发展产生了极其深刻而持久的影响。

中华文明的方方面面，都彰显着中文化的精神。正是中文化精神的滋养，使得中华民族具有自强不息、兼容并包、宽厚仁和、敦亲睦邻、天下为公、协和万邦的博大胸怀。中华民族的生命力、凝聚力、感召力日渐增强。

基于这样的认识，郑州中华之源与嵩山文明研究会设立了“中华传统中文化研究”重大课题。课题组先后邀请了中国社会科学院、中国科学院、北京大学、南开大学、中国传媒大学、首都经济贸易大学、上海科技大学、天津社会科学院、湖北大学、深圳大学、中南财经政法大学、中共河南省委党校、河南省社会科学院、郑州大学、河南大学、河南中医药大学、河南农业大学等单位的三十多位学者参与讨论和研究工作。确定了从资料收集梳理开始，然后设立子课题进行专题研究，最后进行综合研究的思路和步骤。中华传统中文化研究的任务是：探讨中文化形成、发展的历程；研究中文化在中华文化发展中所发挥的重大作用；明确中文化在中华文化体系中的地位；揭示中文化在新时代的意义和价值。

郑州市嵩山文明研究基金会为本课题的研究和成果的出版提供了资金支持；郑州嵩山文明研究院的同志为本课题的研究提供了非常周到的服务和保障工作。在此，特向为本课题研究做出贡献的各个单位、各位专家和工作人员，致以诚挚的敬意和衷心的感谢！

2022 年 6 月

目　录

导言　中国传统土木建筑

一、中国传统土木建筑与“中和”精神

中国远古先民在与大自然恶劣环境的斗争中，逐渐解决着他们的居住问题。从利用天然的洞穴栖身，到进入地下的原始横穴、深袋穴，再到用木构架、草泥建造半穴居住所，进而发展为地面上的建筑，并形成聚落；或者构筑树上巢屋，发展出单树巢、多树巢，再降低高度，以木柱代替天然树干，向干阑建筑演变。穴居向上上升的功能改善，意味着土木相结合的构筑方式，从以土为主逐渐向以木为主的方向过渡。巢居向下发展，也进一步积累了木构架房屋的建造技术经验。两种技术文化的交流，形成了中国古代独特的建筑文化。他们创造性地使用榫卯结构构筑木架房屋，使木构架技术得到了升华。而从洞穴上升到地面，筑土台、垒墙再到发明砖瓦，用土的技艺也不断提高。在早期，人们只能依靠泥土、木材及其他天然材料从事土木营造活动。后来人们借助火，用泥土做成砖和瓦。砖、瓦这种人工建筑材料的发明，使人类冲破了天然建筑材料的束缚，人们开始广泛、大量地修建房屋和城市防卫工程等。土木工程技术由此得到了飞速的发展。直至18—19世纪，木材、砖瓦一直是古代中国主要的建筑材料，直到今天还被广泛采用，故中国古代建筑俗称土木建筑。随着文明的发展与技术的进步，具有以

斗栱等为特殊构件等特征的中国土木建筑形态，扎根华夏，惊艳世界。比如北京天坛公园中宏伟壮丽的祈年殿，它的主体为木构架，采用榫卯结构，其木构件互相咬合，不用一根铁钉；北京故宫的角楼，奇丽多姿，巧夺天工，连国外的建筑大师也叹为观止。当然，在今天，土木建筑这个概念已涵盖了几乎所有的建筑活动，远远超出了传统的居室建筑的范围。

相对于西方古建筑多以石材构筑，中国古建筑偏爱木材，几千年来，虽然时代、环境在不断发生变化，可木构架一直在建筑中唱主角。木构架建筑，由柱、梁等主要构件组成。各构件之间用榫卯相结合，构成了富有弹性的框架。这种榫卯结合的形式，在浙江余姚河姆渡远古遗址中被发现，表明它在距今七千多年前就已经形成了。在几千年的发展过程中，木结构建筑主要有三种形式。一是井干式，以圆木或方木四面围合，结构如井字形，这是一种最古老且简单的结构，今天在一些山区林地仍可见到它的身影。二是穿斗式，用穿枋、柱子相穿通接斗而成，这种结构便于施工，抗震效能好，但其建筑规模不宜太大，我国南方民居和一些较小的殿堂楼阁多采用这种形式。三是抬梁式，或称叠梁式，即在柱上抬梁，梁上安柱（短柱），柱上又抬梁的结构方式。通过这种方式，建筑物的面阔和进深逐渐加大，这使它成了大型宫殿、王府、宅第、坛庙、寺观等豪华建筑所采取的主要结构形式。人们还将抬梁与穿斗相结合，让建筑更加灵活多变。木构架建筑主要以柱梁承重，墙壁只作间隔之用，并不承受上部屋顶的重量，因此墙壁的位置可以按所需室内空间的大小而安设，并可以随时按需要而改动。这样一来，门窗也可以按需要而开设，且可大可小，可高可低，甚至可以开成空窗、敞厅或凉亭。民间俗语称“墙倒屋不塌”，说的就是梁柱式结构体系的特点。

图 1　在西藏见到的井干式住宅

图 2　穿斗式柱梁结构

图 3 抬梁式柱梁结构建筑

在平面布局上，中国古代建筑是以群体组合出现的。它通常以若干单栋建筑围合成庭院，再由若干庭院组成建筑群。这种建筑群的绝大多数，都是按照轴线、庭院分布的正规布局。在中轴线上，每一座建筑就是一进。理论上说，庭院可以无穷扩建。可因地形所限，如山川河流的阻隔，庭院并不可能无穷延伸。另外，身份地位的等级体系也限制了建筑的规模。我们看到，中国古建筑有三进、四进、五进和九进四种主要规模，其中九进为最高规格，只有皇家才能享用。自然，除一般民居外，中国古建筑也有单独出现者，如风景区中用以装点风景的亭子或者塔等。至于古代园林的布局，则比较自由，比如苏州园林，北京的颐和园、北海、中南海，都是根据山水地形进行规划的自由布局。不过，也有少量地方会按轴线布局，如在一组中式建筑中，厅堂、庭院按轴线布局，而其周围的亭台桥榭则自由布局。

从建筑外观上看，中国传统建筑由上、中、下三部分组成。这与中国文化中的“天地人三才”具有一致性：上为屋顶，为天；下为台基，为地；中间是木构架的柱子、门窗及墙面所构成的人生活的空间，为人。作为建筑的主体，木构架构成整个建筑的有效空间。关于木构架的成因，中国现代建筑大师梁思成先生认为，这是中国古代建筑技术发展的结果。“我们的祖先发现木头有弹性，弄弯了以后还会恢复原状，石头很结实，垒起来就可以不倒等现象。远在原始时期，我们的祖先就掌握了最基本的材料力学和一些材料的物理性能。譬如，石头最好是垒起来，而木头需要连在一起用的时候，最好是想法子把它扎在一起，或用榫头衔接起来。”[①]榫卯技术的发明，让木材的各种性能得到充分的发挥，也让古人在建筑方面得以充分发挥自己的聪明才智。同时，在土木建筑的木构架上，有一非常明显的标记性构件，即斗栱。它是以华夏为代表的东方建筑所特有的构件，是中国古代建筑文化的特殊符号。

中国古代建筑不仅外观上瑰丽华美，建筑本身更具有深深的文化内涵。从最早脱离茹毛饮血开始，古人就在创造着能遮风避雨、防止蛇虫猛兽侵害的房屋。从最初的独立小屋到深宅大院，从聚族而居的村庄到都市大邑，建筑逐渐从技术发展为艺术，并深深渗透着由历史积淀而来的人文情怀。中国古代建筑不以单独建筑个体名世，而以建筑群体的和谐作为其最高境界，这是中国中和文化追求有序和谐的真实体现。今天，当我们徜徉于历史古建筑中，无论是垂柳依依的庭院，还是峨峨高耸的殿堂，无论是斑驳陆离的窗格，还是残破凋零的墙垣，我们都能从中品味到历史的沧桑。中国古代建筑也是中华民族不同历史时期政治、经济、文化、科技各种条件综合的产物，是自然科学与人文思想的精美结合。因此，古建筑的存在已远远超出了其作为土木建筑本身

① 梁思成：《祖国的建筑》，载梁思成：《拙匠随笔》，北京出版社 2016 年版，第 45 页。

的价值和意义。在我国各地，保有无数的古建筑遗存，它们是灿烂的中华民族古代文化艺术中最具独特魅力的部分，是中国古文化、古文明的标志和象征，凝聚着中国古代劳动人民的智慧和才华。

中国古代土木建筑，与古人生活的山水相互融合，不矫揉，不造作，淡泊素雅，充满了智慧。中华民族悠久的历史和众多的族群，又使得中国传统建筑异彩纷呈。在北方黄土高原，古人利用黄土的特性，用土坯或夯土筑墙建成房屋，或挖掘窑洞作为居室，后来又用黄土烧制砖瓦，用以盖房；西南地区地处亚热带，当地居民常用竹木建成干阑半干阑式建筑；青藏高原，少雨干旱，昼夜温差大，人们多砌筑厚墙式平顶碉房；北方草原地区，游牧民族逐水草而居，为方便拆架迁移，就搭制帐篷式住房。总之，古代各族人民，都按照各自的自然条件与当地可能提供的建筑材料，依自己的生活方式与需要，构筑了具有不同风格的建筑，丰富了中国古代土木建筑的形式，共同为发展中华民族的古代建筑做出了贡献。

图 4　广州大元冈出土的汉代陶制“干阑”式建筑模型

载安志敏：《中国新石器时代论集》，文物出版社 1982 年版，第 212 页。

今天我们看到各地建筑都别具特色，傣族建筑玲珑纤巧，侗族建筑古拙质朴，藏族建筑粗狂豪放，苗家的吊脚楼别具风情……种种民族建筑各有千秋，但他们都不同程度地受到中原文化的影响，是中国传统土木建筑在不同地理环境里的特殊表现。中华民族多元一体的文化，造就了和而不同的建筑，如繁星点点，共同组成了中国建筑的灿烂星河，使中国建筑以独特的风姿屹立于世界。

中国古代建筑至少可上溯到六七千年以前的上古时期。进入文明时代以后，我国古代建筑逐渐发展成熟。

按《周易·系辞》的说法，上古穴居而野处。尽管在旧石器时代，也有由兽骨堆积而成的围合体之类的建筑遗迹，但毕竟证据太少。真正的居住建筑，出现在新石器时代或原始社会晚期。当时，我们的祖先开始注意选择近水、向阳、不受旱涝影响、易于防御的地方，建造穴居和巢居，出现有群居的聚落，窑洞、木梁架和干阑等类型得到了广泛的应用与发展，基本确立了以后几千年中国传统建筑的土木结构形式，特别是木构梁架式样，更成为中华民族建筑结构中的主流。其构造方式也从绑扎发展到榫卯。他们已基本掌握了黄土夯筑技术和木材加工技巧。那种供生产与生活用的窑址、公共房屋、住所、窖穴和畜圈，供防御用的垣墙、濠沟，以及原始崇拜所需的祭坛、神庙和神像与公共墓地等，在全国各地考古遗址中都有发现。

夏商周即所谓三代时期，土木建筑技术得到进一步发展且日渐完善，以木柱梁为房屋结构的形式已经成为当时（特别是上层集团）建筑的主流，其主要结构方法抬梁式和穿斗式已发展成熟。柱网也逐渐趋于整齐，更出现了斗栱这种具有中国特色的重要建筑结构构件，甚至在青铜器件上也铸刻了斗栱形式，木构件也更加精确多样。夯土技术更成熟，且广泛用于筑城、大面积广庭和建筑台基，特别是高台建筑的出现，就离不开夯土技术。作为中国传统建筑最主要内容的宫殿、坛庙、陵墓、官署、监狱、作坊、民居等，都在这一时期出现并逐渐成熟，且往往规模宏大。如陕西岐山凤雏村西周遗址，已发现由二进院落组成的、相当严整的四合院式建筑。新的材料如陶制地砖、屋瓦等可见于实际建筑，防水、防盗的技术也被应用。在建筑设计中，环境问题开始得到重视，人们试图"相土尝水"，经过规划才进行施工。慢慢地，有了严谨的建筑制度，衡量建筑尺度的标准也逐渐规范化，还出现了《周礼·冬官考工记》对工匠建筑工程的详细记述，以及《墨子》对建筑技艺的论述。

秦汉时期结束了战国的战乱分裂，大一统的中央集权制国家给建筑带来了全新气象。秦统一六国后，规模空前的建筑活动使全国各地的建筑技术、建筑艺术得到一个交流融合与发展的机会。秦政府曾打算把咸阳扩建为夹渭河两岸、以桥相连的空前庞大的都城，其所建阿房宫前殿，保存至今的遗址东西长 1000 余米，南北达 500 米，规模惊人。其他如始皇陵、万里长城、驰道等巨大工程，也正是在这一背景下建成的。继起的西汉建都长安，高台建筑仍然盛行，可到东汉时的洛阳宫室，高台建筑已不流行了。此时的建筑已大量使用成组的斗栱，木构楼阁逐渐增多，有了不少砖石建筑，砖券结构也有较大的发展。东汉末营建的邺城，在城市分区方面相较长安、洛阳已有所改进。中国古代土木建筑作为一个独特的体系，在汉朝已经基本上形成了。

魏晋南北朝时期继承与发展先秦建筑技艺，在用材上有很大变化，砖瓦的产量和质量有所提高，砖结构被大规模地运用到地面建筑，金属材料被用作装饰，建筑形式让人耳目一新。木构件高层建筑大量出现，尤其显示了木结构技术的提高。这一时期正是佛教在中国广为传播的时期，不仅在城市中，那些过去荒无人烟的深山里，大量建筑的寺庙、塔、石窟等，还有精美的雕塑与壁画，使宗教建筑与宗教文化融为一体，幽静的山水与建筑结合，更让宗教建筑与传统建筑相互支撑，在佛教建筑“本土化”过程中显示出中国传统建筑文化的涵蕴能力。

到了隋唐五代时期，建筑上砖的应用更加广泛，琉璃的烧制技术得以进步。在建筑技术方面，建筑构件的比例逐步趋向定型化，这使建筑构件的批量生产成为可能。建筑设计中已知运用以“材”为木构架设计的标准，朝廷制定了营缮的法令，设置有掌握绳墨、绘制图样和管理营造的官员。建筑与雕刻装饰进一步融会、提高，创造出了统一和谐的风格。在这个时代，单体建筑的屋顶坡度平缓，出檐深远，斗栱比例较大，柱子较粗壮，风格庄重朴实。至今仍保存完好的五台山南禅寺正殿、佛光寺东大殿、芮城广仁王庙正殿以及平顺天台庵正殿，让我们能够直接欣赏那个时代遗存的木构架建筑杰作。

相对隋唐时代的大气，宋朝建筑规模一般较小，但更柔和、秀丽、绚烂而富于变化，出现了各种复杂形式的楼台殿阁。木构架建筑的流行，使得砖石塔和墓葬虽采用了其他建筑材料，但其形式仍仿木构建筑，创造了很多华丽精美的作品。建筑构件的标准化在唐代的基础上不断发展，各工种的操作方法和工料的估算都有了严密的规定。这时的建筑，屋顶坡度增高，出檐不如前代深远，斗栱除担负建筑结构功能外，更加突出了它的装饰功能。山西太原晋祠圣母殿、福建泉州清净寺、河北正定隆兴寺和浙江宁波保国寺等是这一时期建筑的代表。在辽、金、元时期，喇嘛教和伊斯兰教的建筑艺术对各地建筑都有一定影响。如山西芮城永乐宫、洪洞广胜寺等，是这一时期的重要遗存。另外，《营造法式》的颁布与刊行，反映出中国古代建筑到了宋代，在工程技术与施工管理方面已达到了一个新的历史水平。

明代由于重新整修乃至重建万里长城，筑城技术取得了新的进步。明、清时期大部分市镇城墙和一部分规模巨大的长城都用砖包砌。砖城墙的示范也普及了民用房屋的墙。宋代以前，民间建筑大多是木架上顶着一个歇山屋顶，到明清则改为山墙上顶着硬山屋顶。琉璃瓦的生产与使用则让园林建设得到相当的发展，特别是民间园林，从理论到实践都有长足的进步。北京故宫、苏州园林、平遥古城等，为世界留下了中国古代土木建筑的一大批精品遗产。

由古代原始聚落开始，随着文明程度的推进，随着人口的增加，随着政治、文化、宗教的发展，中国古代聚落逐渐往城市的方向发展起来，除民居房屋以外，其他各类建筑，如宫殿、园林、亭台楼阁、城池、桥梁、寺庙道观、陵墓等，也在形成与发展，中国古代建筑技术与工艺也在不断进步①。

从古代中国建筑的形成与发展，我们看到了中国古人的务实精神。在地域广、自然条件各异的中国，我们的祖先首先发现气候湿润、森林茂盛、土地肥沃的黄河流域和长江流域比其他地域条件更优越，于是他们选择在这里定居生根，孕育了中华民族的古代文化。由于这些地方有足够的草泥和木材，人们便使用这些便利条件构筑居室。长期的习惯，形成自然生活方式。虽然地理环境在发生缓慢变化，中原地带的森林在慢慢消失，但古代的人们仍逐步形成并发展出了我国独特的土木建筑体系。随着古人建筑技术的发展与审美能力的提高，土木建筑特别是其中的木构架的艺术风格和结构形式的规律性也逐渐定

① 本书并不讨论“建筑”实体，故未对“建筑”一词做出规定。梁思成先生在《祖国的建筑》一文中指出：“‘建筑’这个名词，今天在中国还是含义很不明确的：铁路、水坝和房屋等都可以包括在‘建筑’以内。但是在西方的许多国家，一般都将铁路、水坝等称为土木工程，只有设计和建造房屋的艺术和科学才叫作‘建筑学’。……苏联科学院院长莫尔德维诺夫院士给‘建筑学’下了个比较精确的定义，是：‘建造适用和美好的住宅、公共建筑和城市的艺术’。”见梁思成：《拙匠随笔》，第 43 页。

型。学者刘托指出："中国传统木结构建筑营造技艺是以木材为主要建筑材料，以榫卯为木构件的主要结合方法，以模数制为尺度设计的建筑营造技术体系。营造技艺以师徒之间言传身教的方式世代相传。由这种技艺所构建的建筑及空间，体现了中国人对自然和宇宙的认识，反映了中国传统社会等级制度和人际关系，影响了中国人的行为准则和审美意象。中国传统木结构建筑营造技艺根植于中国特殊的人文与地理环境，是在特定自然环境、建筑材料、技术水平和社会观念等条件下的历史选择。这种技艺体系延续传承约 7000 年，遍及中国全境，形成多种流派，并传播到日本、韩国等东亚各国，是东方古代建筑技术的代表。"①

中国古典建筑体系始终坚持以人体尺度为出发点，不求高大永恒，很少建成像西方教堂那样超尺度的样态。中国建筑的庞大是通过小尺度单位的院落，不断有规律地衍生而成的。人在其中活动，所感受到的永远是与人相亲和的尺度。这种设计取向，正反映出中国传统文化中实用理性思想，与西方在神学狂热之下所追求的超尺度空间完全不同。同时，中国古代建筑也体现了古人恒久变易的观念。古人希望器物要合乎使用，因而他们不太注重外在直观的形象，而注重人在其中的序列安排，并且将建筑的高潮和精华放在最里面、最后面，而面对外在观察者的，则是质朴简易的墙。由于特别强调居住建筑与自然环境的和谐，中国古代建筑设计突出了人居的特性，表现出重感悟、重内涵的建筑布局方式。所有这些，都源于中国传统文化中特别崇奉的中和精神，即"中"与"和"。

---

① 刘托：《中国传统建筑营造技艺·丛书序》，载王徽等：《窑洞地坑院营造技艺》，安徽科学技术出版社 2013 年版，第 1 页。

有学者认为：夏代之前，“中”大致既与方位空间相关，由此暗中关联夏代宫室结构与王权意识，也与中分、对称的意识相关，可能与住宅建筑、工具制造中常应用的对称均衡原则暗合。而“和”可能主要表现为音乐演奏中不同乐器的谐和，这种谐和的形式并未完全脱离巫风，可能也含有“和天地人神”的意义。从夏、商、周至春秋末年，“中和”观念呈现出一个滚动发展的过程，其在“本质上就是以人合天，顺应自然”[①]。到了战国时期，《中庸》作者更具体地提出了“中”为本，“和”为道。“中”是一种理念，“和”则是这种理念的具体展开和表现。事实上，“中和”观念很早就渗透到了中国古人的建筑理念与建筑设计之中。中国古代建筑设计中深刻地体现了中国古人的人文精神——“中和”。正是这种“中和”人文精神，促进了人、建筑与自然的互相协调与融合。因地制宜、依山就势等等，是“中和”人文精神在建筑形态发展中的充分体现。“中和”，正是中国传统土木建筑的灵魂。

中国各地大量遗存的古建筑，给今天的人们以审美享受，为研究历史和科技提供实证，为新建筑设计和新艺术创作提供借鉴。中国古建筑，就是一部沉甸甸的史书。那洪荒远古的传说，秦皇汉武的功业，隋唐帝国的气象，明清禁城的迷雾，还有史书上没能记载的千千万万劳动者的聪明才智，都一一被它形象地展示了出来。它不仅是中华民族文明发展的历史见证，更是一部形象生动的中和文化教科书。

总之，中国传统土木建筑，自原初起就与人的居住紧密联系在一起，此后经几千年的发展，形态、种类、规模等都有了巨大变化，但建筑形态仍是广义的民居，建筑的发展都是为了人的生活的安居。人需要建筑，建筑是人的作品，建筑也离不开人，建筑本身是为了人的需要而

① 苏保华：《先秦诸子之前“中和”观考释》，《社会科学》，2013 年第 3 期。

存在的。以人为本,天人合一,这是中国建筑历史的根本。中国传统土木建筑深深地打上了中国中和人文精神的烙印。

二、中国传统土木建筑设计建造的特点:以人合天,顺应自然

中国的土木建筑技术是富有民族特色和历史传统的。从考古发掘中我们看到,从远古时起,我们的祖先为了"安居",采用了很多方法,使用过多种可得、可用且易于加工的材料。

考古工作者发现,许多古人类遗址都留下了人类居住过的痕迹。如山东邹城市郭里镇茹岚石棚,辽宁营口大石桥市官屯镇石棚峪村的石棚,均为新石器时代遗物。那种石头盖成的房子多为就地取材,它介于山洞与房屋之间,可看成古人发明真正房屋前的过渡,是自然洞穴的移植。其他遗址发现的木骨泥墙,表明我们的祖先已在主动建造自己的居室,以保护自己;有的遗址还出现了将整个屋壁采用大火烧结的技术,这是陶器技术的进一步应用。浙江余姚河姆渡遗址中的大型木构干阑式建筑,则是真正意义上的木构架建筑。如此历史悠久、精密巧妙的营造技术,不能不让我们后人为之赞叹拜服。

然而,我们的先人为什么最后选定木头作为建筑的主要材料呢?不可讳言,木构架建筑形态是有不少缺点的,特别是火灾问题。古人是在使用火以后得到突飞猛进的进化的,而"火克木",古代的防火技术相当低下,木构架建筑的天敌就是火,有多少古建筑葬身于火海之中;其次是虫蛀,这在古代是无法解决的;再就是自然风化等等。然而,我们的祖先仍坚定地选择了木构架作为建筑的核心。这首先与木构架的诸多优点是分不开的。

建筑的目的首先是人的安居，是让人有一个稳固的家。在当时低下的生产力水平下，要想早日安居，就希望建筑施工速度快。而要速度快，建筑材料的取得就必须很快、很方便，其加工更需要简易、快捷。木材容易加工，因而施工快，这是人们很早就认识到的。木结构建筑通过标准化和定型化，可产生最高的工作效率，这更是一种经济的建设方式。而其他建筑材料显然都没有木材的取材方便、加工快捷这个优点。中国古人在离开山洞之后的半地穴房屋，开始使用木构架，就是因其取得方便、加工容易，能很快筑起一座遮风避雨的居所。从宁夏水洞沟遗址、陕西半坡遗址考古现场我们看到，古人能做的，就是那种简单地利用半地穴加上木架梁支撑，然后披盖上草或其他自然物料搭建的房子。距今三四千年前后，才出现大型的宫殿房屋建筑，如山西陶寺遗址、陕西石峁遗址、河南二里头遗址等，那里发掘出的建筑基础，其规模、型制、数量等都是水洞沟等早期人类活动地域不可比拟的，这证明社会已经发展到了一个更高的阶段，有了社会的统治集团，它有能力征集大量工匠，调集大批劳动力，进行这种高等级的建筑活动，既为自己居住的需要，也为显示威权、向社会炫耀的需要。在这里，艺术可能派上用场了。出于炫耀的目的，建筑需要威严、需要雄伟、需要富丽堂皇，于是建筑的样式、装饰会得到刻意的对待，建筑的艺术性成为不可缺少的内容。然而考古证明，这些地方的极辉煌的大型宫殿房屋，除台基与顶盖外，都是木架构建筑（有柱础石为证）。很明显，建造如此规模的宫殿群，由于用材量浩大，建筑所用木材不大可能很方便地取得，但在统治阶级那里，“成本”当然是忽略不计的。即使从天边运送木材来，那也就是多派人工的问题。而且搬运木料还是比搬运其他更沉重的物料（如石料）简捷得多。因为是为统治者居住所用，快速施工，尽早完工，这才是他们要考虑的。而木构架的建造迅捷，的确是人们从多种建筑材料中优选出来的。

从自然环境来说，中国也是一个地震多发的地区，一场地震就会使人们煞费苦心构筑的居所瞬间被夷为平地，灰飞烟灭。房屋甚至会成为夺命的场所。古人通过长期观察，发现作为结构材料，木材的抗震性能明显优于其他材料。木框架系统的柔韧性也优于其他材料，可以吸收并消减能量。特别是木材建造的梁柱式结构，本身就是一个富有弹性的框架，其维护结构与支撑结构相分离，可以把巨大的震动能量化解在弹性很强的结点上，往往能使房屋躲过地震灾难。因此，有许多建于重灾地震区的木构建筑，上千年来至今仍然保存完好。一个很典型的例子就是山西应县佛宫寺释迦木塔，也即俗称的应县木塔，高达 67 米多，其建造时没有用过一枚铁钉，全靠其木构架的榫卯结构。木塔建成千年来，当地曾遭遇多次强烈地震，甚至遭到炮弹轰击（塔身上弹痕累累，可以看见嵌进去的弹头），而木塔至今仍巍然屹立，这是中国传统木结构建筑的一个奇迹。还有天津蓟县辽代独乐寺观音阁，高达 23 米，在它附近曾发生过八级以上大地震，1976 年又受到唐山大地震的冲击，至今仍安然无恙，充分显示了这一结构体系抗震性能的优越性。早期木制房屋四壁都是木料，后来，古人根据实际需要进行了改革。比如，在屋顶使用“井干式”咬合结构，这又成为中国古人在建筑防震智慧上的充分展现，而且采用这种方式也节约了大量建筑木材。

对于中国古代土木建筑的致命伤，人们不仅考虑了防震问题，也将防火和防潮考虑到极致。比如防火山墙的设计，就能有效阻隔火灾的蔓延；大屋顶的设计，避免了暴露在外的木柱遭受雨水的浸袭；还有天井、排水沟，以及刷漆等，无一不是古人对木构架建筑的周密安排。

由于木结构本身的防火、防雷性能较差，所以中国古代土木建筑不向高处空间发展，而通过在平面上延伸，以建筑群来取得量的需要。实际上，高层建筑并不方便人们的起居生活，也不适于进行政治性的庆典祭祀活动。当建筑以人为本位时，一切都要从人的实际需要出发。即使像朝廷的活动讲究气象庄严，但更考虑生活活动的方便和舒适。所以中国古代建筑选用高台崇屋，而极少做楼阁形式，主体建筑更是如此。但中国古代建筑的形象仍是变化多端，给人们提供了足够的活动空间。以宫殿为例，中国建筑所谓的大，不在于一个独立建筑的高大，而在宫殿楼阁门廊亭榭之间，相连相合，连中有断，似合又分，层次幽深隐曲，回旋反复。因此，一组宫殿就是一规模庞大的整体组群。由于建筑空间与联系组群之间的自然空间是相互融合的，自然空间也就成为建筑的有机组成部分。建筑组群外部的封闭与内部的敞开，将建筑的功能和用途动态地表现出来，人的活动过程是在建筑空间与庭院自然空间里交替进行的。而且，中国古代建筑在局部和细部的处理与装饰上，从室内到室外，从单体到群体，也都精雕细琢，各种透空棂格和雕饰图案丰富多彩，其斗栱与榫卯结构被形容为“勾心斗角”。特别是由于中国建筑的外檐和室内隔断都不是承重墙，空间与位置都可以非常灵活地进行设计，能满足人们的各种需要。

中国古代建筑优美柔和的轮廓和变化多样的形式并不是随意而为的，它是建筑工匠们在长期的营造中，为适应内部结构的性能和实际用途的需要而创造出来的。比如那亭亭如盖、飞檐翘角的大屋顶，就是为了适应排除雨水、遮阴纳阳的需要而形成的。在建筑物的柱子的处理上，把排列的柱子上端做成柱头内倾，让柱脚外侧的“侧脚”呈现上小下大的形式，将柱子的高度从中间向外逐渐加高，使之呈现出柱头外高内低的曲线形式。这既确保了建筑物的稳定功能，又增加了建筑物外形的优美曲线。古代能工巧匠把实用与美观恰当地结合起来，在建筑物上做出了多方面的尝试与创新。

中国地域辽阔，在地理环境、气候等方面，东西南北差异极大，而木材有着极大的适应性。因而，木构架房屋能在各地生根，正是这种适应性的表现。当然，在中国南北各地，木构架房屋也会随环境气候的不同有所变化，如干阑式房屋就主要出现在南方潮湿地区，与北方的房屋有所区别；南北四合院虽都名为四合院，其区别也是很明显的。但作为建筑主体，都是木构架在唱主角。

中国传统文化一直强调现世生活，因此建筑师也就着眼于建造当代的天地。古代的建筑物，除庙宇可以历代相传外，对于一般的民众，建筑的功用还是蔽体，与衣服类似。竹林七贤中的刘伶为避免政治迫害，故意做出怪诞行为。有笔记记载："刘伶恒纵酒放达，或脱衣裸形在屋中，人见讥之。伶曰：'我以天地为栋宇，屋室为裈衣，诸君何为入我裈中！'"[①]他这种放荡不羁的行为表现出对名教礼法的否定，也是实际生活中人们对屋宇的看法。衣服穿旧了、坏了就扔掉，房子有兴建、完成、倾塌的生命周期，虽会使用久些，最后的命运也无不如此。明代建筑大家计成在他的著作《园冶》中说："固作千年事，宁知百岁人；足矣乐闲，悠然护宅。"（文章固可传之千载，人寿难能超过百岁。只要乐得安闲，便为已足，何况还能护宅，更觉悠然自得。）[②]作者认为，人和物的寿命是不相称的。物可传至千年，人生却不过百岁。人的居所就是一个小环境，这个环境与预计自己可使用的年限相适应，也就够了。尽管这个环境也遗留给了子孙后代，尽管上一代也希望后代守住这个遗产，但后代是不是一定愿意继续在此生活，是不是满意上一代替他们所做的

---

① 刘义庆：《世说新语》，中国画报出版社 2012 年版，第 293 页。

② 计成著、陈植注释：《园冶注释》，中国建筑工业出版社 1988 年版，第 67 页。

安排？这都是很成问题的。应该说，这是一种很现实的态度。在中国人看来，只有生命才能延续生命，所以我们特别重视后代的延续，注重家族的繁衍。建筑只是一种生命中的工具，它并不足以寄托人生的永恒价值，它只是在此一时间、空间中我们赖以遮风避雨的工具。在时间、空间改变后，这一切都不存在了。另一方面，中国遵行爵位的嫡长子继承制，但遗产却不是嫡长子继承制，而是较为公平且人性化的所有儿子平均继承制，这也是家族“和”的一种表现。因此，上一代过世后，其房产会被所有的儿子均分，在很多时候，作为遗产的房子因各家子孙占有其一部分，由于各家发展的不均衡，整体房屋的维修就可能成为问题，日久被拆解的命运不可避免。所以居室建筑总是处在一个新陈代谢的过程中，旧建筑倾塌了，新的建筑又建起来了。考古发掘中人们也发现，同一地点的不同地层上，建筑各不相同。这是人们在建筑上“总把新桃换旧符”意识的具体表现。在这种建筑态度下，中国古人不大考虑建筑的永固千秋，选择土木结构建筑，是非常正常也非常正确的。由于人们多注重现世、现实的实利功用，土木建筑正好反映了人们的生活态度和居宅建筑的人文精神，影响所及，即使是统治者，他们也不会花费几十年、上百年的时间，用坚固的石头去建筑他们生前很难享受甚至是看不到的建筑。

木材容易腐朽、寿命短暂，几乎与人的寿命不相上下，因此土木建筑的生命似乎应合了人生的悲欢离合。一个成功人士，其居宅丰盛地成长，红门绿瓦，千窗万户，呈现出一片欣欣向荣的气象。当其气运衰败时，建筑自然就随着主人衰败了。建筑是自然的一部分，在一代之间可自极盛、倾圮、腐烂，归于尘土。事实上，一座新建筑是由主人发迹开始的，因主人事业飞黄腾达，而有富丽的景象、车水马龙的活动；因主人的衰退或失败归于沉寂；终因岁月的磨蚀，无人照料而破败。如果后代争气，自然可以对建筑善加照顾，按时修缮。如有子孙在功名上超过先代，则必再建更大、更豪华的住宅，以“光大门楣”，而无须保存老宅。对于中国人而言，旧的不去，新的不来，一座古老建筑的倾圮是天经地义的。这为势之所必然。“除旧布新”“推陈出新”，这是中国人历来对古旧建筑抱有的态度。故诗人有“旧时王谢堂前燕，飞入寻常百姓家”的浩叹。这一点，连明朝后期来华的传教士都看清楚了。在中国生活了几十年的利玛窦在他的日记中写道：“在他们着手建造时，他们似乎是用人生一世的观念来衡量事物的，是为自己盖房而不是为子孙后代。而欧洲人则遵循他们的文明要求，似乎力求永世不朽。”①

土木建筑在古代中国出现、扎根、延续，它是如此深入人心，以至于当佛教建筑传入中国后，人们建筑砖塔时，虽选择了新的材质，但在形式上无一例外都沿袭了土木结构“法式”，这些建筑远看都与土木构架建筑没有差别。

应该说，使用木材做建筑主体，其生态性得到了社会的认可。与古代西方的石建筑以及现代普遍使用的钢筋水泥建筑相比，木材的生长周期短，可再生能力强；从原料到建筑成品，消耗能源少；废弃后，数十年内即可腐烂分解，回归自然。而且，使用木材也促使人们重视森林资源，提高生态系统的森林覆盖率，保证木材的持续供给。广袤的森林能为人类提供稳定的生态环境。

土木构架建筑是中国建筑文化的标志，这一建筑文化也影响了整个东方文明。在整个东亚，今天的朝鲜、韩国、日本，南到东南亚，如印度尼西亚、马来西亚、菲律宾、老挝、缅甸、越南等，还有南亚各国，其建

---

① 利玛窦、金尼阁：《利玛窦中国札记》，何高济等译，广西师范大学出版社 2001 年版，第 16 页。

筑都与中国古代建筑有着千丝万缕的联系，而与古希腊、古埃及、古玛雅等的建筑文化呈完全不同的风格。

中国古代土木建筑的这些优点，与中国传统中和文化中的“天人合一”“以人为本”理念是密不可分的。天人合一不仅仅是一种思想，而且是一种状态。如果说天是自然，那么人当然是自然的一部分。天人本是合一的。《易经》强调三才之道，将天、地、人并立起来，并将人放在中心地位，这本身说明了人的地位的重要性。天人合一思想，是中华民族五千年文化的思想核心与精神实质。它阐明了人与自然的辩证统一关系，表明了人类生生不息的进取精神，也体现了中华民族世界观、价值观的思维模式之全面性和自新性。天人合一的根本思想在于：天与人是世间万物矛盾中最核心最本质的一对矛盾，“天”代表物质环境，“人”代表调适物质资源的思想主体，“合”是矛盾间的形式转化，“一”是矛盾相生相依的根本属性。天人合一构成了人类社会中最根本的矛盾对立统一体。

建筑的根本目的是满足人生活的需要，一切以人为本位。中国古代土木建筑的设计与建造，正是以人为本、天人合一思想的结晶。居住建筑，是古人与环境争生存权的结果，同时，这种权利的争取绝对不能抛开环境，必须最大可能地适应环境，适应自然。因此我们可以说，中国古代土木建筑设计建造的特点，正是“以人合天，顺应自然”。而这一结论，正是中和文化的自然推演。

三、东西方古代建筑设计差异的缘由

从表面上看，中国式建筑与欧洲（西方）式建筑之间，存在着建筑高度和跨度上的差异。对此，有一种看法认为，这种差异是采用不同建筑材料和结构体系的结果。但在中国古代建筑的发展过程中，其建筑技术无论在高度和跨度上都不存在做不到的问题。先来看建筑的高度。

考古工作者在距今7000多年的良渚文化与距今5000年左右的红山文化遗址中，都发现了祭坛建筑。这些高大建筑都跟石头有关，形制大部分是方的，也有圆形的。地处黄土高原北部、黄河西岸的陕西省神木县的石峁遗址，研究人员在2015年曾对原发现的“祭坛”重新进行考古发掘，发现该处建筑的结构很可能是构筑在石头围墙上的一种木架构的高层建筑，其功能犹如长城的烽火台，不排除它作为4000年前的“哨所”（瞭望台）的可能。石峁的建筑都是石头砌筑的，这处石头砌筑的相对封闭的方形空间，其大概形制是长宽约14米，墙体1米多厚，上半部分被损坏了，但可见5组相互对应的石槽，明显和它的内立柱有关，可进而以立柱支撑起上层建筑结构。从这处“哨所”的位置能看到石峁外城的一处南门，天气好的情况下跟外城东门的角台有很好的通视效果，它很可能起到预警的作用。也就是说，有危险情况发生时，这个位置就相当于长城上的烽火台，能将这个情报很快地传递到石城的核心部位[①]。先秦文献记载，国之大事，在祀与戎。这种具备防卫功能的高台建筑，用于战争（或如先前估计为祭台）也是相当适合的。另外，离石峁遗址不远处的一片称为寨峁梁的地方，也发现了石头垒建的房屋、门道、院墙。虽历经几千年，其残存高度仍过人顶，可见当年这石头建筑的高大。

传说中夏朝的最后一任君主夏桀，德政衰败，面对民不聊生、危机四伏的国势，他不思改革，骄奢自恣。据《竹书纪年》记载，他狂征暴敛，

---

① 周艳涛：《史前最大城址石峁遗址又有惊喜发现》，华商网，2015年10月10日。

筑倾宫、饰瑶台、作琼室、立玉门，将老百姓逼上了绝路，最终亡国。他修建的瑶台，就是供他淫乐的高层建筑。商朝最后一个君主商纣王，史书称他非常残暴，终日饮酒作乐，荒淫无度，甚至征调成千上万的民工，花了长达七年的时间，在都城朝歌建了一座供其玩乐的鹿台。《史记·集解》里称，商纣王的鹿台，其大(按即周长)三里，高千尺，楼观巍峨、亭阁秀丽，据说比夏桀的瑶台还要阔气。瑶台与鹿台的高度，古代记载或有夸张的成分，但也一定是超出人们一般想象的。

战国秦汉时代，高台建筑大量出现。据历史记载，秦汉时的甘泉宫中建有一"通天台"，史家换算后称，其高度约合今天的 200 多米。

佛教传入中国后，很多宗教建筑从长期保存的角度考虑，采用了石结构，如石窟寺、石塔等。特别是数量众多的砖石塔，都是高层建筑，今天仍有不少在各地耸立着。木构架高层建筑也不在少数。今天仍能看到的最早的木构架高层建筑，是建于辽清宁二年(1056 年)的山西应县佛宫寺释迦木塔，高 67.3 米，比建于 1174 年的高约 56 米的意大利比萨斜塔高了十多米。

有关建筑中的跨度问题，中国古代建筑师也有很好的解决方式，且其技术相当成熟。中国古人也信奉人死后能与在世时过同样的生活，因此有条件的富人，特别是历代帝王，都会为自己修建宏伟的地下世界。虽然这些建筑大多仿造当时地上的生活形态，但地下环境毕竟不同于地上，于是陵园建筑采用了砖石结构，拱券与穹窿技术得到充分应用与发展。这在汉代墓葬中就可得到证明。这意味着，有关用砖石起拱券的方法，中国至少在汉代就已进入实用，这比之西方并不落后。历代匠人采用拱券结构垒砌出高大的城墙城楼，营造出工程浩大的陵墓、气势宏伟的石桥等。隋代的赵州石桥，跨度已达 37 米，是解决跨度问题之最。

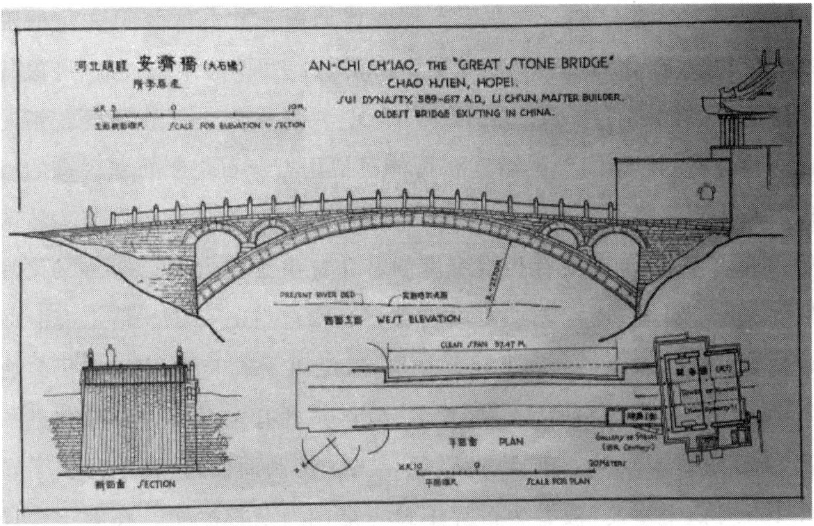

图 5 梁思成画隋代赵州桥

载《梁思成〈图像中国建筑史〉手绘图》，中国建筑工业出版社 2001 年版。

砖石建筑的技术与建筑辅助材料也没能难倒中国古人。世界上各个地方的环境是不太一样的，但大都有石头和树木，这为满足居住与其他需求的建筑提供了条件。中国古人对于砖石材料及砌筑技术，也进行了充分的探讨与试验。中国从商代前期就烧制出了建筑用板砖，随后又有了板瓦、筒瓦、瓦当，还烧制出条砖与空心砖。中国的砖瓦一开始就是青砖青瓦，且一直延续至今。青砖瓦质地坚固，这得益于中国古代陶瓷烧造技术的充分发展。石灰甚至类似水泥的材料也早就出现了。如 2020 年 8 月，仰韶村遗址第四次考古发掘中，发现了位于仰韶晚期灰坑中的疑似水泥混凝土块，应为房屋建筑墙壁地面的废弃堆积，颜色和质地完全区别于仰韶文化常见的草拌泥红烧土，呈灰黑色，且质地坚硬，为仰韶村遗址首次发现。该地区还首次发现了草拌泥红烧土和“涂朱”房屋建筑材料，说明仰韶村遗址极有可能存在高等级高规格的大型房屋建筑。[①] 另外，在新石器时代仰韶文化和大汶口文化的晚期，就出现了居住面施石灰质面层即所谓“白灰面”的做法，考古迹象甚至还显示该做法有用于房顶外部的情况，用料可能是蚌壳灰等。到龙山文化时期，其应用已相当广泛，可能已使用石灰石烧制石灰。有的墙体白灰面层厚仅 1 毫米左右，达到了极限的薄度，涂抹均匀平整。这即使在现代人手里，也是有相当难度的。在甘肃秦安大地湾仰韶文化晚期的房屋遗址里，还发现了使用轻骨料、砂石、料礓石粉及粘土混凝而成的类似现代水泥的地面及墙面抹层，虽经历了数千年，出土时仍致密坚硬，呈青黑色，光亮照人。据检测分析，其含有水泥的主要成分硅酸钙，并明显具有水泥的水性特征，属于人工烧制而成，其强度相当于现代 100 号矾土水泥，被誉为世界上最古老的石灰混凝土。在差不多同一时期的湖北枣阳雕龙碑遗址的房屋中，也有类似石灰或水泥材料的发现，除用于室内居住面外，还用于房顶盖外部，多与其他无机材料掺和使用，呈灰色，其硬度、色泽也颇似现代水泥，经测定与现代建筑石灰性能基本相同。河南汤阴白营龙山文化遗址，在一陶罐中发现有白灰膏；安阳的后岗龙山文化遗址，发现有白灰过滤后的白灰渣；山西东下冯遗址，出土有熟石灰和未烧透的石灰石，还发现有过滤灰渣的遗迹；有的龙山文化遗址中还发现了用石灰石烧成的白石灰干块。考古学家猜测，古人的火堆边是架有石头的，后来发现石头经火烧后松脆了；再经水一浇，又发热粉碎了；再过一段时间，它变硬且不溶于水了。于是，石灰就这样被发现了，并运用到了建筑上。从生活经验到建筑运用，这是多少代人试验总结的成果。

---

① 桂娟、史林静：《河南仰韶村遗址发现距今 5000 多年前疑似水泥混凝土》，新华社，2021 年 3 月 24 日。

最后,还有一个人力动员的问题。2012年,陕西神木石峁遗址开始发掘,立即让世界震惊。其外东门整个城门呈S形,由城门、马面、瓮城、城阙、角楼等组成。学者称"它是中国城门的老祖宗",因为后世城门的所有要素它都有了。还有城门内墙壁上的大型壁画,直接将中国壁画史向前推进了数百年。那高大壮观的门楼,精细打造的城墙垒石,独具匠心的马面设计,无不让人震惊。如此宏大的工程,需要怎样强大的国力来支撑?另外,我们也可以看一看中国的万里长城,其建设的规模可称世界第一,需要动员多少的人力才能建成如此雄伟的建筑啊!

图6　西班牙马德里街景

然而我们看到一个奇怪的现象,尽管中国古代在高层建筑、石材建筑等方面都不乏经典之作,高层建筑技术、拱券穹窿建筑技术都有极高成就,而且中国古代并非木材繁富、石材稀缺——实际上,中国很多地方都盛产适合建筑的石材,中国土木建筑的台基也多用石材。前述中国古代的那些高层建筑,也往往离不开砖石等建筑材料。然而除了地面房屋建筑的结顶用瓦,台基、墙壁有用砖石垒砌或贴面外,大量的砖却只是用来修砌地下陵墓，而地上房屋建筑的木构架始终没有被砖石结构取代。当然，那些高大的城楼、鼓楼以及陵墓的方城明楼等等，多以砖拱与木构架相结合建造，又是非常普遍的，几乎无城、无陵不是。但是，古人的砖石叠砌拱券的结构方法与技术经验，并没有影响到地面房屋建筑的木构架主流传统；明清时期砖的生产量有了突破性的提高，除了并不承重的围护墙体大量用砖，以及台基用砖或石包砌以外，房屋的承重结构统统为木构架。而石灰类建筑材料技术在后世也未发展起来，土木结构——木构架和夯土技术发达，使得石灰根本无用武之地；甚至因为室内铺地用平石花砖更为优越，石灰连铺地的用途也没有了。而且在中原地带，森林在不断消退，中古以后，建筑木材多需要到遥远的西南地区伐运。但中国竟与欧洲在建筑形态设计方面走出了一条完全不同的路。欧洲古代以石构架建筑设计流传久远，中国古代以木构架建筑设计蔚为大观。

图7　经千年风霜侵蚀屹立不倒的河南宜阳五花寺塔

在古建筑技术中，砌墙不用石或砖，而是夯土，所以古代称建筑为土木工程。这一点，从自古流传的成语“大兴土木”中就可见一斑。在汉代以后盛行的五行说中，土是吉象，居中央，主方正。木方位为东，木材是向上生长的，代表着生命，象征生气。土与木相配合，是相辅相成的。而石材，其质地近金，有肃杀之气。所以石材只是地面下或脚下的建材，墓室则可用石材砌筑——它暗示着死亡。事实上，木材的建筑亲切近人，手触之有温润的感觉，而室内的柱子也暗示了葱郁的森林之象。

考诸欧洲的建筑历史，数千年前，他们就在石头建筑方面做出了杰出贡献。由于石头耐压但不抗弯，于是拱券与穹窿技术出现，并得到充分发展与应用。但我们可以看到，欧洲以至整个西方那些宏伟壮丽的石构架建筑，如古希腊的帕特农神庙、古罗马的万神庙，还有法国的巴黎圣母院、德国的科隆大教堂等，均为宗教建筑。宗教建筑是神的居所。巍峨高耸的石质神庙教堂，空灵、纤瘦、高耸、尖峭，巨大而沉重，威严而神秘，旨在引起人们惊愕和震撼的观感。它直接反映了那个时代的结构设计技术和浓厚的宗教意识。那空灵的意境和垂直向上的形态，是上帝精神内涵的最确切的表述。深沉的宗教情结，使人们将神放到无比崇高的地位，人们只有通过膜拜上苍，才能脱离这个充满苦难、罪恶的世界，从而奔赴“天国乐土”。正是从尊神的目标出发，虔诚的信徒用尽无穷的智慧与力量，精心打造出一座座坚实且可以流传永世的石结构建筑，以作为神的居所。石头作为建筑材料，加工比较复杂，建筑时间也比较长。比如科隆大教堂，从 1248 年开始兴建，直到 19 世纪末才建成。神当然能等待 650 年再搬进这新居。试想，一个人能等待那么多年吗？西方其他世俗的高等级建筑，虽然也应用了相同或类似的技术，但总比这些神庙教堂建筑差了一大截。

图 8 建于公元前 400 多年前的希腊雅典卫城上的帕特农神庙遗迹

从历史上看,那些明显经历过“神权时代”的国家和地区,其宗教建筑都相当发达,它们最雄伟壮丽、最能体现技术艺术成就的建筑,多为神庙、教堂、清真寺一类,金字塔也一样,虽为法老王的陵寝,实际上也具有宗教的意涵。一定意义上讲,整个西方建筑史,就是一部宗教建筑史。宗教本身是一个超人间的永恒的世界,所以要创造一种能永恒存在的石头建筑,供这个永恒世界的永恒的神永久地居住,并作永久性的纪念。这个传统也影响着西方的公共建筑。而西方的普通民居多为木材建造,且通常极简陋,也未形成风格,当然不为建筑师所重视。因为相对于永恒的上帝,人太渺小,而相对于木构建筑,石构殿堂能使人感受到这个超人间世界的崇高幽远、神秘永恒,也亲身感受到自身的渺小压抑。而这,也正好符合了对彼岸世界超越性宗教信仰的需要。

中国人礼敬“天”,因为这“天”,给了万物包括我们人类以生命,实质上是古代的祖先崇拜的转化,它属于亲情崇拜而不是超越性信仰,说到底只是对逝去的先人的崇奉，并不能算真正的宗教。在中国民间存在着包括后来为道教所吸收的五花八门的信仰神灵，其实都非常地“人性”化，可以说是对具体的某个“伟人”的崇拜。佛教传入中国之后，丝毫没有动摇中国人祭祖敬宗的信仰传统。而基督教进入中国时，对于中国人的偶像崇拜，也没能彻底翻个面。各种外来宗教包括佛教在内的林林总总的神灵信仰，都经过了中国人的改造。所谓神灵世界，都要按照现实世界的秩序来安排，成为现实世界的摹写，专制帝王就是神或神的代表，即所谓“天上神仙府，人间帝王家”。如果说中国也存在着宗教的话，那么中国的宗教是将神灵“人”化和将人“神”化的宗教，是以人为本的宗教，是注重现世的宗教。既然人是天地之子，在建筑上就不能太张狂——包括建筑规模和建筑材料，只要适居就行，这也许同样体现了“中”的理念。

图 9　德国新天鹅堡

由于注重现世，中国的宗教建筑始终没有突出于人生之外，在规模上不但无法与皇帝的宫殿相比，甚至无法超过地方政府的衙门或官员士绅的宅第。不仅在规模上如此，在建筑的格局上，在外来的塔的地位自宋代消失之后，宗教建筑与居住建筑也没有事实上的分别。因此庙宇中除了香烟缭绕之外，与住宅实在同样地亲切。中国的宫观庙宇建筑，并没有营造出一种超世的形式与威严的气势，更没有发展出一种森严而神秘的建筑环境。因此，即使是宗教建筑，也仍是人间帝王宫殿的翻版，且其规格必须比皇宫低一个或若干个等次。中国古代建筑实践中，如此按照自己的等级、身份和地位修建相应的建筑，也是“中”的一种体现，即恪守名分，不偏不倚，既不能僭越，也不能寒酸。当然，真正的穷人除外。

我们看西方的宗教建筑，无论埃及的神庙还是希腊的神庙，乃至基督教的教堂，建筑都是一简单的长方形，且都从短的一面进去，然后沿长轴前进，把神坛放在最后的位置。这种强化神秘感的设计安排，形成一种空间的压迫感。神与人的距离在这里非常远。中国的庙宇宫观同样是长方形的建筑，但我们是从长向进出，与西方完全相反，因此只要进到大殿，什么都看得清清楚楚，没有神秘感。自南朝以来，舍宅为寺的记载相当多，因此寺庙只是大型的住宅而已。所以我们的宗教建筑与住宅建筑并无两样。

由此可见，中国古代建筑没有如西方那样向高层、大跨度发展，并不是因为中国古代高层建筑技术不足或“多木少石”。梁思成先生认为，中国建筑的演变更重要的是体现在它们的气质上。而梁先生所讲的建筑“气质”，是指在中国建筑形态中物化的文化精神，是中国文化在不同时期的影响与创化。在中国文化中，体现在居住建筑中最重要的文化思想，就是“中和”，即“中”与“和”，特别强调“以人和天，顺应自然”。所以，中西建筑的迥然相异，从本质上看是文化的差异，从建筑本体的角度看，则是由于不同的文化而形成不同的建筑营造理念的结果。可以说，中国建筑受其自身结构规律的制约，而呈现出来的样式形态及其发展变化，其实是中国建筑思想或营造理念的具体反映。

中国古代大多数地区，特别是古代文明发达较早的中原、关中地区以及长江流域，最初木材之于石材，确实是比较丰富和容易取得，加工方便，施工迅速。而在以农业为主的中国古代经济社会，个体农户的经济水平是比较低下的，所以简捷易为的土木建筑成为民间居宅的首要和普遍选择，并逐渐形成一种建筑传统和人文精神。而这种传统与精神一旦形成，就必然会影响到上层统治集团。

另一方面，从居住建筑的舒适性而言，木构架建筑是优于砖石建筑的，二者的特征正好相反。石构架建筑显得沉重、冷峻、压抑；木构架建筑显得轻灵、温润、活泼。中国人一向追求自然、和谐的生活态度，木构架建筑作为居室，正好适应了这种追求。在中国古代，宗教信仰观念与趋重现世的物质的实利功用主义相比，几乎可有可无。所以，中国古代建筑中首先发展起来的，只能是有实利功用的住宅宫室，因而统治者的宫殿和都城建设最有成就。其中最大的建筑，如果以组群建筑来看，现存的北京故宫当然是首屈一指；如果讨论单体建筑，那自然是故宫的太和殿。当然，中国古代遗留至今的，还有更大的建筑，如长城，不过作为特殊的军事防御设施，一般我们不将它与居住建筑相提并论。历史上曾存在过的很可能会是世界第一大建筑的阿房宫，也是供人居住生活的宫殿群，而不是供神居住的神殿。即使寺庙宫观，它要供奉神佛，可也是僧尼道士的居所。所以，中国古代建筑是以人居宫室为本位，以居住生活的舒适方便、体现现世的荣华富贵为首要选择，着眼于及时地建立当代的天地，并不注重和追求对自身来说虚不可见的永世长存的形式。可见，中国建筑的“宫室本位”，实质即是人本位，西方建筑体现的则是神本位精神。这是二者分别形成土木构架和石构架建筑传统的最主要原因。

所以，中国建筑用土木构架，并不是一个工程技术问题，也不是一个人力动员不足的问题。因为，当古代或者中世纪的中国可以动员很大的人力投入劳役时(如秦始皇时)，“中国建筑的基本性格已经完成，成为已经决定的事实”。[①] 实际上，土木结构的优点正是砖石结构的缺点，砖石结构的优点也正是土木结构的缺点。“纯粹从建筑技术观点而论，我们没有理由认为中国式的木框架结构为主的混合构造比砖石构造所取得的效果是较为低劣的。”[②]

总之，中国古代建筑，是为人居而建。这样，土木构架建筑设计成为主流就容易理解了。

---

① 李约瑟:《中国科学技术史》。转引自李允鉌:《华夏意匠:中国古典建筑设计原理分析》，天津大学出版社 2014 年版，第 30 页。

② 李允鉌:《华夏意匠:中国古典建筑设计原理分析》，第 31 页。

第一章　智者的思考——中和之道

第一节　甲骨文中的“中”与“和”

人成为人的那一刻起，就意味着人与大自然之间的矛盾与斗争开始了。而人与大自然之间的争斗应该是从生存开始的。首先是食物，其次则是居住。

对于脱离茹毛饮血时代的人来说，大自然提供的环境绝不是温暖舒适的。夏天的酷热，冬天的寒冷，加上野外无处不在的毒蛇猛兽，逼使人类寻找能躲避这些不适环境的地方，最初的山洞就成为理想的居住地。百年来考古学者为我们找到了大量的证据。

然而，由于人口增加与食物来源有限，远古的人们最后还是离开了山洞，开始自己建造栖身之地的活动。这就是古人居住建筑产生的原动力。

我们的祖先不仅建造了自己的居室，而且通过文字将建筑与建筑文化清晰地表达出来了。殷商时代的甲骨文，是现已发现的中国最古老的系统的文字。其中不少就借用两坡顶的建筑形象来造字。如甲骨文中的“京”字，像架立桩柱提升居住面的建筑形象。《孔子家语·问礼篇》注曰：“有柴谓橧，在树曰巢。”可见这个“京”字，画的正是用“柴”支撑起来的“橧”，也就是干阑建筑的形象。杨鸿勋先生指出：“殷商的社、稷遗迹表明，它们都是干阑建筑，也就是当时象形文字‘京’所描绘的形式，与‘黄帝时明堂’一脉相承。”现代汉字偏旁部首中的“宝盖头”，就是建筑形象的直接表现。“据安阳小屯殷墟所进行建筑的考古研究，……首次揭示了苑囿楼阁以及‘墓而不坟’的统治者陵墓上所建的享堂——甲骨文所谓的‘宗’。”[①]而在甲骨文里，就有“中”与“和”这两个字[②]。

图 10 甲骨文的“京”字

甲骨文的“中”字有多种写法，如。我们看到，这些字形式上尽管多有不同，但都有一个居中的竖划“丨”，因此，我们要了解“中”的含义，就有必要了解“丨”的本意与来由。在远古居民遗址考古中，人们发现，相当多的古人居住在半地穴式房子里。其遮盖物通常使用一根竖着的木柱支撑着。而这根竖木柱也是居住在房子中的人们上下出入的必需物，在竖木柱的侧面加上横柱，就成为出入的梯子。在那个穴居时代，蹲踞洞穴底部的古人，从洞穴底部能看到一片蓝天，而这根立柱本身又是由地穴底部通往地面的工具，在古人的想象中，由立柱（包括横柱）走向地面，也就走向了蓝天，于是，竖木柱就有了可通天

① 杨鸿勋：《杨鸿勋建筑考古学论文集（增订版）》，清华大学出版社 2008 年版，第 11 页。

② 本节以下内容参考了苏保华：《先秦诸子之前“中和”观考释》，《社会科学》，2013 年第 3 期。

的神秘意味。这可以看成是“中”这个字形成的一种思路。“中”字中间的圈“○”,既代表洞穴或洞穴口,也可代表洞外的“天”,即在洞穴底部看到的一片蓝天。人们每天都与这根竖木柱打交道,认识到它的重要地位,于是将这个竖木柱抽象出来,有了“丨”。我们知道,在《周易》中,“丨”为阳爻,代表乾,引申为天道。在中国,受天圆地方观念影响,祭天的神坛取圆形,祭地的神坛取方形。而这种天圆地方的观念,与古人半地穴居住环境密切相关。“中”字的本义则像是穴居时代的地穴加立柱的形状,那立柱经抽象引申,就成为原始部落建于祭坛中间位置的神坛器物。

图 11　陶寺遗址古观象台原址复原

2002 年秋,考古工作者在陶寺遗址一座中期大墓中,发现竖立着一根木杆,上面涂有黑、绿和红色标记的漆,在木杆东侧壁龛内还发现了玉琮、玉戚。20 世纪 80 年代,在早期墓葬中也发现过类似器物。这些木杆和玉器的功能引起考古工作者的思考，他们将涂有漆标志的木杆联想为“圭表”。中国社会科学院、中国科学院的专家学者们在陶寺古观象台用陶寺出土“圭表”的1∶1复制品进行验证，证明中国古代天文测量使用的圭表仪器至少可追溯到距今4100年前的陶寺文化中期，是使用圭表进行天文测量的历史性突破。通过一系列科学的计算，他们得出结论：陶寺圭表(尺)不同刻度分别用于春分、夏至、秋分、冬至的影长判断，其中NO.11的刻度为1.6尺，与《周髀算经》“天道之数，周髀长八尺，夏至之日晷一尺六寸”的记载吻合。而且，“圭表”测影不仅可以确定农时节令，更重要的是确定“地中”，进行天文大地测量。上古时期，人们以为大地是平的，普天之下最高的“天顶”即“天之中极”只有一个，对应“天顶”的就是“地中”，唯有“地中”才是人间与上天交流的孔道。王者独占“地中”，就是要垄断与上天沟通的权力，达到“独授天命”“君权神授”合法化的政治目的，建都立国才名正言顺。据古籍记载，尧禅位给舜时叮嘱：“天之历数在尔躬，允执其中。”[①]宋代的朱熹解释说：“历数，帝王相继之次第，犹岁时气节之先后也。允，信也。中者，无过不及之名。”这是尧禅让帝位给舜时说的话，白话文翻译为：按照上天决定的帝位相传承的次序，现在帝位落到你的身上了(在尔躬)，你要诚实地执守中道。[②] 这话可进一步理解为，天时和历法必须由你亲自掌握，你要好好地把握住手中圭尺(即王权)。有学者认为，“中国”的最初含义是“在由圭表测定的地中或中土所建之都、所立之国”。陶寺遗址是我国——最起码是黄河中游地区——能够确定进入早期文明的一个最

① 《论语·尧曰》。

② 朱熹：《四书集注》，载朱杰人等主编：《朱子全书》第6册，上海古籍出版社2002年版，第239页。

早的都邑性遗址，当时已进入国家社会，也揭示了迄今为止最符合“中国”本初概念的政体——地中之都，中土之国[①]。因此，“中”首先有方位性质，进一步引申，就是不偏不倚。

据甲骨文学者判断，甲骨文中并无“和”字，只有“龢”字。“龢”字从“龠”，“禾”声。而篆书中的“和”字，从“口”，“禾”声。许慎《说文解字》认为“和”与“龢”为异体字。郭沫若先生的解释是，以“口”为和与以“龠”为和并无本质不同，皆为调和、应和之义，因为“口”与“龠”都是发声器。在一些学者看来，从字形上看，“和”字并非由“龢”字简化而来。“和”字后出，至少说明由“和”字引申出来的“味”最早应出现在周代之后。

在解释“龢”时，多数学者认为龢的本义是乐器，由乐声的谐和才能引出调义，由乐声的共鸣才能引申出相应义。但是，这个龢到底是什么乐器，却都说不清楚。也有学者分析“龢”左边的“龠”属编管之类的乐器，但它是三孔、六孔还是七孔，从战国时期起就莫衷一是。如《尔雅·释乐》解释：“龠，乐之竹管三孔，以和众声也。”许慎《说文解字》也认为：“龠……乐之竹管，三孔，以和众声也。”《毛诗传》里称：“龠六孔。”《广雅》则把“龠”解释为七孔笛。这些书离甲骨文产生的时代已很久远了，它们的作者早已经不用甲骨文了。在没人看到实物时，确难说清楚“龢”的真实含义。修海林先生从另一角度对“龢”进行了解读。他对“龢”字就形义展开联想，认为应该是仰韶文化与龙山文化氏族村落的图景展示，其组成要件为房屋、篱墙与庄稼，“所透露的是‘安居足食’的内心谐和心态”[②]。根据古人的记载，“龠”作为古代音乐演奏中用于谐

---

① 《临汾陶寺遗址：破译古中国秘码的“一座都城”》，临汾在线，2006 年 5 月 21 日。

② 修海林：《古乐的沉浮》，山东文艺出版社 1989 年版，第 169—172 页。

和众音的竹管乐器，是有一定根据的。只是因年代久远，我们没法做进一步的认定。但“龢”字是在“龠”边加上“禾”，一定会有其他意义。我认为，修先生的推断是能成立的。“龠”从象形来说，的确与房子，特别是与干阑式建筑很相像。底层的栅栏、中层的窗户、最上面的大屋顶，可以说极其传神。而从“龢”字我们可以想象到禾田旁的木构架房子。居有其屋，食有其粮，这就是远古人所希望的最和谐的生活环境，也是人与自然的最谐和的图景。

总之，在中国最古老的汉字甲骨文中，“中”与“和”都与居室有着难解难分的关系。而且，这两个字在以后的历史进程中，又都从居室建筑引申出适中、谐和的意蕴，也是顺理成章的。

第二节　哲人的品味：古代学者论建筑设计建造

居室为人类生活之必需，学者当然也需要住房。每天面对住房，他们自然也要进行讨论。文字出现后的著作，多对建筑设计建造及建筑文化有所涉及。虽然古代学者惜墨如金，但仍留下了一鳞半爪的相关论述。

一、《周易》之大壮

《周易》是我国文化的源头活水。它的内容极其丰富，对中国几千年来的政治、经济、文化等各个领域都产生了极其深刻的影响。今天我们看到的古代经典，无论其间如何相互否定、相互批判，都声称自己来源于《周易》。实际情况也是如此，不管是孔孟之道、老庄学说、墨子精要，还是《孙子兵法》，抑或是《黄帝内经》，无不和《周易》有着密切的联系。易是什么？就是变！各种事物的变化发展，就是在变易中产生形成的。一言以蔽之：没有《易》就没有中国的文明。

我们可在中国远古的传说中找到《周易》生长的土壤。从文献上看，周易的思想、方法在殷末周初已初步形成，并在春秋战国时代得到进一步完善。它是我国先人的集体创作，是中华民族智慧的结晶。经过千百年的累积，《周易》的思想方法已经渗透到中国文化以及中国人生活的方方面面。

在《周易》中，有关建筑营造的思想非常经典。《周易》云："上古穴居而野处，后世圣人易之以宫室，上栋下宇，以待风雨，盖取诸大壮。"① 按后人的解释，"栋"，指屋脊，所谓"乘而上者"；"宇"，指椽，所谓"垂而下者"，因此有"上栋下宇"之说。古人希望以这样的建筑应对风雨，保持安居。大壮卦卦辞进一步指出："贞吉，以中也。"（经卦）要求建筑设计建造要恪守中道，即遵守一定的"度"。"中"，有中规中矩、不偏不倚、适度、适时、适用等含义。而这种适度、适用原则，本就是《周易》反复阐述的理论原则。如"长子帅师，以中行也"（师卦），"干母之蛊，得中道也"（蛊卦），"大君之益，行中之谓也"（临卦），"中行独复，以从道也"（复卦），"黄离元吉，得中道也"（离卦），"其来复吉，乃得中也""九二贞吉，得中道也"（解卦），"苋陆夬夬，中行无咎。象曰，中行无咎，中未光也"（夬卦），"九五之吉，位正中也"（巽卦），"刚柔正而位当也，初吉，柔得中也""妇丧其茀，勿逐，七日得。象曰，七日得，以中道也"（既济卦）。这里所谓"中行""行中""正中""得中"，大体上讲的都是中道原则。营建的"以中也"，就是按中道原则从事，使建筑适合自然环境，顺应自然规律，更要符合人生活与工作的需要。

---

① 《周易·系辞下》。下引均载该书，故不另加注，只在括号中记卦名。

图 12　大壮卦形

大壮，是《周易》六十四卦之一，是《周易》中“乾下震上、阳盛阴消、君子道胜之象”的卦名。“大壮”的营造观念，是要求建筑符合宇宙天象，要高大壮丽、稳固而适用，并造成宏伟的气势。这种中和原则特别重视具体实践，从而逐渐形成了中国建筑“天人合一”的自然观和“重礼乐”的社会观。中国古代传统建筑既追求自然和谐、崇尚自然之美，又讲究礼仪等级、崇尚秩序之美，这与以《周易》为源头活水的中国传统文化的影响是分不开的。“大壮”的营造观念，应该是中国最古老的建筑营造理念，对于中国建筑文化的形成与发展具有奠基性意义。

古罗马建筑理论家维特鲁维斯（Vitruvius）曾指出：建筑的三要素是适用、坚固、美观[①]。梁思成先生认为，这三个要素在《周易》中已经表述出来，而在今天，它对于建筑来说也是必需的。1949 年，他在《清华大学营建学系学制及学程计划草案》中指出：“适用是一个社会性的问题。……每个大小不同、功用不同的单位的内部与各单位间的分隔与联系，都需使其适合生活和工作方式，适合于社会的需求，其适用与否对于工作或生活的效率是有密切关系的。……坚固是工程问题。在解决了适用问题之后，要选择经济而能负载起活动所需要的材料与方法以实现之。……美观是艺术问题。好美是人类的天性。在第一与第二两个限制之下，建造出来的体形环境，必须使其尽量引起居住或工作者

① 转引自梁思成：《拙匠随笔》，第 3 页。

的愉快感，提高精神方面的健康。”[①]在继承传统建筑理念的基础上，梁先生有了更深入的研究与发展。

二、老子论建筑与空间

老子名李耳，字聃，谥伯阳，据传为楚国苦县厉乡曲仁里人（今河南鹿邑县太清宫镇），约生活于公元前571—前471年之间，是我国古代伟大的哲学家和思想家，道家学派创始人，故历史上有孔子问礼于老子的记载。他的传世之作《老子》，又称《道德经》，是中国古代先秦诸子分家前的一部著作，是中国古典思想的基本经典之一。近代以来，《老子》一直是哲学研究的热点。短短五千言，浓缩了中国人深层的经验和智慧，影响深远，体现了古代中国人的一种世界观和人生观。总体上说，《老子》的思想体系归结为三个方面：第一是“自然”，也就是事情本来的那个样子，自然之性，保持天生状态，认为按照事物本来的样子生长，就达到了生命的最佳状态。第二是“无为”，“无为”不是什么都不做，而是顺应事物的自然本性，不乱折腾。第三则是“道”，“道”是规律，顺应自然本性就是根本的规律。

世界上的万事万物如何来的呢？《老子》第四十二章指出：“道生一，一生二，二生三，三生万物。万物负阴而抱阳，冲气以为和（[河上公注]道始所生者，一也。一生阴与阳也。阴阳生和清浊三气，分为天地人也。天地共生万物也。天施地化，人长养之也。万物无不负阴而向阳，回心而就日。万物中皆有元气，得以和柔。若胸中有藏，骨中有髓，草木中有空虚，与气通，故得久生也。[王弼注]万物万形，其归一也。

① 梁思成：《拙匠随笔》，第237—238页。

何由致一？由于无也。由无乃一，一可谓无？已谓之一，岂得无言乎？有言有一，非二如何？有一有二，遂生乎三。从无之有，数尽乎斯，过此以往，非道之流。故万物之生，吾知其主，虽有万形，冲气一焉）。”[①]显然，从道到万物，均是因阴、阳二气的充分运动，中和而成。

《老子》所阐述的，主要是形而上的内容，但是，其叙述中也透露出对形而下的真知灼见。《老子》第十一章讲道："三十辐共一毂（[河上公注]古者，车三十辐，法月数也。共一毂者，毂中有孔，故众辐共凑之。治身者当除情去欲，使五藏空虚，神乃归之也。治国者寡能总众，弱共使强），当其无，有车之用（[河上公注]无谓空虚。毂中空虚，车得去行；舆中空虚，人能载其上也）（[王弼注]毂所以能统三十辐者，无也。以其无能受物之故，故能以实统众也）。埏埴以为器（[河上公注]埏，和也。埴，土也。和土以为饮食之器），当其无，有器之用（[河上公注]器中空虚，故得有所盛受）。凿户牖以为室（[河上公注]谓作屋室），当其无，有室之用（[河上公注]言户牖空虚，人得以出入观；视室中空虚，人得以居处，是其用）。故有之以为利（[河上公注]利，物也，利于形用。器中有物，室中有人，恐其屋破坏。腹中有神，畏形之消亡也。），无之以为用（[河上公注]言虚空者乃可用盛受万物，改曰虚无能制有形。道者，空也）（[王弼注]木、埴、壁之所以成三者，而皆以无为用也。言无者，有之所以为利，皆赖无以为用也）。”[②]

按《道德真经藏室纂微篇》的引申，本章是"老子伤创作之害道德，明为善之生祸乱也，故举车、器、室三事，说有、无、利、用之相资，因以垂戒云"[③]。

---

① 河上公、王弼注，刘思禾校点：《老子》，上海古籍出版社2013年版，第96页。

② 河上公、王弼注，刘思禾校点：《老子》，第24页。

③ 河上公、王弼注，刘思禾校点：《老子》，第25页。

但我们也看到,《老子》用“凿户牖以为室”举例讲的有和无、利和用的理论,正好阐明了建筑与空间的关系,或者说,《老子》已经将“建筑的本质是空间”的理论提出并阐述清楚了。

事实上,从中国传统建筑根源的角度来看,道家的思想对建筑造成的影响要早于儒家,并且道家的思想是贯穿始终的。而深受道家思想影响的天地阴阳风水理论,正是指导中国古代建筑设计和城市规划的基本理论。

三、孔子之卑宫室

孔子名孔丘,字仲尼,祖籍宋国栗邑(今河南省商丘市夏邑县),出生于春秋时期鲁国陬邑(今山东省曲阜市),是我国古代著名的思想家、教育家,儒家学派的创始人。他曾率弟子周游列国 14 年,晚年回到故乡鲁国,专注讲学,并修订六经,即《诗》《书》《礼》《乐》《易》《春秋》。孔子去世后,其弟子及再传弟子把孔子及其弟子的言行语录和思想记录下来,整理编成儒家经典《论语》。

图 13　孔子行教图

孔子提倡“仁义”“礼乐”“德治教化”,讲究中道精神,并曾反复强调:“中庸之为德也,其至矣乎!”[①]在孔子看来,中庸是最高的德行。君子的中庸,就是持中而不偏不倚,随

① 《论语·雍也》。

时做到适中，无过无不及，行为不肆无忌惮，不走极端。他曾在不同场合重复《周易》大壮的思想，强调建筑的壮美，但也反对穷奢极欲。他认为，宫室建筑要适中、适度，不能脱离现实经济环境，超越时代允许的范围。

与当时绝大多数思想家一样，孔子特别钦佩大禹的精神，对当时社会的一些弊端，特别是王公贵族的奢靡之风，比对大禹的言行作风进行了批评。《论语》指出："子曰：禹吾无间然矣。菲饮食而致孝乎鬼神，恶衣服而致美乎黻冕，卑宫室而尽力乎沟洫。禹，吾无间然矣。"[①]这里提到的"卑宫室而尽力乎沟洫"，题面上是说大禹一生尽力于导洪事业，而无心建造宏大的宫殿，但这又显然是对当时的统治集团不顾老百姓的死活，贪图享乐，竞修高楼广厦的一种指责。他以常年深入生活艰苦的抗洪第一线的大禹为榜样，希望统治者能像禹那样"卑宫室"，修仁政。虽然儒家的等级观念也将雄伟的建筑当作统治者扬威的手段，但此处孔子的思想仍是对统治者的一种制约，体现了儒家学者的民本思想。

孔子创立的以仁义礼智信为主体的儒学思想渗入中国人的日常生活之中，成为中国传统思想文化的主体。

四、《考工记》之匠人营国

《考工记》，据传为战国时齐国政府制定的指导、监督和考核官府手工业、工匠劳动制度的工艺官书，其作者估计是齐国稷下学宫学者。该书主体内容编纂于春秋末至战国初，部分内容补于战国中晚期，原无《考工记》之名。西汉时，《周官》中的"冬官"篇佚缺，河间献王刘德多方求之不得，便取本书补入。刘歆校书编排时，改《周官》为《周礼》。就在

① 《论语·泰伯》。

这一时期，本书得名《考工记》，又称《周礼·考工记》(或《周礼·冬官考工记》)。刘德、刘歆的工作，加上《周礼》作为《礼记》的一部分进入五经行列，使得《考工记》得以保存并流传至今。

《考工记》篇幅并不长，但科技信息含量相当大，书中分别介绍了车舆、宫室、兵器以及礼乐之器等的制作工艺和检验方法，涉及天文、数学、生物、化学、力学、声学、冶金学、建筑学等方面的知识和经验总结。书中保留有先秦大量的手工业生产技术、工艺美术资料，记载了一系列的生产管理和营建制度，一定程度上反映了当时的思想观念和科技水平。因此，这是一本在中国科技史、工艺美术史和文化史上都占有重要地位的著作。

《考工记》中《匠人》篇里的"匠人"，主要讲的是建筑工匠，包括建筑工程的设计者与建筑者。其中认为，匠人职司城市规划和宫室、宗庙、道路、沟洫等工程。通过本篇所记载的有关制度及各种尺度比例的规定，我们能粗略了解春秋战国时代的部分建筑技术制度。

《考工记》指出："匠人建国，水地以县，置槷以县，眡以景，为规，识日出之景与日入之景。昼参诸日中之景，夜考之极星，以正朝夕。"[①](译文：匠人建造城邑，应用悬绳，以水平法定地平，树立表杆，以悬绳校直，观察日影，画圆，分别识记日出与日落时的杆影。白天参究日中时的杆影，夜里考察北极星的方位，用以确定东西[南北]的方向[②]。)这就是要给都城选择位置，测量方位，确定高程。

《考工记》进一步指出："匠人营国，方九里，旁三门，国中九经九纬。

---

① 《周礼·冬官考工记》。

② 《考工记》译文引自闻人军：《考工记译注》，上海古籍出版社 2008 年版，第 111—112 页。下引该书只记"闻译"及页码，不另加注。

经涂九轨，左祖右社，面朝后市，市朝一夫。”[①]（闻译：匠人营建王城，全城九里见方，每一面开设三个城门。王城中主要的道路，南北干道三条，每条三涂；东西干道三条，每条三涂。经纬涂道的宽度等于九轨。王宫的布局，左面是祖庙，右面是社庙，前面是朝廷，后面是市集，市集和外朝的面积各一百步见方。第117页。）这就是规划都城，设计王宫、明堂、宗庙、道路。这一段非常有名，因为它非常具体地规定：王城每面边长九里，有三个城门。城内纵横各有九条道路，每条道路宽度为“九轨”（一轨为八尺）。王宫居中，左侧是宗庙，右侧是社坛（或社庙），前面是朝会处，后面是市场。朝会处和市场的面积各为一夫（据考证一夫为100步×100步）。这里记述的周代城市建设的空间布局制度，对中国古代城市规划实践活动产生了深远的影响。

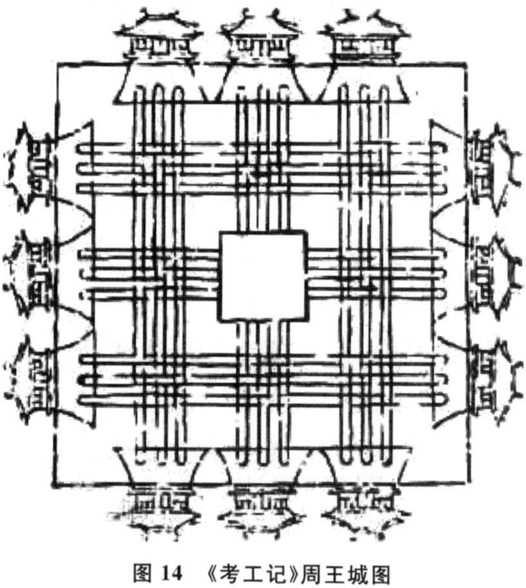

图14　《考工记》周王城图

① 《周礼·冬官考工记》。

《考工记》指出:“凡天下之地埶,两山之间,必有川焉;大川之上,必有涂焉。凡沟逆地防,谓之不行。水属不理孙,谓之不行。梢沟三十里,而广倍。凡行奠水,磬折以参伍。欲为渊,则句于矩。凡沟必因水埶,防必因地埶。善沟者,水漱之;善防者,水淫之。”①(闻译:天下的地势,两山之间,必定有川;大川之旁,必定有路。若造沟渠违逆地的脉理,则水不能畅流;水的注集不顺其理,也不能畅流。梢沟每隔三十里,下游宽度比上游增加一倍。凡导泄停水,泄水建筑物截面的顶角取磬折形,角的两边之比为三比五。要修跌水,则句曲如直角。凡修筑沟渠一定要顺水势,修筑堤防一定要顺地势。设计合理的水沟,会借助水流冲刷杂物而保持通畅;设计合理的堤防,会靠水中堤前沉积的淤泥而增加厚度。第 123 页。)尽管这里讲的是兴修水利必须要了解地势环境,其实,凡建筑工程,都需要研究自然的规律,熟察地理环境,配合地势合理设计、精心施工,特别是注意水的流向,注意因势利导。

《考工记》记载了在砖墙出现以前,春秋战国时期夯土技术广泛应用于筑城和堤坝工程的技术与经验:“凡任索约,大汲其版,谓之无任。”②(闻译:版筑[墙壁与堤防]时,用绳索校直、绑扎筑版和木桩;如绑扎筑版过紧或受力不匀,致使模型板变形或受损,就不能胜任支撑承压的功能。第 127 页。)

此外,匠人还要“为沟洫”,即规划井田,设计水利工程、仓库及有关附属建筑等。

同时,《考工记》中还规定了按照社会等级,不同级别的城市,如“都”“王城”和“诸侯城”在用地面积、道路宽度、城门数目、城墙高度等

① 《周礼·冬官考工记》。

② 《周礼·冬官考工记》。

方面的级别差异；论述了城外的郊、田、牧地的相关关系。

《周礼·考工记》反映了中国古代哲学思想开始进入都城建设规划，也象征了中国古代城市规划思想最早形成的时代。

五、《礼记》与建筑

《礼记》是中国古代一部重要的典章制度书籍，是战国至秦汉年间儒家学者解释说明经书《仪礼》的文章选集，是一部儒家思想的资料汇编。其内容广博，门类杂多，涉及政治、法律、道德、哲学、历史、祭祀、文艺、日常生活、历法、地理等诸多方面，内容主要是记载和论述先秦的礼制，解释仪礼，记录孔子和弟子等的问答，记述修身做人的准则，集中体现了先秦儒家的政治、哲学和伦理思想，是研究先秦社会的重要资料。

建筑既是普通民众的居住之所，也是统治者的居住与工作之处，还是祭祀场所。在特别讲究上下尊卑的中国文化中，建筑也必然要为礼制服务。《礼记》为我们留下了很多重要的资料。

《礼记》写道："君子将营宫室，宗庙为先，厩库为次，居室为后。"[①]人对居室的需要本就是建筑的来源，然而，在进入文明社会的古人看来，居室并不占有优先的地位，祭祀祖先才是第一位的，因为祖先是每一位现实中人的源头，没有他们，就没有后人的一切。

另一方面，《礼记》的建筑思想里也包含着环境保护的理念。《礼记》指出："君子虽贫，不粥祭器；虽寒，不衣祭服；为宫室，不斩于丘木。"[②]建筑是需要木材的，但这里提出了一条原则，就是何处木材可用，

① 《礼记·曲礼下》。

② 《礼记·曲礼下》。

而何处木材不能乱动。人类必须生活于一个适于安居的环境之中，保持居住环境里的适当绿色，创造宜居环境。在《礼记》中，关于一国的车辆、城市的规模有这样的规定："故制国不过千乘，都城不过百雉。"[①]（古代计算城墙面积的单位，长三丈高一丈为一雉。）限制车辆数量与都城的面积，主张节约，当然也是对林木乃至对环境的保护，类似于今天城市车辆的限购、限行，以及城乡地域的红线划界。这也是中和思想的具体表现。

六、墨子的建筑思想

墨子名墨翟，河南鲁山人，春秋末战国初重要的思想家，墨家学派的创始人。墨子曾学儒术，因不满其烦琐的礼仪和学说，自创墨家学派，主张"兼爱""非攻""尚贤""尚同""天志""明鬼""非命""非乐""节葬""节用"等。墨子学说在当时影响很大，与儒家并称"显学"。《墨子》是墨家学派的著作总集，学术界一般认为是由墨子的弟子及其后学在不同时期记述编纂而成，反映了墨家前期和后期的思想，其中关于自然科学和逻辑学的内容特别重要，这是墨家学派不同于其他学派的特殊之处。墨子可能自己当过工匠或小手工业者，在《墨子》一书中，有着相当丰富的对生产技能的记载。由于他在军事上注重守卫，因而，他也关注了建筑问题，特别是城墙的建筑问题。

墨子论学，常使比喻，其比喻充分展示了他知识的广博。在谈到法仪问题时，书中写道："子墨子曰：天下从事者，不可以无法仪。无法仪，而其事能成者，无有也。虽至士之为将相者，皆有法。虽至百工从事

① 《礼记·坊记》。

者，亦皆有法。百工为方以矩，为圆以规，直以绳，正以县，平以水，无巧工不巧工，皆以此五者为法。巧者能中之，不巧者虽不能中，放依以从事，犹逾己。故百工从事，皆有法所度。”[①]官员从政，必须依法度进行。就像工匠建房，必须依靠矩尺、圆规、直线、悬锥、平水等，才能实现设计目标。而这些工具，正是工匠的法度。在谈到“义”这个问题时，墨子也以建筑作比，让学生更加明白：“治徒娱、县子硕问于子墨子曰：为义孰为大务？子墨子曰：譬若筑墙然。能筑者筑，能实壤者实壤，能欣者欣，然后墙成也。为义犹是也。”[②]如果墨子不熟悉建筑工匠的工作程序，是无法说得这样清晰准确的。

图 15　墨子画像

有关居室，包括宫室建筑，墨子有过具体的论述：“子墨子曰：古之民未知为宫室时，就陵阜而居，穴而处，下润湿伤民。故圣王作为宫室，为宫室之法。曰，室高足以辟润湿，边足以圉风寒，上足以待雪霜雨露，宫墙之高足以别男女之礼，谨此则止。”[③]墨子提出的“为宫室之法”，就是建筑住宅宫室的原则。其“高”“边”“上”指的是房屋的台基、屋身围墙、屋顶。在另一处，他指出：“古者人之始生，未有宫室之时，因陵丘堀穴而处焉。圣王虑之，以为堀穴，曰：冬可以辟风寒，逮夏，下润湿上熏烝，恐伤民之气，于是作为宫室而利民。然则为宫室之法，将奈何哉？子墨子言

① 张纯一：《墨子集解·法仪》，成都古籍书店 1988 年版，第 22 页。

② 张纯一：《墨子集解·耕柱》，第 414 页。

③ 张纯一：《墨子集解·辞过》，第 34 页。

曰：其旁可以圉风寒，上可以圉雪霜雨露，其中蠲洁，可以祭祀，宫墙足以为男女之别，则止。”①

这两段话的含义大体类似，表明了墨子对居宅宫室建筑的基本观点，并认为，如果超出这个范围，过于奢靡，劳民伤财，则失去了居宅宫室本身的意义。

对于人类居住环境，墨子有更深刻的认识。他说：“凡学爱人，爱众众世与爱寡世相若，兼爱之，有相若；爱尚世与爱后世，一若今之世人也。”②众世寡世，是从空间的广狭意义上看待对象。从系统的观点看，众世是一个大系统，寡世则是其中的子系统。众世里面有无数的寡世。如在大自然这个众世系统中，除人类外，还有众多的寡世，如动物、植物、土地、水、大气等，人类居住环境、人的居室建筑，也在这个系统中。这些寡世与人类这个系统一起，构成一个不可分离的整体。众众世则是更高层次的系统。一个人相对于他所在的族群，一个族群相对于人类，人类相对于动物，动物相对于生物，生物相对于大自然，都是寡世与众众世的关系。兼爱，爱寡世，就要推广到爱众世，并进而达于众众世，这是毫无疑问的。大自然给我们提供了生存的环境与条件，是人类的衣食之源，大自然是爱人类的；人也得爱大自然，使大自然有永续发展的条件。可见，墨子不仅希望人与人之间兼相爱交相利，和谐相处，更希望人与自然之间兼相爱交相利，和谐相处。尚世后世，则是以时间上的古今意义来看待对象。以现实的人而言，他的祖先是尚世，他的后代是后世。祖先不仅遗传给我们血肉之躯，还赠送给我们一个能生存与发展的美丽家园。因此，我们崇敬我们的祖先。同时，我们的后代是我们事

---

① 张纯一：《墨子集解·节用中》，第154页。

② 张纯一：《墨子集解·大取》，第386页。

业的继承者，他们将会把我们创造的文化发扬光大。爱我们的后代，应该像爱我们自己一样，当然不能剥夺后世发展的机会。而保护好现实的生存环境，也是为后代留下他们生存的好条件。兼相爱交相利，正是墨子对可持续发展的最通俗也最经典的说明[①]。

在墨子看来，大自然的规律是客观存在的，人们能够认识它，但不能改变它。“凡回于天地之间，包于四海之内，天壤之情，阴阳之和，莫不有也，虽至圣不能更也。何以知其然？圣人有传，天地也，则曰上下；四时也，则曰阴阳；人情也，则曰男女；禽兽也，则曰牡牝雄雌也。真天壤之情，虽有先王不能更也。”[②]任何事物都有自然的本性，这是“情”；符合自然的本性，就是“和”。自然的秩序，亦即规律，也就是“天壤之情，阴阳之和”。即使古圣人先王，也不能为之改变。

墨子坚决反对战争，但又不能不面对现实。他厌恶侵略战争，希望通过成功的守御制止战争。《墨子·城守》是他对军事上的守卫问题深入研究的成果，也为我们提供了一个进行生态环境保护的实例。事实上，处于战场地区，环境的破坏是相当严重的，而最基本的生存条件对于战争的胜利又是必需的。因此他认为，维护战场脆弱的生态，是保卫城池的重要方面；备水、建厕、防火，搞好环境卫生，是保卫城池的另一重要方面。他指出：“凡守圍之法……山林草泽之饶足利。”[③]“山林草泽之饶”是城池防守的重要条件。环境丰饶，能够提供丰裕的物资，足以支持军事后勤，战区老百姓的生活也有保障，那就有了支持长期抗击侵

---

① 这里的结论，是从墨子原著中的合理引申，从这个结论也可以看到一个问题，即古人与今人的思想是相通的。参见拙文李永铭：《墨子的环境观》，《职大学报》，2004 年第 1 期。

② 张纯一：《墨子集解·辞过》，第 40 页。

③ 张纯一：《墨子集解·备城门》，第 468 页。

略的基础。另一方面，即使排除战争，在日常生活环境下，墨子也希望保护人们赖以生存的环境与条件。居室建筑环境中，有“山林草泽之饶”，能更显示出人类生活活动的勃勃生气。

墨家学派作为平民占主体的学派，他们在那个特殊时代对于环境与建筑的思考，值得我们认真继承。

七、《管子》与城市规划

管子即管仲，是我国古代春秋时期（公元前770—前476年）齐国重要的政治家、军事家、思想家。托名为管仲所作的《管子》一书，是管仲及管仲学派的言行事迹汇编，成书约在战国到西汉之间。《管子》一书篇幅宏伟，内容复杂，思想丰富。它以黄老道家之学为基础，试图在理论上解决儒、法、名诸家之间的分歧，融道家和法家而得出政治上的黄老学说，提出德、法兼治的政治主张，既为法治找到了哲学基础，又将道家思想切实地落实到了社会人事当中。

在管子的时代，社会管理的方方面面都为人们所关注。管子就被人们称为管理大师。《管子》一书以管子本人的活动为背景，对社会各方面的事务进行了精心的论述。其中关于城市建设规划的论述，体现了那个时代人们对该问题的深入思考与认识。

《管子·乘马》指出：“凡立国都，非于太山之下，必于广川之上，高毋近旱而水用足，下毋近水而沟防省。因天材，就地利，故城郭不必中规矩，道路不必中准绳。”[①]这里讲到选择城址应该注意的条件，强调了城市的供水、排水、防洪，要求城市布局应因地制宜，善于利用地形地

① 房玄龄注、刘绩补注、刘晓艺校点：《管子》，上海古籍出版社2015年版，第22页。

势,形态不必方方正正,道路不必横平竖直。《管子》的这一思想对中国古代建筑设计师和工匠们有非常重大的影响,他们在进行规划设计和施工的时候,都十分注意环境的选择,对周围的山川形势、地理特点、气候条件、林木植被等等,都要认真进行调查分析,务使建筑的布局、形式、色调、体量等与周围的环境相适应。即使小镇、村庄、寺观、园林、民居等,也都是随着山形地势起伏转折,高低错落,相宜部署。江河湖海岸边的建筑物必然随着港湾河汉的地形高下予以安排。

《管子·大匡》又说:"凡仕者近宫,不仕与耕者近门,工贾近市,三十里置遽,委焉,有司职之。"[①]这种对城市讲求实际的功能分区,至今还为城市规划建设所遵循。

《管子》关于城市建筑规划的这些观点和原则,与《周礼·冬官考工记》所论述的建城思想及模式相比,已有了相当变化。这表明随着时代的发展,人们对自然与社会的认识更加深入,作为早期的建筑原则,《周礼》的刻板规定显然不太符合实际,必须有所突破。而这种突破仍然遵从着中和之道,也可说是中和之道的进一步深化。

八、《吕氏春秋》与"建中立极"

吕不韦(?—约前235年),战国末年卫国濮阳人,原籍阳翟(今河南禹州)。吕不韦以信陵君、春申君等为榜样,也广交宾客,招徕了大批文人学士,给他们优厚的待遇,据说门下食客多达3000人。他让门客中凡能舞文弄墨者,都将自己的见闻与想法写下来,然后组织其中水平较高的学者进行编纂。经过多次反复讨论修改,终于整理出《吕氏春

---

① 房玄龄注、刘绩补注、刘晓艺校点:《管子》,第132页。

秋》一部。

《吕氏春秋》汇聚了先秦各派学说,“兼儒墨,合名法”,故史称“杂家”。全书共160篇,结构完整,自成体系。它的哲学思想、政治思想以及它所保留的科学文化方面的历史资料,是我国古代文化的一份珍贵遗产。吕不韦组织撰写《吕氏春秋》,在文化事业上功不可没。

《吕氏春秋》中论述的关于城市建设的思想,包含了当时宫城建筑的经验总结,也反映出古人对“中”的尊崇。书中指出:“古之王者,择天下之中而立国,择国之中而立宫,择宫之中而立庙。天下之地,方千里以为国。所以极治任也,非不能大也。其大不若小,其多不若少。”[①]文中所谓“国”,即“城”,这与《考工记》中所指是一样的。文中之“中”,既有方位之意,也有适中、适合之意,还有“中轴”之意。为了方便王国的管理,在适当位置建一城。城里的中心应是宫城,宫城的中轴线上或突出位置上是祖庙。一般以千里见方建一城市,对于管理王国是最合适的。城所管的地方不是不能进一步扩大,但从管理效果来说,这是最有效的,太大了未必能有效果。这就是所谓“建中立极”的思想。

《吕氏春秋》的城建思想,既表现了当时城市建设的基本规划,也对后来的建筑活动做出了很好的引导。

九、柳宗元与《梓人传》

由于建筑属于器物的范畴,通常的书家是不屑于记载的,因此,对于建筑工程及其具体的操作过程与人员,古人很少形诸笔墨。好在有

---

① 高诱注:《吕氏春秋》,上海书店1986年版,第211页。

柳宗元写的《梓人传》，让我们能看到盛唐时建筑大师的形象。

柳宗元(773—819年)，字子厚，河东(现在山西芮城、运城一带)人，793年进士及第，798年考博学宏词科中榜，在官场沉浮，为新派改革家之一。永贞革新失败后，柳宗元被贬，47岁时逝于柳州任所。柳宗元在哲学、政治、历史、文学等方面都有研究，是唐代文学家、哲学家、散文家和思想家，世称"柳河东""河东先生"，因官终柳州刺史，又称"柳柳州"。

《梓人传》作于柳宗元初入仕途时。当时朝廷政出多门、吏治混乱，这使年轻的柳宗元深感不安。他认为，要改变这种局面，执政者必须清楚，宰相治理国家，必须能统揽全局，善于用人。由此他写作本文，借一位建筑大师的故事，提出关于人才选拔的原则、方法与途径，进而阐述了他的治国之道。撇开本文的主旨，其中关于建筑师的记述也别有意趣。

《梓人传》写道："裴封叔之第，在光德里。有梓人款其门，愿佣隙宇而处焉。所职，寻、引、规、矩、绳、墨，家不居砻斫之器。问其能，曰：'吾善度材，视栋宇之制，高深圆方短长之宜，吾指使而群工役焉。舍我，众莫能就一宇。故食于官府，吾受禄三倍；作于私家，吾收其直太半焉。'他日，入其室，其床阙足而不能理，曰：'将求他工。'余甚笑之，谓其无能而贪禄嗜货者。其后，京兆尹将饰官署，余往过焉。委群材，会众工，或执斧斤，或执刀锯，皆环立向之。梓人左持引，右执杖，而中处焉。量栋宇之任，视木之能举，挥其杖，曰：'斧！'彼执斧者奔而右；顾而指曰：'锯！'彼执锯者趋而左。俄而，斤者斫，刀者削，皆视其色，俟其言，莫敢自断者。其不胜任者，怒而退之，亦莫敢愠焉。画宫于堵，盈尺而曲尽其制，计其毫厘而构大厦，无进退焉。既成，书于上栋曰：'某年某月某日某建。'则其姓字也。凡执用之工不在列。余圜视大骇，然后知其术之工大矣。继而叹曰：彼将舍其手艺，专其心智，而能知体要者欤！”①

这梓人姓杨，是柳宗元在其妹夫裴封叔家认识的。起初知道这杨木匠的职业时，柳不以为然。但不久后，在京兆尹官署建造工地上，柳突然发现，这杨木匠可不是一般的木匠，而是一位建筑大师。他对建筑的整体把握，对建筑细部的明晰，对众工匠技艺的了解，对建筑工程施工的指挥若定，一方面表明了这位大师对建筑工程技艺的深刻领悟，另一方面也表明，是中国古代建筑完全成熟的时代造就了这样一位建筑大师。

综上所述，先秦以来，随着建筑形态的形成发展与建筑技术的进步，人们对建筑的认识逐渐深入，建筑中的技术、艺术乃至文化等问题都被当时的学者所关注。礼乐制度文化自然与建筑文化逐渐结合起来。“中和”观念在建筑文化发展的过程中，与之互生并长而凝聚。中和之道的以人合天、顺应自然，成就了中国传统土木建筑文化与建筑类型。

第三节　堪舆(风水)学中中和学说的折射

对于古人来说，在如此低下的生产力水平上，建筑居室本就是一件非常困难的事，因而不得不极其慎重地对待。经过上千年的实践，他们对建筑居室以及阴宅的选址、择向、营建等积累了一些经验。传统文化中五行、八卦等术数思想也深深地影响着人们的建筑观念，于是有了堪舆(风水)学。

---

① 柳宗元：《梓人传》，载吴楚材、吴调侯选：《古文观止》下册，中华书局1959年版，第398页。

一、风水概说

在中国古代，“天时”“地利”“人和”，是一个人、一个团体甚至一个国家事业成败的关键。为了研究这些环节，人们特别关注“天象”“地理”“人事”，由此形成了所谓的“术数”之学。而“术数”之术运用到居宅坟茔建筑上，就是所谓的“风水术”。风水术对中国古代的建筑活动产生了广泛的影响，上至都邑、宫庙、陵墓的规划和选址，下至山村、民宅、坟冢的相地和布局，都受到风水意识的制约。《黄帝宅经·序》开篇道：“夫宅者，乃是阴阳之枢纽，人伦之轨模，非夫博物明贤，未能悟斯道也。……故宅者，人之本，人以宅为家，居若安即家代昌吉，若不安即门族衰微，坟墓川冈并同兹说。上之军国，次及州郡县邑，下之村坊署栅，乃至山居，但人所处皆其例焉。”①

图 16　八卦图

---

① 《黄帝宅经》，载顾颉主编：《堪舆集成》第 1 册，重庆出版社 1994 年版，第 1 页。

风水一词，据说最早出于伏羲时代。风，就是空气的流通；水，则是人生命之所需。人的生活起居，与风、水有着密切的关系。晋人郭璞传古本《葬经》认为："气乘风则散，界水则止，古人聚之使不散，行之使有止，故谓之风水。风水之法，得水为上，藏风次之。"[①]这就是人们所熟知的风水学理论。一般而言，"'风水'，主要是指古代人们选择建筑地点时，对气候、地质、地貌、生态、景观等各建筑环境因素的综合评判，以及建筑营造中的布局、某些技术的运用和种种禁忌的总概括，简单说是人们对生前居住环境和身后墓葬环境的选择和处理"。[②]

我们的先民对风水十分重视，认为风水关系着人的祸福命运。这一点，在古代文献《尚书》与《诗经》中多有所见。《尚书》是中国上古历史文献和部分追述古代事迹著作的汇编。《诗经》作为中国古代最早的一部诗歌总集，收集了西周初年至春秋中叶的 300 多首诗歌，反映了周初至周晚期约 500 年间的社会风貌。这两部古代中国经典中，就有不少涉及建筑风水的记载。

古人在建造居室之前，首先要"辨方正位"，这在商代文献中即有记载。商朝盘庚为了改变当时社会不安定的局面，决心迁都至土肥水美的殷地（安阳）。迁到殷地后，他又以强硬手段制止了贵族们搬回旧都的企图。《尚书・盘庚》就是他在迁殷前后的讲话记录。其中记载："盘庚既迁，奠厥攸居，乃正厥位，绥爰有众。"[③]这段话的意思就是："盘庚迁都以后，定好住的地方，才决定宗庙朝廷的位置，然后告诫众人。"[④]这居

---

① 《郭璞古本葬经》，载顾颉主编：《堪舆集成》第 1 册，第 340 页。

② 程建军：《风水与建筑》，中央编译出版社 2016 年版，第 1 页。

③ 《尚书・盘庚下》。

④ 周秉钧译注：《白话尚书》，岳麓书社 1990 年版，第 75 页。后引记为周译及页码，不另加注。

住的地方，特别是宗庙朝廷的位置非常重要，需要相当程序才能确定。这可能是早期风水术的萌芽与应用。

《尚书·洛诰》记载，西周初年，周公旦为了营建洛邑，亲自来到当地，踏勘洛地的环境，并进行占卜，选择吉地。他后来向周成王汇报说："予惟乙卯朝至于洛师。我卜河朔黎水，我乃卜涧水东、瀍水西，惟洛食；我又卜瀍水东，亦惟洛食。"[①]（周译：我在乙卯这天，早晨到了洛邑。我先占卜了黄河北方的黎水地区，我又占卜了涧水以东、瀍水以西地区，仅有洛地吉利。我又占卜了瀍水以东地区，也仅有洛地吉利。第158页。）周公之建洛邑，是一重大历史事件。对于洛地的地理环境，周公在勘察后已了然于胸。再加上占卜，最终确定选址，给今天的洛阳定下了最早的发展蓝图。

《诗经·緜》是周人的史诗，记载了古公亶父率周人迁居岐山一带营建宫室、构筑城郭的史实。诗云："周原膴膴，堇荼如饴。爰始爰谋，爰契我龟。曰止曰时，筑室于兹。"[②]（意思是：周原肥沃又宽广，堇葵苦菜像饴糖。大伙计划又商量，刻龟占卜望神邦。神灵说是可定居，此地建屋最吉祥。[③]）周部落定居周原之前，尚处于穴居阶段。而周原一带，按《诗经·皇矣》的说法，"居岐之阳，在渭之将"（《毛诗·大雅·皇矣》。程译：定居岐山面向阳，紧靠渭水河边旁。第414页），是一处"风水宝地"。古公亶父发现这里水草丰美，随后又通过占卜确认，最终定居下来，建立了周后来取汤而代之的基础。应该说，这种观"风水"的方式，早就是周人的传统。当年周人祖先公刘为选择豳地，就"相其阴阳，观

① 《尚书·洛诰》。

② 《毛诗·大雅·緜》，以下引《诗经》只在引文后记篇名。

③ 程俊英、蒋见元译：《白话诗经》，岳麓书社1995年版，第402页。后引记为程译及页码，不另加注。

其流泉”(《毛诗·生民之什·公刘》。程译:山南山北勘察忙,查明水源和流向。第438页)。

《诗经·文王有声》是周人营建丰邑、镐京的重要史料。诗中反映,营建镐京之前,周人慎重地进行了占卜,得到吉兆,才开始营建:“考卜维王,宅是镐京。维龟正之,武王成之。”(《毛诗·大雅·文王有声》。程译:国王卜居问上苍,定居镐京最吉祥。迁都决策神龟定,武王完成功无量。第421页。)

《诗经·鄘》讲述的是春秋时期卫文公营建宫室,劝勉农桑,使卫国走向新生的故事。当年北方狄人侵卫,卫懿公战死。次年,卫文公即位,重建家园,励精图治,使卫国浴火重生。诗云:“定之方中,作于楚宫。揆之以日,作于楚室。树之榛栗,椅桐梓漆,爰伐琴瑟。升彼虚矣,以望楚矣。望楚与堂,景山与京,降观于桑。卜云其吉,终然允臧。灵雨既零,命彼倌人,星言夙驾,说于桑田。匪直也人,秉心塞渊,騋牝三千。”(《毛诗·鄘·定之方中》。程译:冬月定星照天中,建设楚丘筑新宫。按照日影测方向,营造住宅兴土功。房前屋后种榛栗,加上梓漆和椅桐,成材伐作琴瑟用。登上漕邑废墟望,楚丘地势细端详。看好楚丘和堂邑,遍历高丘和山冈,下到田里看蚕桑。占卜征兆很吉祥,结果良好真妥当。好雨落过乌云散,叫起管车小马倌。天晴早早把车赶,歇在桑田查生产。既为百姓也为国,用心踏实又深远,良马三千可备战。第71页。)

这首诗详细讲述了卫文公选择楚丘营建宫室的过程。因为宫室建设关乎国家兴衰,马虎不得,卫文公对此慎之又慎,又是“望”,又是“观”,还考察了附近的堂邑和高冈山丘。之后,又下到田地,察看是否宜于耕种。不仅观察风水,还要通过占卜,确定符合“天意”,才开始营建宫室。宫室成后,在庭院中栽种榛、栗、梓、漆、桐等,美化了居住环境。这里我们已经看到了风水与营建之间不可分离的关系。

在日常生活中，风水一词可有两种解释。它可泛指附近的空间、山、水、树木等自然环境，也可专指阳宅风水（住房）和阴宅风水（祖坟）。所谓“看风水”，就是地理的“堪舆”，以“水、土、气、风”为四大因素，选择地势；按照“阴阳五行生克制化”的原则，分向背、别阴阳，相宅相地。一般认为，“枕山、环水、面屏”而“聚风藏气”的地理模式，是最理想的地形。

历史上记载最成功的风水案例在《吴越春秋·阖闾内传》上。当时阖闾与伍子胥讨论如何“兴霸成王”，伍子胥认为，必先立城郭，设守备，实仓廪，治兵库。阖闾同意伍子胥的意见，并委派伍子胥寻址筑城。按当时的习俗，搞建筑，“风水”先行。伍子胥于是相土尝水，象天法地，寻找城址。

所谓“相土尝水”，“相”，就是观察、选择。“尝”，就是尝试、试探、辨别。相土，就是要踏勘地形地貌，观察地势的面积、宽广与高低；尝水，主要察看水系的组成，水流的走向，以及水流的分布，综合“土”与“水”的关系，然后选择一块适合筑城的地方。

吴越之地的长江三角洲一带，相对黄河流域，在三代时被称为“蛮荒之地”。自古公亶父之子泰伯、仲雍避位让贤，南奔至梅里（今无锡梅里），建立“勾吴”以来，教化民众，耕作筑城，才渐有发展。阖闾称王以后，雄心勃勃，要强国称霸，建造能承担战略中心重任的城池。伍子胥“相土尝水”，确实找到了一块筑城的好地方，这就是苏州。

从地质地貌、河流水系来说，“土”和“水”是密不可分的。苏州城西部、西南部多崇山丘陵，地势偏高。苏州边上就是辽阔的太湖，方便物资运输，更是训练水军的绝佳基地。城东是平原地带，地势较低，容易灌溉，是种植作物的沃野，可给城市提供充足的食粮。城址在山陵与平原之间，这对城的建筑和今后的给排水也有很多好处。西部、西南部的山上盛产石料，这正是筑城所必需的，建筑材料取用方便，加速了筑城的进度。水，是人们生活之必需。城内居民需要用水，可引太湖水入城。城内开有水陆八座城门，每座水城门直通城内的河道。城内又有多条横直的河道，类似棋盘形状，使流水通畅。由于城址高于平原，城内之水可通过河道向东流出城外，这样，可保苏州城内无旱涝之苦。

2500 多年过去了，伍子胥选定的苏州城址，虽经历史的风云变幻，依旧停留在老地方。这在世界城市史上也是极为罕见的。

据网络信息，浙江兰溪市诸葛村的环境，是最符合风水要求的宝地：诸葛村选址在一片低矮的丘陵上，地形起伏，东、北、西三面为山丘包围，南面是北漏塘，塘外是广阔的水田，一直延展到数十里外的兰江边上。村子形势非常符合堪舆家“四灵守中”（左青龙、右白虎、前朱雀、后玄武）的理想模式，尤其是它的完整的闭合，形成了独立的环境。位于村子北面的是寺山，村子东西各有护山自北蜿蜒向南，村前有案山桃源山，远有朝山乌龙山；村子东边护山之外有石岭溪源从北角山脉曲折向南，村子西边则有高隆市路。诸葛村位于八座小山的环抱之中，小山似连非连，排列在八个方位上，自然形成了环卫山村的外八卦。而村内的民居建筑布局也精巧玄妙：在村落中心有一口名叫“钟池”的池塘，半边池水半边地，两面各设一口水井，形成极具象征意义的鱼形太极图。钟池的位置不仅在地理上居于全村的中心，在整个建筑布局上也处于众星捧月的地位。钟池周围构筑的八条弄堂向四周辐射，使村中的所有民居自然归入坎、艮、震、巽、离、坤、兑、乾八个部位，是为内八卦。诸葛村所在的山间开阔谷地，“聚风藏气”，“风水”极佳。村内以明、清建筑为主，虽历经数百年，但村落九宫八卦的格局一直未变，其“青砖、黛瓦、马头墙，肥梁、胖柱、小闺房”的建筑风格，成为中国古村落、古民居的典范。目前，村内的明清时代所建房屋尚有 200 余栋，大小厅堂 18

座，庙宇4座，石牌坊3座，花园别墅两座，其中7座有“进士”匾，14座有旗杆，而最雄伟、最壮观、最重要的要算大公堂与丞相祠堂了。1996年，诸葛村被国务院批准为全国重点文物保护单位。

中国古人把风水称为堪舆，也叫地理，即所谓“堪舆风水地理”。堪，就是观察天象；舆，就是勘察地形；风，就是了解空气空间；水，即察看水文水质；地，就是研究地形地质；理，就是研究分析理论。

由于着眼角度不同，中国风水界形成了众多流派。其中最基本的是两大宗派：一种是形势宗，注重在空间形象上达到天地人合一，注重形峦，强调“千尺为势，百尺为形”，注重觅龙、察砂、观水、点穴、取向等辨方正位，又称形法、峦头、三合，主要从事择址选形等活动；另一种是理气宗，注重在时间序列上达到天地人合一，强调阴阳五行、干支生肖、四时五方、八卦九宫、三元气运等等相生相克理论，建立了一套严密的现场操作工具，确定选址规划方位，又称三元、理法，偏重于确定室内外的方位格局。此外，还有“日法”，侧重于选择吉日良辰以事兴造；“符镇法”，主要为补救各法选择不利的措施。

按照应用对象不同，风水学又分阳宅风水与阴宅风水。阳宅风水即阳宅相法，从事人居的城郭住宅的择址布形；阴宅风水，即葬法，从事死者陵墓坟冢的择址布置。中国风水学基于住宅所处环境不同，又有所谓井邑之宅、旷野之宅、山谷之宅等区分，在风水学应用上各有侧重。对于旷野之宅和山谷之宅，因其与周围自然地理环境关系密切，多注重形法；而井邑之宅（即城镇的居宅），则因其外部环境的限制，常以形法、理法并举。

数千年来，中国的一切建筑活动几乎无不受到风水术的影响。即使风水术中有关凶宅的说法，也有一定的道理：某些房屋，当它处在不利位置时，确实可使居住其中的人生病，如所谓“癌屋”。

古代的阳宅阴宅，不管是官衙还是民居，不管是贵族府第还是平民坟茔，大部分都有风水师的一份辛劳。可以说，尽管其中包含不少荒诞的内容，但风水学对中华民族本身及其文化的繁衍发展不可无视。

二、风水的核心内容

无论居室还是墓葬，都存在于自然环境中，人与自然的关系是营建活动必须首先考虑的内容。风水学必须走在营建之前，率先研究建筑物与环境的相处之道。因此，风水学的核心思想是天人合一、人与自然的和谐，以天地为观察了解对象，以人为依归。可以说，撇开其荒诞不经的内容，它是实实在在的人本主义学问。

风水学所谓堪舆，即堪天道、舆地道。观察天，了解天，根据天上的星象来选择风水宝地，也就成了风水学中最基础的学问。古代风水师主要通过望气、闻气等方法来测定空气质量，以品水养鱼等方法来测定水的质量，捏土尝土等方法来测定土的质量。风水家把阴阳宅所在位置（穴位）后面有直接联系的山脉称为龙，其他的山岗称之为砂，还把山川空间人格化、人性化，认为有情于阴阳宅者为吉，无情于阴阳宅者不吉，反情于阴阳宅者为凶。风水中的所谓气，不是空气的气，而是由天地山川空间流通、会聚、孕育、体现出来的一种只能意会不能言表、难以用罗盘测量的东西。气有吉气、凶气、中气之分。《葬经》云："葬者，乘生气也。夫阴阳之气，噫而为风，升而为云，降而为雨，行乎地中而为生气。生气行乎地中，发而生乎万物。"①古人认为，阴阳宅前后左右的山水所在的方位，与阴阳宅的方向和位置相互作用，会影响到人的生死存

---

① 《郭璞古本葬经》，《堪舆集成》第 1 册，第 340 页。

亡、兴衰祸福、吉凶休咎。风水学的核心内容是点穴，风水师的所有努力都是以阴阳宅为中心来推论的，只有真穴正穴，才是风水地生气会聚之所，才能获得风水地的吉气。而选好阴阳宅的位置后，选择建造最合适的方向，以接收承纳四周山水空间的生气，谓之立向，立向也就成了风水的关键。为安葬先祖，选择山清水秀、灵气集中、生气盎然的地方，建墓立碑，让后人慎终追远，瞻仰先人、缅怀祖德，承前启后、继往开来。而整个风水学就是要告诉人们，应顺应自然规律、优化自然环境，以改善和提高人生和社会的地位。这是风水学的基本理念与最高目标。中国古人认为，天地人是一体的，人的心灵与天地的灵气是相通的。所以风水学十分重视心灵的塑造与净化，十分重视道德的修养与积累，特别强调福由心生，境由心造。

网上曾传一文云，某人建一居宅后，有友人介绍一风水大师，让其请大师看看新房吉凶。于是一天，他开车接上大师去他家。一路上，他与大师相谈甚欢。其时正是上午上班时间，路上车辆有点拥挤。他开车极平稳，并对大师说，路上此时开车的都是年轻人，他们要赶去上班，我们就不用那么急了，能让就让点。大师点点头，没说什么。车在进入一居民聚集地后，他的车明显慢了下来。突然，一小孩从小巷中跑出来，朝后望了一眼，就冲向马路对面。他急踩刹车，将车停住。小孩已跑过马路，但他并未发动车子。大师问，怎么不开了？他说，小孩跑过时又后望，那后面可能有人在追他。果然，又一小孩从巷口冲出，直奔马路对面。等那小孩过去了，他才发动车子继续前行。大师深深点了点头。很快，车开到了他家门口。停下车后，他请大师在车上稍坐一会再下车，说，刚才我家屋后院子上空一群鸟飞向天空，可能有人在摘打院边树上的枣子。我们现在下车进门，可能正好碰到这些邻居，那多尴尬！大师微笑着说，不用下车看了，你这里就是吉地。你一路的行为告诉我，有你这种总为他人设想的心境，哪里不成吉地？

北宋理学家程颢、程颐文集中的《葬说》，曾讲到墓地的风水选择问题，指出："卜其宅兆，卜其地之美恶也。地美则其神灵安，其子孙盛。然则曷谓地之美者？土色之光润，草木之茂盛，乃其验也。而拘忌者惑以择地之方位，决日之吉凶，甚者不以奉先为计，而专以利后为虑，尤非孝子安厝之用心也。惟五患者不得不慎：须使异日不为道路，不为城郭，不为沟池，不为贵势所夺，不为耕犁所及。（本注：一本所谓五患者：城郭、沟渠、道路、避村落、远井窑。）"[①]其实，不仅墓地如此，住宅地基的风水选择，原理也是一样的。

由此可见，传统文化中的风水，关键在环境的选择。植被好，草木生长茂密，这就是好的风水。而且，在整个风水理论中，择地是以德行为先的。

三、阴阳五行与风水

中国建筑风水术的"阴阳五行"观，不仅影响建筑的选址、规划，同时也影响着建筑的布局、结构、装饰及环境设计等。如明清北京城的设计和布局：外城居南，表示乾，象征天，属性阳；内城在北，表示坤，象征地，属性阴。外城和内城的形状与位置构成"天圆地方"的格局，象征乾坤照应，天地合德，阴阳和谐。从城门的配置上看，外城七门，七为少阳之数；内城九门，九为老阳之数。内城的城门配置，南设三门，南为奇数，为阳；北设二门，北为偶数，为阴。内城的主门，正阳门的门高为九尺九寸，其体现的是老阳之数。天坛是祭天之处，位于北京城南端，体

① 引自《治法》，载朱熹、吕祖谦编：《近思录》，山东画报出版社2014年版，第213页。

现了南为天、为乾、为阳之意;地坛是祭地之处,位于北方,体现北为地、为坤、为阴之意;日坛在东,月坛在西,社稷坛在中,五坛的方位布局既合阴阳又合五行。

与皇家官府相比,民间建筑自然小多了,但为了适应风水的要求,后者也会做一些相应处理。百姓的居室,一般以前院为正堂和客厅,其建筑表现出高大、富丽堂皇的阳刚之美;后院为闺房、绣楼,其建筑呈现出婉媚秀丽、幽深静雅的阴柔之气。再如一些民间墓葬,墓形呈"八"字,或叫"半月形",也称为"八字碑",据说只有那些保存下生辰八字的过世长辈才可以竖碑。从风水上讲,这种半月形坟墓有"藏风生气,牵制煞气"等作用。

建筑选用石材还是木材,也与阴阳五行相一致。石材近于五行之金,而金与五位之西、五时之秋、五色之白相对应,象征着肃杀与死亡;砖由土制,土在五行中虽为吉象(因此中国古建筑土木并举),但它又是被踩在脚下的,而只有死人才归于尘土。因此在古代,砖石材料用于死者的陵墓被视为理所当然,作为边关防御工程的材料当然也是上上选,唯独不会用来砌筑人们的居住环境。儒家文化是"重现世"的,追求生气。而五行之中与生相对应的是木,木居东,以青为色,以雷为声,象征着春天。所以,本来就住惯木建筑的中国人从此对木材更为钟情,视之为天经地义的建筑材料,除了陵墓、边城和部分桥梁以外,从一般的百姓民宅到宏大的皇家宫殿、方外庙宇,都采用木构架,并且绵延数千年,一直用到清末①。

---

① 尉陈:《墙垣边的人类:从建筑艺术看人类文明》,清华大学出版社2013年版,第80页。

四、风水与环境

中国古建筑在建筑与环境的配合和协调方面有着很高的成就，有许多精辟的理论与成功的经验。风水理论中重要之处，就是考虑建筑与环境的关系，无论生者还是逝者，优美的环境都是必不可少的。而且，古人不仅考虑建筑物内部环境主次之间、相互之间的配合与协调，还注意到它们与周围大自然环境的协调。如所谓的"龙脉"，就须考虑到建筑周围数里、数十里，甚至数百里范围的地形、地势。其"藏风聚气"的环境，从现代观念来看，无疑是一个适合人居住、生活的理想环境。背山可阻挡冬季寒风；前方开阔地势可得到良好的日照，可以接纳夏日凉风；四周山丘可提供木材、燃料，山上植被既能保持水土、防止山洪，也能形成适宜的小气候；流水既保证了生活与农田灌溉用水，又可在水中养殖。清时著作《阳宅撮要》中就指出："凡阳宅，须地基方正，间架整齐，入眼好看，方吉。如太高、太阔、太卑小，或东扯西拽，东盈西缩，定损丁财。"在讲到天井时云："天井乃一宅之要，财禄攸关。要端方平正，不可深陷落槽……凡富贵明堂，自然均齐方正，有一种阴阳交媾之美。"① 住宅堂屋和天井的方整、明亮，能使人在视觉、心理上都感到舒适。这些符合实际的建筑要求、要领，只不过是用风水的术语来表达罢了。

环境也在中国园林的建筑中表现出其作用的特殊性。因为园林本身是综合了空间与时间的艺术，它特别强调"景随时换""步移景转"，重视园内外环境的关系，讲求相互配合。"借景"就是造园技法中巧妙地

---

① 吴鼒：《阳宅撮要》，载赵金声编：《阴阳宅大全》，中州古籍出版社 1994 年版，第 13、26 页。

运用环境的一种表现手法。明代计成的《园冶》一书中，专门有“借景”一章。在《园冶》卷首，他就指出“园林巧于‘因’‘借’……‘借’者：园虽别内外，得景则无拘远近”[①]，把园外远处的山峰冈峦、楼阁塔影以至山林树木、海山景色，借入园内成景。景与景之间也相互为借，隔院楼台、出墙红杏都可相互借用，构成一个大的环境空间。

风水学是中国古人伟大智慧的结晶，仔细分析它的天人合一、阴阳平衡、五行相生相克三大原则，认真吸取其内容中合于时代需要的精髓，对古人的传统智慧进行良好的继承与发展，将对今天的建筑活动产生非常重大的影响。

第四节 传统文化对中国古代建筑设计建造的影响

中华民族灿烂的古代文化，就是中国传统文化，它影响着这个民族发展走向的方方面面。中国传统建筑的形成发展，既为传统文化提供了鲜活的内容，又受到了传统文化的有力制约。

一、传统文化与古代建筑

中国传统文化，在三代由《周易》发源，于春秋战国时期形成诸子百家，经秦汉之后，主要归结为儒、道、释三大家。在汉代皇家的推崇下，由孔子开创的儒家思想逐渐占有主导地位。

---

① 计成著、陈植注释：《园冶注释》，第 47 页。

中国古代建筑是在中国文化的孕育中形成和发展的。中国人在建筑空间安排上，很早就形成了中为尊、两侧为卑、北尊南卑、左尊右卑、前尊后卑的体系。传统建筑讲究对称，且大多都是方方正正的。这种形制在陕西岐山凤雏村西周遗址中就能看到。考古发掘发现，那里的建筑已经有完整的四合院式二进院落。

春秋时代以后，传统建筑已形成多种类型及形制，如殿堂、宗庙、坛、陵墓等，这与“礼”在中国文化中地位的持续升高有关。但这并不意味这些类型与形制是此时才产生的。初步定为夏王朝中晚期或商王朝前期的河南二里头遗址，其宫、庙、陵墓等建筑规模宏大，让史学界惊叹不已①。史载，周王朝曾大量兴建礼制建筑。然而，中国传统文化“独尊儒术”是汉代后的事，虽然儒家理论的核心为“礼”，但礼制建筑这个概念很早就出现了。儒家只是礼制的传承者，他们进一步细分了礼制建筑，并将一些内容用“礼”规定下来。

当然，规定是规定，何时严格执行仍是问题。我们看到，唐代和辽代建筑的体量和规模之大让人震惊，人们往往用巨大的建筑构建大尺度的空间。到了宋朝，《营造法式》规范了建筑的标准，也更加明确了建筑等级，开间、斗栱、彩画等均有详细的等级限定，这就直接决定了建筑的尺度和等级的关系，甚至屋顶的形制也是，歇山顶和庑殿顶只能在某些建筑中出现。而且，《营造法式》同时限定了不同位置居所的等级，如四合院中的东西厢房是等级有别的。不过，后来建筑形制逐渐变小，与大型木料逐渐不能有效供应有关，以至大柱采用小料拼合后，铁箍也成为了基本的做法。

再如，《周礼·冬官考工记》中就已经规定的建城思想，真正得到严

---

① 许宏:《最早的中国》，科学出版社 2009 年版，第 37—42 页。

格执行是在宋代以后。元及随后的明清在北京城的建筑上复活了《考工记》的思想。而此前,也只有西安等少数城市留下了《考工记》的印迹。

由群经之首的《周易》演化出的阴阳调和、五行相生相克的理论,推及传统建筑中,就是风水理论。举凡建筑选址、布局等等,风水都走在了前面。源于先天八卦的天圆地方思想,在建筑中也多有体现。比如,古代帝王宫廷大门之外建两个对称的台子,称为"阙"。阙的形式就是上圆下方。再如,天坛和地坛也是遵循天圆地方原则修建的。天坛是圆形,圜丘的层数、台面的直径、四周的栏板都是单数,即阳数,以象征天为阳。地坛是方形,四面台阶各八级,都是偶数,即阴数,以象征地为阴。

儒家思想最大的贡献,就是礼制的进一步规范化,并将"天人合一"这一传统思想观念进一步发扬光大。天人合一对建筑的影响,突出体现在选址、规划、设计和布局上。古人认为,天道(自然法则)和人道(人事规律)是一致的,自然和人际是相通的,强调人与自然的和谐。儒家将天地人伦思想进行了统一,形成了一套适用于中国社会生活的伦理规范。人的居住与活动场所——建筑,也在这个规范的范围之内。儒家的尊卑思想,同样体现在建筑上,最明显的就是建筑等级愈加森严。这从故宫内并列于大台基上的三大殿上也反映出来:太和殿级别最高,用重檐庑殿顶,中和殿是皇帝大朝的准备用房,就只用单檐四角攒尖顶,保和殿是宴请重臣和举行殿试之处,地位比中和殿重要,于是用了重檐歇山顶。而就故宫宫殿来看,外三朝的公共活动面积十分有限,不存在君臣同乐的可能性,最大的太和殿也只强调了宝座所在的区域,集中渲染了帝王个人的威严和至尊。这和中国数千年来一贯是君权至上的专制集权统治的政体有极大关系。

除了专制威权,中国古代建筑一直在礼制的规范下有序发展。另外，古代建筑的形制发展到明清时，在某些人看来是僵硬死板的，而这实际上是规范做法成熟的体现，在各个形制和部件都已经有完善的等级制度的情况下，不可能出现超大尺度或者不合规矩的做法，只可能在小范围内改良。各种场所也都有其专属的等级划分。

二、知者乐水，仁者乐山①

儒家思想的最高境界是仁，特别强调“仁者爱人”。仁统领着义、礼、智、信。在儒家看来，集体主义、凝聚力、大一统等，都是仁的表现。这种思想反映在城镇选址中，就是选择群山环抱的环境；反映在建筑物中，就是流行南北的四合院。

古代早期中国的疆域，大体上西到昆仑山，北到阴山、燕山，南到南岭，中间环抱着两条大河，这两大河流域——黄河中下游平原、长江中下游平原，就是中华民族的摇篮；加上东面的泰山、武夷山，实际上就是四面环抱。环抱是凝聚力的表现，这也是孔子强调所谓“仁者乐山”的原因。中原地区更是被四周山脉环抱，在人类抵抗大自然的力量还较弱时，这种环境特别有利于一个民族的生长与壮大。根据天人合一的原则，这种大的环境加以浓缩，就成为围合的城市；更小一些，则是围合的四合院的布局。汉儒董仲舒曾向皇帝提出一条建议，恢复类似的明堂礼制。在董仲舒看来，古人建立明堂礼制，目的实际上就是凝聚力量和大一统。前面提到，北京故宫是由众多四合院组合成的，是四合院组群。四合院四面的房子都朝向中间的院子。早朝时皇帝高倨御座，文武大臣东西站列，朝拜或者启奏皇帝的大臣在南面或跪或站，所有的人

---

① 《论语·雍也》。

都面向中间，表现的就是君臣同心、其利断金的寓意，其核心就是体现朝廷上下的凝聚力。

知者乐水也是孔子的名言。知即智，也就是懂得天地间的规律。智慧从哪里来，即寻求智慧的源头。将智慧比拟为水时，也就是指水的源头。在水边生活的人，常从流水中产生逝者如斯的观感。河流不仅淤积了适合人类生存的平原，也催生了探求大自然和人类自身规律的智慧。水是人类生活的必需品，水与农业有着密不可分的关系，在古代水还是交通大动脉。在古代城市选址中，靠近河流的中下游是基本条件。即使是普通家居，为了生活的需要，选址也以近水为优。

在古人看来，建筑居室环山抱水，这就是“仁”。

孔子把中庸思想看成是天下之正道，宇宙的本来面目。“中”首先是一种方位，而从历史上看，一直到宋朝之前，中国历代的首都都选择在中原地区。这是天人合一思想的具体体现。人的腹部是身体的中央，中原是中国的中央，被古人称为腹地，因此是古代都城的首选地。即使后来选择南京和北京，二者也还是位于群山环抱的长江或黄河中下游平原上，仍然在中国的腹部。中的思想在建筑的应用还体现在中轴对称上。无论古代的城市规划还是四合院，都遵循严格的中轴对称。从陕西岐山凤雏村的西周遗址，到今天的普通民居，四合院式建筑说明了中国古代建筑文化的传承性。

和谐是中国传统文化的重要内容，反映到建筑中，就是建筑之间的和谐统一。中国四合院内部的建筑，四合院与其他四合院，都平实有序，或在错落有致中实现了和谐统一。

讲究等级秩序是古代建筑的重要标准。等级秩序首先体现在规划层面的中轴对称上，每个城市的中轴就是最高权力当局的建筑物，显示了最高当局的核心作用和地位；其次体现在四合院的主房比其余的房子要高，表明了主人的地位。等级制度已成为历史，但建筑的秩序性仍是不可少的，而这种秩序，也就是建筑的和谐性。

其实，建筑形象的中轴对称，不仅具有礼的特性，而且兼备乐的意蕴，体现出的是中国式的以礼为基调的礼乐和谐之美。在一定意义上，它契合了包括中华民族在内的全人类的某种审美生理与心理机制：平稳、静穆、壮阔乃至伟大。格局整齐、气势宏大的建筑群体，其布局和单体设计都体现出一种对称和庄严。

三、礼制：建筑的规范与制约

房屋建筑，是为了日常的需要。中国古代建筑受礼制的影响，有详细的建筑限制和规划要求。按照不同的阶级品位，对房屋建筑的各种设计、规模和尺寸都有详尽的规定，不可轻易逾越。土木结构的标准化在这方面发挥了很大的优势，但也限制了建筑本身的发展，和对人们丰富的情感需要的满足。

中国古代差不多每次改朝换代，都要毁弃旧都，重建新都。在统治者看来，旧都是不祥之物，要除旧布新。而新建的都城往往有规划地突出体现政治思想：皇权、等级意识以及治理天下的理念。我们可以通过北京城完整地看到古代城市规划的思想。如皇宫，它一定在都城的中轴线上，就是为了突出中心。

中国古代城市的建筑规模，都是按礼制规定和等级来建设。据《周礼·冬官考工记》记载，天子的城池九里见方，公爵的城池七里见方，侯爵、伯爵的城池五里见方，子爵、男爵的城池三里见方；在诸侯国中，卿大夫城池不得超过国都的三分之一，小的只有九分之一。因此，当郑国段叔恃宠擅自扩大城邑建筑，而超过周都城百雉时，被大夫祭仲认为是僭礼越法之举，并斥责道："都城过百雉，国之害也。先王之制，大都不过参国之一；中五之一；小九之一。今京不度，非制也。"[①]在专制时代，如果你的房子高得超过你的地位，就叫"逾制"。对逾制的惩罚，严重起来，诛九族都是有可能的，因为建筑的高度与规模超过了皇帝的宫殿，是最严重的叛乱罪。

礼制建筑也发展出了一些建筑形式，比如具有表彰和纪念功能的牌坊，须在牌坊上写清楚授予的对象和功劳美德。建筑中的藻井主要是体现一种装饰效果，但藻井也是一种具有神圣意义的象征，是中国古代等级制度的标志。

在中国古代，通常按照人的社会地位来划分建筑的等级，什么等级的人享用什么等级的建筑。从皇亲贵族到大臣乃至平民百姓，规定的等级制度是不可逾越的，这种规定在全世界可以说是绝无仅有的。即使在民间，四合院里的规范也是相当细致的，因为它必须反映出尊卑有序、嫡庶有别、内外有别、男女有别、主仆有别来。

石狮子作为显示威权的装饰，在古代只有五品（相当于现省级以下、县级以上的地方行政官员）以上的官员才能在门口树立。石狮子头上的发卷数，则以主人的官爵品级为限，皇帝的石狮子有 13 排卷发，亲王有 12 排，其他官员依爵位递减。建筑物的檐角垂脊或戗脊上排列着的小动物叫走兽，它们本身起保护瓦钉钉帽的作用。清代规定，走兽的多寡与建筑规模和等级有关，只有皇帝举办典礼的太和殿用满了十枚走兽（不计仙人），其他建筑必须少于此数。

中国建筑等级制具体体现在单栋建筑上的方方面面，包括：屋顶式样、建筑开间的数量、装饰的色彩、建筑彩画、建筑的台基高低和屋角的

---

① 《春秋左传·隐公元年》。

仙人走兽、门上门钉数与排列等等,其中最重要的是前四种。

屋顶式样的等级由高到低,先后为:庑殿顶→歇山顶→悬山顶→硬山顶,其余的屋顶式样不进入等级排列,一般在风景园林中作为艺术点缀。

木构建筑正面两檐柱间的水平距离称为“开间”,或称“面阔”。两根柱子就是一个开间。中国古代以单数为吉祥数字,所以组合中绝大多数的开间是单数。古建筑的规模大小用开间数衡量,开间越多,建筑的等级越高。开间的等级制度为:九开间→七开间→五开间→三开间。皇帝为九五之尊,故皇帝的生活、办公建筑,面阔九间,进深五间,是为最高等级。发展到明朝,又有了十一开间,以象征皇帝的高贵,那就是故宫的太和殿,但这是一个特例。皇亲国戚,最高可用七开间,一般大臣可建五开间,平民百姓不得超过三开间。这也是民间房屋多三间样式的原因。甚至对于木材的使用,也有一些特殊的习俗。如比较讲究的宅院,一般建筑的立柱是圆柱,而女性的生活区会做成方柱,因为男性要走上社会,其立身以圆润为上;而女性则须谨守妇道,立身要刚烈方正,不得逾矩。

建筑的装饰色彩,本是从保护木头不致腐朽而发展来的,但使用什么色彩,并不能任意而为。色彩的等级制度为:黄色→红色→绿色→白色……黄色是皇帝的专用色,其余任何人皆不准用。唯一例外的是祭祀孔子的庙堂,比如,在岳麓书院整个建筑群中,其文庙采用黄色琉璃瓦,书院其余的建筑则是白墙灰瓦。因为文庙可享受皇家建筑的待遇,全中国的文庙都是如此。

中国古建筑的彩画是指在屋檐底下、梁枋之上的图案装饰。这些彩画的等级为:和玺彩画→旋子彩画→苏式彩画。和玺彩画只有皇帝家能用,旋子彩画等级次之,一般用于次要宫殿或寺庙中。苏式彩画等级低于前两种,一般用于园林中的小型建筑上。

中国古代建筑制度化倾向的特点除了建筑的等级制度，还有工官制度。

工官制是中国古代对于建筑的管理制度，早在周朝到春秋战国时代就形成了。据远古遗址考古发现，在高等级宫城，都有专门的制玉、制陶、冶炼青铜器等为统治者服务的工匠工作场所的遗址。那些专门为皇帝建造宫殿，或者为皇帝打造器物，如做家具、服装等的工匠，就是工官。因为工官们的工作产品属于社会最高层次的享用品，民间无由使用，所以被严格管理。这种管理也是为了使那些特殊技巧不至于在民间失传。比如保存至今的北京故宫、颐和园、北海，以及清东陵、清西陵、承德避暑山庄等，都显示着一个家族的影子——样式雷，这就是工官制度的遗痕。

总体上看，中国古建筑体现了明确的礼制思想，在一定程度上完善了建筑形态，也限制了建筑的发展。在传统文化的影响下，古人注重建筑的选址，建造时因地制宜，依山就势，强调风水。同时，中和自然、天人合一思想也体现在中国古建筑的发展过程中，促进了建筑与自然的互相协调与融合。

第五节　历代能工巧匠

人类进化到文明时代，有了建筑的需要，就有了建筑工匠。正是世世代代的建筑工匠，为中华民族书写了伟大的建筑文化。但是，由于多种原因，除极个别人能在正史立传外，这些伟大的建筑师绝大多数都没有留下他们的名字。所以，今天仍留存于世的古代建筑杰作，大多数我们都不知道其创作者是谁。因此，我们只能主要根据民间传说或笔记野史，对在中国建筑文化中做出卓越贡献的古代能工巧匠，做一简单介绍。

一、建筑工匠的祖师爷——鲁班

鲁班是我国古代著名的建筑工匠和发明家，名公输班，鲁国人，因称鲁班。他生活在春秋末期到战国初期，出身于工匠世家，从小就跟随家人参加土木建筑工程劳动，逐渐掌握了生产劳动的技能，积累了丰富的实践经验。

春秋战国之交的社会变动，使工匠获得了某些自由和施展才能的机会。在劳动实践中，鲁班很注意对客观事物的观察、研究，并用他那高超技能造福于民。他受自然现象的启发，致力于创造发明。沿用至今的木工工具：锯、刨、钻、铲、墨斗、曲尺等，据说都出于鲁班之手。不仅如此，他在石工、铁工以及器械各方面都有很多发明创造。这些工具的发明，将当时的工匠从原始、繁重的劳动中解放出来，劳动效率成倍提高，土木工艺出现了崭新的面貌。

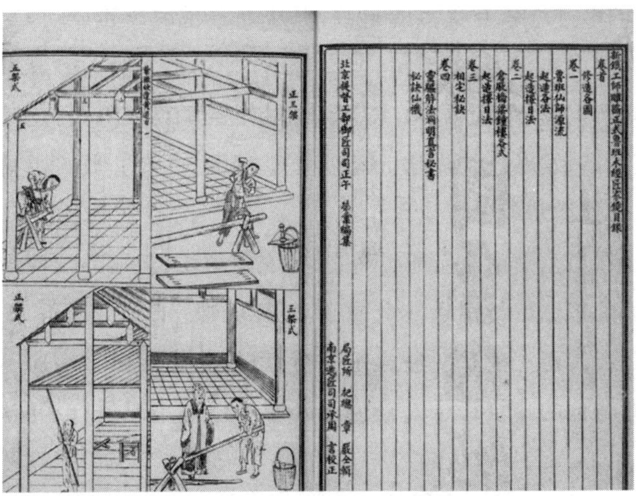

图 17　后世托名鲁班的工匠技艺著作《鲁班经》

在机械发明方面，据记载，鲁班曾用竹木做鸟，能在天上飞三天不落地[①]；又传说他做过一辆木车马，用木人驾驭，能自动行走。他制造的锁，机关设在里面，外面不露痕迹，必须借助配合好的钥匙才能打开。他还刻制出我国最早的石刻地图——九州图。他精通古代建筑设计与施工方法，由他主持修建的古建筑极多，包括一些"宫室台榭"。

由于鲁班在建筑界成就突出，人们崇敬他，奉他为建筑工匠的祖师爷。我国民间对他的传说很多，其中一些已跨越朝代，被编成神话故事传颂。

二、桥梁专家——李春

李春是隋代著名工匠，安济桥设计与建造的主持人。唐人张嘉贞在《安济桥铭》中记载：赵郡洨河石桥，隋匠李春之迹也。制造奇特，人不知其所以为。在中国古代，工匠的地位是低下的，留下名字已属不易，对他的事迹难以有更多的记载，但从安济桥的修建成功，就能知道他是一位知识丰富、技术高超、艺术造诣深厚的人，他不但熟识建筑力学、结构学、土壤学、水力学，还精于选用各种建筑材料和施工方法，善于继承、总结、发展传统做法。可以肯定，他还主持了别的桥梁工程建造，以及其他类别的建筑工程。

赵县在当时是南北交通必经之路，交通繁忙，但城外洨河的阻断影响了人们的来往。特别是洪水季节，通行更难。隋大业元年(605 年)，李春受命在洨河上建造一座大型石桥，以结束长期以来交通不便的状况。李春与他的建筑班子对洨河及两岸地质等情况进行了实地考察，

① 张纯一：《墨子集解·鲁问》，第 459 页。

同时认真总结了前人的建桥经验，结合实际情况提出了独具匠心的设计方案。经精心施工，一座改写桥梁史的彩虹桥建成了。这就是安济桥，也称赵州桥。

图 18　河北赵州桥

载刘敦桢编：《中国建筑史参考图》，南京工学院建筑系、同济大学建筑系合印，第 89 页。

李春在设计大桥的时候，一改传统的多孔形式，毅然采取单孔长跨石拱形式，在河心不立桥墩，使石拱跨径长达 37 米多。采用这样巨型的跨度，在当时是一个空前的创举，把中国古代的建桥技术提高到了一个新的水平。在拱的形式上，李春没有采用常见的半圆拱，他创造性地改用平拱形式，使石拱高度（拱矢）降低，拱高和跨度比例大约为 1∶5。这样，桥面坡度平缓，便于车马行人往来，而且在建筑上还具有用料省、施工快以及增加桥身强度和稳定性等优点。古代洨河每逢夏秋汛季，水势很大。为增加泄洪能力，李春独具匠心，在大拱券两肩上各设两个小拱。这种大拱上加小拱的布局（近代称为“敞肩型”），一是节省石料，减轻桥身自重(据计算,四个小拱可以节省石料 260 立方米左右,减轻桥身自重 700 吨);二是增加洪汛季节的过水面积(四个小拱可以增加过水面积大约 16.5%);三是均衡对称,造型优美,体现了建筑和艺术的完美统一;四是符合结构力学的理论。

李春根据多年实践经验,经过周密勘查,选定洨河边一片密实的粗砂层作为大石桥的天然地基,上面覆压五层石料,砌成桥台,拱石就砌在桥台上面。根据现代验算,密实粗砂层每平方厘米能够承受 4.5—6.6 公斤的压力,而赵州桥对地面的压力是每平方厘米 5—6 公斤。因为大桥建筑在坚实可靠的基础上,尽管地基很浅,构造也很简单,仍然能够承受住大桥载荷。据测量,自建桥到现在,大桥桥基仅下沉了 5 厘米。这说明桥址选择是非常符合科学原理的。赵州桥结构紧凑,措施周密,其砌置方法新颖,施工、修理方便,且做到了就地取材。为了加强各道拱券间的横向联系,防止两侧拱石向外倾倒,李春采用了多种措施,使整座大桥成为一个牢固的整体,充分表现了古代建桥工匠的无穷智慧。这位建筑大师默默奉献一生,他的劳动成果在中国乃至世界建筑史上留下了光辉的一页。

三、建筑师宇文恺

宇文恺,字安乐,公元 555 年出生在朔方夏州(陕西靖边北部)。宇文恺祖先应归属鲜卑族一脉。其父亲宇文贵从军作战,多次荣立战功,是西魏时期威名显赫的十二大将军之一,官至大司徒。宇文恺的大哥、二哥也和其父一样因军功显赫而被册封要职。宇文恺作为功臣之后,3 岁被赠爵双泉伯,7 岁进封为安平郡公,邑两千户,随后又累获许多荣誉。但宇文恺并没有追随父兄骑马打仗,《隋书》本传说:“恺少有器局。

家世武将，诸兄并以弓马自达，恺独好学，博览书记，解属文，多伎艺，号为名父公子。”①20 多岁时，他就被北周政权任用为上开府、工部匠师中大夫。进入隋朝，宇文恺又历任营建宗庙副监、营建新都副监、检校将作大匠、仁寿宫监、将作少监、营造东都副监、将作大匠、工部尚书等职，成为隋朝负责营建的主要高级官员。隋朝时所兴建的大兴城、东都洛阳，开凿的广通渠，修复的鲁班故道和长城等大型土木工程，多是在宇文恺的规划设计和领导下完成的。

宇文恺曾受命负责在陕西歧州（今陕西凤翔县）建造仁寿宫。仁寿宫建在山峦之中，工程艰巨，遇到许多复杂的技术难题。宇文恺凭借自己出色的规划设计和精心组织施工，用了两年多的时间，就建成了一座雄伟壮丽的宫殿。宇文恺还设计并建造了许多奇妙的建筑，如他曾建造一座大型帐篷，里面可坐几千人，隋炀帝曾在俞林（今属山西）城东的大帐内，宴请当地的启地可汗及其部落 3500 多人。另有可以拆卸和拼装的大型活动建筑“观风行殿”，可借由带轮的机械结构灵活自由地移动。隋炀帝就曾带着大帐和“观风行殿”巡视帝国的北部边境。宇文恺还为建筑物设计一些神奇机关，显示了另一方面的才能。如在东都观文殿一个书屋的设计中，宇文恺就安置了一个很巧妙的机关，在门上悬有锦幔，上面设有两只凌空欲飞的仙鹤，当有人来到门前，踏动地上的机关时，这两只飞鹤就会冉冉升起，收起锦幔，书屋的大门也随之缓缓打开，人们如同进入神话世界。宇文恺还主持过水利工程建设，较有名的是 584 年从大兴城到潼关，开凿了一条长 300 多里的广通渠，途经崇山峻岭，把渭水引入黄河，促进了运输事业发展，被后人称为富民渠。宇文恺生前还留下一些著作，如《东都图记》二十

① 《隋书·宇文恺传》。

卷、《释疑》一卷和《明堂图议》两卷等。隋文帝开皇二年(582 年)二月,时年 28 岁的宇文恺为初登大位的杨坚设计修建了杨氏宗庙,受到杨坚赞赏。

长安是我国著名古都之一,汉惠帝元年(前 194 年)开始修建,是我国历史上第一座规模宏大的城市,可以和当时欧洲的罗马城相媲美,为世界所瞩目。但后来长安城多次遭到毁灭性破坏,直到隋朝建立,仍破乱不堪。开皇二年,隋文帝以旧长安城窄小不便,“水皆咸卤,不甚宜人”,下令在原长安城东南方向营建新都,诏宇文恺为营新都副监,具体负责设计、营建。杨坚在北周时曾被封为大兴公,故新都命名为大兴城。宇文恺接受任命后,博考群籍,研究众说,参考了北魏洛阳、北齐邺都等城市的建设经验,在继承中国古代都城规划传统的基础上,提出了新的建城思路。他们在渭水之南,终南山之北,沣河之东,灞水、浐水之西的平坦之地施工,短短的一年半时间内,就建成一座驰名世界的新都城。后来唐代仍在这里建都,并恢复了长安城之名。

同样由宇文恺主持修建的大兴城,不是在旧有基础上进行改建、扩建,而是在短时间内按周密规划择址新建而成。施工中先建宫城,再建皇城,最后建郭城。大兴城在布局上方整对称,分区明确,街道纵横有如棋盘。城内还设有水渠和排水沟,便于运输生活物资和给排水。以榆、槐为主的行道树行距整齐划一,营造出宜人景致。城东南还开辟有占地三十顷、周回十七里的风景区曲江“芙蓉园”。今天的西安大唐芙蓉园,可以说是当年隋唐芙蓉园的流韵。公元 605 年,宇文恺又主持修建了另一大都市——东都洛阳,原则上与大兴城一致,但形式是不完全对称的。

大兴城、洛阳城的设计和布局思想,以及对城市化的卫生、排水、园林等设计,宇文恺都做出了超时代的规划。这不但对中国后世的都市建设有着深远影响，而且对日本、朝鲜等的都市建设也有着深刻的启发意义。

四、土木结构专家喻皓

喻皓是北宋初年的土木结构专家，浙江杭州人，主要活动时间在五代末年到北宋初年。他本人是木工，曾长期担任政府工程的设计与施工的都料匠(掌管设计及施工的土木工程总负责人)。由于在实践中勤于思索，并认真向别人学习，喻皓精通土木结构的设计与施工技术，熟识土木结构的受力特点。当时的文学家欧阳修在《归田录》中就称赞他是“国朝以来木工一人而已”。

佛塔自传进中国后，经历代匠人的研究发展，已形成众多的形制。玲珑剔透、精巧美观的木塔，是科学和艺术的精美结合。喻皓继承并发扬了前人的建塔技术，特别擅长修建多层的木楼阁与木塔。到了宋朝，木结构技术已经达到了很高的水平，并且形成了我国独特的建筑风格和完整的体系。但是当时这种技术主要靠师徒传授的办法来延续，没有一部专书来记述和总结这些经验，以致许多技术得不到交流和推广，终至失传。喻皓看到了传统师徒授受模式的弊端，决心改变这种状况。他在工作之余，挥毫著作，到晚年终于写成《木经》三卷。沈括在《梦溪笔谈》第十八卷“技艺”中，以专节予以介绍，称“亦良工之一业也”[①]。从这里，我们也可见到沈括对这部书的重视。《木经》问世，不仅促进了当时建筑技术的交流和提高，更对后世建筑技术的发展产生了重大的影响。

---

① 沈括著、金良年等译:《梦溪笔谈全译》，第 165 页。

五、李诫与《营造法式》

李诫是郑州管城县(今河南新郑)人,字明仲,北宋时出身于官吏家庭,曾为官郊社斋郎、曹州济阴(今山东菏泽)县尉、虢州知州,历任将作监主簿、监丞、少监和将作监,曾负责主持修建大量的建筑工程,是一位卓越的建筑师。他精于宫廷建筑,突出的例子有五王邸、太庙、龙德宫、九成殿、朱雀门、景龙门等,这些建筑都是十分壮丽精巧的。另外还有一些大型的官府建筑,如尚书省、开封府廨、辟雍、班直诸军营房等。除此以外,他还是一位博学多才的读书人,精书法,善绘画,喜著书。他熟识地理、历史、文字学,并专音乐。他写过一些著作,如《续山海经》十卷、《续同姓名录》二卷、《琵琶录》三卷、《马经》三卷、《六博经》三卷、《古篆说文》十卷等。在书法上,他篆、籀、草、隶无所不能。据说李诫家藏的几万卷书中,有几千卷是他亲手抄成的。他的绘画颇得古代名画家笔法,为宋徽宗所赏识。他曾绘《五马图》进呈给宋徽宗。可惜这些都已散佚失传了,流传下来的只有《营造法式》一种。大观四年(1110 年),李诫在虢州知府任上病逝,葬在郑州管城(今龙湖镇于寨村)。

绍圣四年(1097 年),李诫奉旨编修《营造法式》,历时三年,根据他自己丰富的实践经验,参看了有关资料和规章制度,集中了古代工匠的智慧和经验,终于在元符三年(1100 年)完成,徽宗崇宁二年(1103 年)付梓颁行,南宋绍兴十五年(1145 年)重刊。由于他的工作作风严谨,《营造法式》编写十分准确清楚,对继承、总结和发展古代建筑事业有着不可磨灭的功绩。

《营造法式》开篇称:“臣闻‘上栋下宇’,《易》为‘大壮’之时;‘正位辨方’,《礼》实太平之典。‘共工’命于舜日;‘大匠’始于汉朝。各有司存，按为功绪。”[①]短短 42 字，就概括了中国古代建筑的来源与历史。全书共 34 卷，第一、二两卷“名例”是对土木建筑名词术语的考证及定额的计算方法；第三至第十五卷“制度”用相当的篇幅列举了各种工程的制度，包括壕寨、石作、大木作、小木作、雕作、旋作、锯作、竹作、瓦作、泥作、彩画作、砖作、窑作共 13 种 176 项工程的尺度标准以及基本操作要领，类似现代的建筑工程标准做法；第十六至第二十五卷“功限”规定了各工种的劳动定额；第二十六至第二十八卷“料例”规定了各工种的用料定额；第二十九至第三十四卷是“图样”。纵观全书，纲目清晰，条理井然。

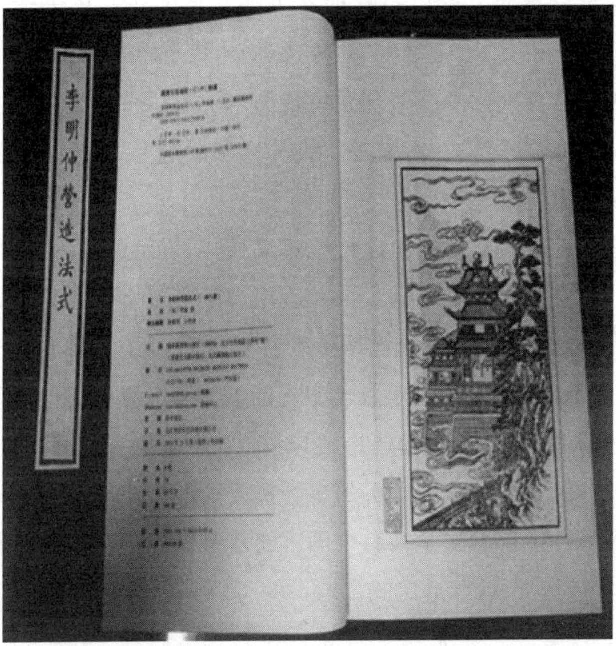

图 19 李诫《营造法式》书影

① 梁思成：《营造法式注释》卷上，中国建筑工业出版社 1983 年版，第 1 页。

作为建筑大师、艺术家和学者，李诫在工程的规划、组织、管理等方面积累的丰富实践经验，使其编修的《营造法式》成为一部建筑科学技术的百科全书，这是中国建筑史上的一个划时代创举，也是营造史上的一次重大革新。其中许多经验和知识到现在还有重要参考价值，是研究中国古代建筑的珍贵资料。

《营造法式》实际上已失传多年。20世纪初，朱启钤在南京江南图书馆发现影宋本李诫著《营造法式》手抄本，便委托商务印书馆以石印本印行，同时又在北京刊行仿宋本。此书于是大量流传到日本、欧洲，受到国外学界特别是建筑界的高度重视。《营造法式》刊行后，朱启钤送了一本给梁启超。梁启超立即将书寄给此时正在国外读书的梁思成、林徽因，并望其“永宝之”。这本书影响了梁林终身。1930年，朱启钤得到中华教育文化基金董事会的资助，成立了“中国营造学社”，自任社长，邀梁思成任“法式部”主任。梁林回国后加入“营造学社”，其一大任务就是研究此书。

营造学社是最早研究中国传统建筑式样、设计的学术团体，奠定了中国古代建筑学研究的基础。该社运用文献考证和实地调查的方法研究中国古建筑的历史（包括建筑技术），整理出版了一批古代建筑学著作，并先后编印《中国营造学社汇刊》七卷。除出版《汇刊》、调查报告，汇集营造语汇、辑录古今营造论述以外，学社还注重访问旧匠师，如清代样式雷、算房刘，并收购雷氏的多种烫样、模型、图纸、古建参考图集、大事年表等。中国营造学社为中国古建研究做出了不朽的贡献。

2003年是李诫《营造法式》颁行900周年，国家文物局、中国古建筑学会、中国文物学会于是年8月9日在新郑市召开了《营造法式》颁行900周年座谈会暨李诫原墓整修奠基仪式。此后，又对李诫墓进行封冢、树碑，建了碑亭，让人们永远怀念这位建筑界的古代贤哲。

六、宫廷巧匠——样式雷

中国在三代时期，就已建立了工官制度，将身怀绝技的能工巧匠集中于宫城，为统治者修建宫殿、制造器物。这种制度一直流传到近代。尽管中国古代历史上曾建有许多特别高大庄严壮丽的建筑，引得学人写出成千上万的诗赋文词给予赞颂，但由于工官只是匠人，故历史上并不被重视，史书基本上没有记载他们的事迹。直到专制王朝灰飞烟灭，人们才从尘埃中发现了样式雷家族。

雷家祖籍江西永修，明末迁居江苏江宁（今南京），是从明到清数代相传的建筑专业世家，前后延续500多年。明初洪武年，样式雷先祖即以工匠身份进宫服役，清代初年传到雷发达，声誉上升。雷发达，字明所，明万历四十七年（1619年）生于江西建昌县新城乡北山雷家（今江西省永修县梅棠镇新庄村），丰城令雷焕第四十六世孙，出身木工世家，自幼学习木工技艺，明末随父亲迁徙江宁谋生。顺治二年（1645年）五月，与叔叔雷振宙"以艺应募"来到北京参与紫禁城重建。他精湛的技艺得到充分发挥，博得有关当局的赞赏。因太和殿上梁有功，雷发达被顺治帝面授工部营造所长班，由此奠定了雷氏家族在清皇家建筑工程中的领导地位。当时就有"上有鲁班，下有长班"的民谣。此后，雷发达参与了清皇家诸多重大工程的设计和建设。康熙二十八年（1689年），年届七十的雷发达"解役"，4年后卒。长子雷金玉承父职继任工部营造所长班。雷发达于康熙时营造畅春园，雷金玉则在圆明园楠木作样式房任掌案。圆明园工程从设计图纸、烫样到营造，都由他经手主理。雷家执掌样式房的工作，雷金玉是第一位。可以说，样式雷在建筑界的声誉鹊起，是从雷金玉开始的。雷金玉因修建宫廷建筑有功，被封为内务七品官。康熙在《畅春园记》里曾经提到他非常牵挂一位杰出的匠师，即指雷金玉。雷金玉 70 岁时，得太子（弘历）赐书“古稀”匾额，此匾后来运回原籍，供奉于祖居大堂。雷金玉 71 岁去世，又得到皇帝恩“赏盘费一百余金”，归葬原籍江苏。第四代雷家玺，与长兄雷家玮、三弟雷家瑞均供职于工部样式房，先后承办乾隆、嘉庆两朝的营造业，如宁寿宫花园工程、设计嘉庆陵寝工程、筹办乾隆八十大寿庆典由圆明园至皇宫沿路点景楼台的设计与营造工程，以及宫中年例彩灯、西厂焰火等设计与实施等。第五代雷景修主要参与清西陵、慕东陵、圆明园工程，并收集了大量样式雷图档。样式雷图档能流传到今日，雷景修功不可没。雷氏家族自雷金玉至雷献彩等，共有十多人担任过样式房掌案职位，负责过北京故宫、三海、圆明园、颐和园、静宜园、景山、天坛、承德避暑山庄、清东陵和西陵等重要工程的设计。整个清朝宫廷建筑活动中一直活跃着雷氏家族的身影。同治皇帝准备重修圆明园时，曾降旨“赏雷思起二品顶戴，雷廷昌三品顶戴”。这是雷家得到的最高爵位。“样式雷”的作品，还包括杭州的行宫等著名皇家建筑，也有京城大量的衙署、王府、私宅以及御道、河堤，还有彩画、瓷砖、珐琅、景泰蓝等。传到清末，他们最后还修建了陵寝。随着清王朝谢幕，雷家世世代代的宫廷服役才宣告结束。

雷氏家族世代从事建筑图样设计，他们根据皇家对建筑提出的要求，进行完整、科学、有系统的设计，从定中线画建筑群平面草图开始，经过反复修改，到画出正式详细图样，再根据图样制造出精致并可装卸的建筑模型，再进一步深入研究建筑群的空间造型、高矮比例、艺术风格，以及每个房间的室内装修、陈设的工艺品、色彩，乃至庭院绿化，都通过模型精心钻研修改，以达到尽善尽美的境界。他们的建筑模型小样，其台基、瓦顶、柱枋、门窗以及床榻桌椅、屏风纱橱等，均按与实际建筑的 1∶100 或 1∶200 比例，用草纸板热压制成，故名烫样。烫样进呈内廷，供皇帝及相关主管机构审定。从雷氏家族保存下来的数千件图样档案和一百多盘模型中，可以看到雷家设计的科学性和艺术性。在陵寝工程设计中，他们成功地解决了难度很大的地下宫殿主室——金券合拢等问题，达到了很高的技术水平。

自顺治二年(1645 年)到宣统三年(1911 年)，雷发达祖孙八代十余人相继担任皇家建筑师，时间跨度长达 200 多年，为皇家建造了大量的宫殿、庙坛、园林和陵寝。据统计，中国 1/5 世界文化遗产的建筑设计，如故宫、天坛、颐和园、承德避暑山庄、清东陵、清西陵，以及记忆遗产"样式雷图档"，均出自其家族。独树一帜的雷氏家族烫样，是了解清代建筑和设计程序的重要资料。样式雷建筑世家奉献了智慧和汗水，留下了众多伟大的古建作品，也为中国乃至世界留下了一笔宝贵的财富。在作品被列为世界文化遗产的各国古代建筑师中，恐怕找不到一个样式雷这样的建筑世家。

清亡后，雷氏家道随之迅速败落。而样式雷的遗物图样，今天大多藏于北京图书馆善本部，烫样主要在故宫博物院，少量散见于清华大学等处。其时代为道光、咸丰、同治几朝。

七、造园名家

我国古代园林能在国际上享有盛誉，应归功于大量的造园名家，特别是明清时期江南一带涌现出来的造园家。他们精通并参加了园林设计与施工，其中一部分人本身就是文人、画家，擅长描绘山水，如华亭的张南垣(张涟)，吴江的计成(计无否)、常州的戈裕良、苏州的姚蔚池、扬州的王庭余、淮安的董道士，还有仇好石、石涛和尚、李渔、周秉忠等。

另有一些人是造园的巧匠，如迭山名匠陆迭山。另外，有一些园林设计者本人就是园林的主人，如郑元勋、黄复暹兄弟、包松溪等[①]。

张南垣(约 1587—1671 年)名涟，字南垣，一说号南垣，华亭人，后迁嘉兴，又为嘉兴人。张南垣以山水画的意境修筑园圃、叠山石，每置一景，常常别出心裁，巧夺天工，在观者看来，犹如一幅山水画，有元代画家黄公望、王蒙、倪瓒、吴镇的笔意，一时声名远扬，请他筑园的人甚至让他应接不暇。三十岁时他已经以造园叠山技艺而名满天下，其后五十余年不断进行造园叠山艺术实践，所造园林及所叠山石很多，江南不少名园都出自他手。其中较为著名的有松江李逢申横云山庄、太仓王时敏乐郊园、南园和西田，常熟钱谦益拂水山庄、嘉兴吴昌时竹亭湖墅、朱茂时放鹤洲、徐必达汉槎楼、吴县洞庭东山席本帧东园，还有仪征白沙翠竹江村、金坛预园等十余处。人称他“掇山胸有成局，相石有术”。

张南垣在日常生活中广交朋友，人缘好，江南著名士大夫如董其昌、钱谦益、王时敏、顾燕诒、吴伟业等都乐与之交游。每年都有不少豪富官宦书信相邀，或上门礼聘，一年不下几十家。他先后在松江、嘉兴、江宁、金山、常熟、太仓一带筑园叠山，仅松江就有四座园林出自张南垣之手。如塔射园，位于西林寺东塔弄青松石南，因园临近西林寺圆应塔，浮图矗影相射，故名。又有天马横云山麓的“横云山庄”，依山而筑，形制较小，好似一幅平远山水画。还有筑于横云山麓的“宿云坞”，与“横云山庄”仅一山之隔，为左邻，后创庵起阁，题园名为“宿云坞”。相传，位于秀南街南端、享有上海十大名园之誉的“颐园”假山、水池，也由张南垣亲自叠筑。

张南垣筑园叠石崇尚自然，擅根据地形地貌、古树名木的位置巧作

① 参考缪启珊：《中国古建筑简说》，山东教育出版社 1988 年版。

构思，随形就势设计出图纸，谓之胸中自有成法。他主张因地取材，追求“墙外奇峰、断谷数石”的意境。叠石则以土为主，采用的“土包石”筑园法别具一格。他所筑的园林，园内盆池小山数尺，溪流飞瀑，湖滩渺茫，树木葱郁；而点缀其中的寺宇台榭、石桥亭塔、一槛一栏，皆入诗入画，生动传神，令观者流连忘返。顺治十三年(1656 年)，无锡秦氏慕名到松郡请张南垣出山，主持设计改造寄畅园。寄畅园中，原有著名的“天下第二泉”，因历年取水超量，导致泉水干涸，留下一条干枯的沟。张南垣派侄子张轼(或为张钺)主持修改寄畅园。张轼也是一名非常优秀的设计师，他在园内精心叠石，点缀园景，并将惠山泉水弯弯曲曲地引入园中。这一改变，被认为是江南园林中一个很大的创意。经过这一改造，寄畅园风景更美，名声更大，成为人们到无锡的必游之地。康熙、乾隆分别六次下江南，每次都到此园游览。乾隆还让画师照本描绘，回京后在清漪园(今颐和园)仿造了一园，取名惠山园，即今谐趣园，开创了我国园林克隆的先例。

张南垣的传记材料留存丰富，与其同时期的著名思想家、文学家、史学家黄宗羲、吴伟业、谈迁等都曾为他作传。《华亭县志》《娄县志》《嘉兴县志》《松江府志》《嘉兴府志》和《浙江通志》都有他的传，《清史稿》也为他立有专传。作为平民出身的造园叠山匠师，而得列名于正史，著为专传，自有史以来，唯独张南垣一人而已。张有四子，都能传其术，次子张然、三子张熊的成就较突出，其侄张轼也很知名。大约在张南垣晚年，其子张然应召入京，曾主持南海瀛台、玉泉山静明园和畅春苑等皇家苑囿的建造，并为冯溥建造万柳堂，为王熙建造怡园，还曾为一些寺庙园林垒过山石。张然卒后，其子张淑继续供奉内廷。由于张然及其后代在造园界的影响，又有了“山子张”的美誉。以致时人只要一见到京城园林垒石，“不问而知张氏之山也”。《清史稿》称，“后京师亦传其法，有称‘山石张’者，世业百余年未替”。“山石张”其实应叫“山子张”[①]。据说，在民国时期乃至新中国成立后，造园界仍有张氏后裔在活动。

计成(1579—？年)，字无否，号否道人，苏州吴江县人。他与张南垣是同时代的人，可成名比张南垣晚。他不仅能以画意造园，而且也能诗善画。他主持建造了三处当时著名的园林——常州吴玄的东帝园、仪征汪士衡的嘉园和扬州郑元勋的影园，人们誉之为“巧夺天工”，称他为造园的宗匠。作为诗人，时人评价他的诗如“秋兰吐芳，意莹调逸”。遗憾的是其诗作已散佚，今人难以窥其风貌。作为明末著名造园家，计成根据他自己丰富的实践经验，整理了修建吴氏园和汪氏园的部分图纸，于崇祯七年(1634年)写成了中国最早、最系统的造园著作《园冶》，这也是世界造园学上最早的名著。

清代戏曲家李渔(1611—1680年)也是建筑美学家，他在《闲情偶寄》这本书中专门设《居室部》[②]，含房舍、窗栏、墙壁、联匾、山石等篇，其中包括了对住室与庭院、室内装饰、居室的取景与借景等建筑与人居的关系的探讨，还研究了住宅生活的乐趣问题。书中还有他对于营造、园艺等方面的卓越见解，如对亭台楼阁、池沼门窗的布局，界壁的分隔，到花草虫鱼、鼎铛玉石的摆设，他都做了详细的论述。他特别强调，园林一定要独创，要有个性，反对雷同与因袭。更重要的是，他要求无论居室还是园林，都要因地制宜、不拘成见。所谓因地制宜，在他看来，就是顺应和利用自然之性，以创造园林艺术之美。这实质就是强调建筑的

① 曹汛：《清代造园叠山艺术家张然和北京的“山子张”》，载中国建筑学会建筑历史学术委员会：《建筑历史与理论》第2辑，江苏人民出版社1981年版，第116页。

② 李渔：《李渔全集》第三册，浙江古籍出版社2014年版，第134页。

中和意境。他还辛辣地讽刺那些不事创造、专以因袭模仿为能事的匠师与园主的浅陋。因此，他也是当时著名的造园名家。明清交替后，他回到故乡浙江兰溪，作归隐计。他自誉为“识字农”，在伊山头的“先人墟墓边”，“新开一草堂”，构筑伊山别业（即伊园）。伊园是李渔展示其园艺技艺的最初杰作，园内经他独具匠心的设计和安排，构筑有廊、轩、桥、亭等景观，自誉可与杭州西湖相比。后来，他移居金陵，在孝侯（指晋人周处）台边购得一屋，因“地止一丘”，故名之为“芥子园”，取“芥子虽小，能纳须弥”之意。小小园庭经他精心设计，巧妙安排，有栖云谷、月榭、歌台、浮白轩等诸景，并都题有楹联，倒也别具情趣。如书室联：“雨观瀑布晴观月；朝听鸣琴夜听歌。”月榭联：“有月即登台，无论春秋冬夏；是风皆入座，不分南北西东。”芥子园地虽不及三亩，但经李渔细心经营，达到了“壶中天地”的意境。他在此园开设书局，编辑印刷多种书籍，其中的《芥子园画传》，直到今天仍是学习中国画的入门书，因而也使芥子园名传不朽。晚年，他在杭州营建了“层园”。此园沿山而筑，坐卧之间，都可饱赏湖山美景，人称层园为“天然画图”。他在北京也曾小试牛刀，参与园林建筑。如弓形胡同的半亩园，占地不多，但里面的轩、廊、亭、阁、馆，以及山石水池等，安排紧凑而不觉局促，显得丰满舒畅，清秀恬静。特别是在园中能观赏到近处紫禁城及周围景致，扩大了小园的视野。还有宣武门内西单牌楼、郑亲王府内的惠园，相传也是李渔的手笔。

清代的戈裕良（1764—1830 年），是江苏常州著名园林叠山家，于叠山技艺方面有着卓越成就，在江南有大量作品。他总结前人叠山技术，创造了体型大、腹空、中构洞壑、涧谷的乾隆嘉庆年间风格的假山，其造洞技巧创钩带法，如造环洞桥，顶壁一气，结构合理，能运用少量的石叠大型的山。而山石的皴法，都符合画本，其意兼宋元画本之长，婉转多姿，浑若天成，叠山之法俱备，为中国假山艺术的上品。这种以拱券结构作假山洞的园林施工方法，促进了假山的发展。他创作的苏州环秀山庄假山，蓝本是苏州的大石山；常熟燕园，则模自虞山。虽法同而式异，各具地方风格。他在创作过程中，能将人们所想象出来的自然中的山间沟壑、平台、悬崖等，在一个小小的山体里头叠成。

第二章　初民的创造——原始民居与聚落

第一节　有巢氏传说的符号学意义

从茹毛饮血时代进入人类社会，居有其屋就提上了议事日程。历史未能记载当时发生的情状，后人却念念不忘那个振奋人心的有巢氏时代。

一、有巢氏：传说中的远古居室建造者

当人们谈到中国远古历史时，常用的一句话就是：自从盘古开天地。盘古创世体系中包含一系列伟大人物，其中有巢氏是相当重要的。据传说，有巢氏受鸟类在树上筑巢的启发，最先发明了“巢居”。他指导人们用树枝和藤条在高大的树干上建造房屋，房屋的四壁和屋顶都用树枝遮挡严实，既挡风避雨，更可防禽兽的侵害，人们从此不再过那种担惊受怕的日子。然而，盘古创世故事中的主角盘古，在今天传世的文献中，直到东汉时期才有记载（不排除更早记载盘古的文献在数千年风雨水火战乱中消失了），而记载有巢氏的文献却早得多。

先秦著作《庄子·盗跖》中说：“古者禽兽多而人民少，于是民皆巢

居以避之,昼拾橡栗,暮栖木上,故命之曰有巢氏之民。"[①]庄子所述,未提及某一个人,而是讲的一个时代之民。远古先民在离开洞穴寻找新的生活场所时,发现了食物充足的森林。进入森林后,他们白天采摘果实,晚上,为躲避野兽的袭击,就学飞禽的样子,搭木建巢,栖居于树上。这样的一个族群,就被称为有巢氏。当然,这应该不是一个小族群的生活方式,而是相当多族群的有意选择。理论上说,在树上建立巢居,总有某一个人最先想到这个方式,并开始建造。这个最早的巢居可能相当简陋,而随着大量的巢居建立起来,技术上慢慢改进,逐渐成熟,巢居遂成为当时先进的居室。《韩非子·五蠹》写道:"上古之世,人民少而禽兽众,人民不胜禽兽虫蛇;有圣人作,构木为巢,以避群害,而民悦之,使王天下,号之曰有巢氏。"[②]那个最先想到这种方式并建造起最早的巢居,教给大家新的居住方式的人,肯定会受到大家的尊重和爱戴,并被推选出来担任首领。这位发明家、建筑师,因这一伟大的贡献,被后世称为圣人,有巢氏也就成为他的专名了。

先秦古籍中所描述的有巢氏,是一个有血有肉、有生有息、有事有迹、有德有功的历史人物,虽然因"民悦之,使王天下",将他写成了远古帝王,但他并不是高高在上的专制统治者,而是实实在在给远古先民造福、引领人们走出蒙昧时代的圣人与英雄。比之《汉书》《艺文类聚》等汉唐书籍,将有巢氏作为历史人物列入正史,先秦古籍的可靠性和可读性更强。

从居室建筑的发展看,有巢氏以"首创巢居"而名垂史册。但人类的居室在有巢氏那里只是开始,其进一步完善还需要后代的不断更新。明代学者罗颀编写了一本介绍我国古代先民发明创造的书《物原》,依

---

① 王夫之:《庄子解》,王孝鱼点校,中华书局 1964 年版,第 259 页。

② 王先慎集解、姜俊俊校点:《韩非子》,上海古籍出版社 2015 年版,第 536 页。

图 20　云南沧源崖画

图 21　云南沧源崖画上的树上房屋

据各种传说，将古人对居室建筑的贡献做了较为系统的归纳和全面介绍："有巢始为巢穴。燧人作台。伏羲始作屋庐。神农加以户庭堂仓廪库窖。轩辕始备宫室楼观阁门廊阶墀之制。禹作桥。文王作浮桥。周公作邸馆亭子及柱础。鲁般（班）又门扇以铺首。秦孝公作殿栋以鸱尾。宣帝始制斋轩。"①可以想见，居室建筑形成发展的过程中，无数的无名氏做出的贡献是书载不尽的。

宋代罗泌收集大量古籍资料，撰为《路史》，记述上古以来有关历史、地理、风俗、氏族等方面的传说和史事，书中多处记叙有巢氏。如卷

① 罗颀：《室原第十二》，《物原》，商务印书馆 1937 年版。

五写道:“太古之民,穴居而野处,搏生而咀华,与物相友,人无妎物之心,而物亦无伤人之意。逮乎后世,人氓机智,而物始为敌。爪牙、角、毒、槩,不足以胜禽兽,有圣者作楼木而巢,教之巢居以避之,号大巢氏。”卷九写道:“昔在上世,人固多难,有圣人者,教之巢居,冬则营窟,夏则居巢。未有火化,搏兽而食,凿井而饮。秳以为蓐,以辟其难。而人说之,使王天下,号曰有巢氏。木处颠,风生燥,颠伤、燥夭。于是有圣人焉,教之编槿,而庐缉而扉塓塗茨翳,以违其高卑之患;而违风雨以其革有巢之化。故,亦号有巢氏。”[①]《路史》所引资料浩博,很多已超出信史的范围,故一直为人所诟病。但这两段,却讲了一些很有意思的细节:人猿相揖别前,人是自然的一部分。初民与自然的关系,因人以“机智”来改造自然而发生变化。针对自然对人的危害,有巢氏(大巢氏)教人建立巢居,维护人与自然的关系,受到人们的爱戴。但这巢居并非一成不变,而是在逐渐进化。对于穴居野处的古人,有巢氏也不是只倡导巢居,而是适应环境,按季节应对,“冬则营窟,夏则居巢”。由于住在树上并不安全,“木处颠,风生燥,颠伤、燥夭”,于是“圣人”指导人们“革有巢之化”,也就是对简陋的“窟”“巢”加以多方改进,使之既能避风雨,又不会出现困居高树之颠的危险。正是这一“革”,“窟”居可能逐渐升高,“巢”居可能逐渐降低高度,直至建到地上。所营之“窟”“巢”,适应了环境的要求,更适应了人们日常生活的需要。适应环境,适合人居,有巢氏作为中国远古时代居宅建筑的首创者,自觉不自觉地顺应了“中和”理论,大大推进了中国古人从蒙昧走向文明的步伐。

古籍中的有巢氏,有多种称呼。有时简称为“巢”,这与有巢氏其人建筑巢居的事迹功德有关。或称“大巢”,“大”,是尊称,也是敬语。古

---

① 罗泌:《路史》卷五、卷九,吴弘基订,光绪二十年(1894 年)印。

代用“大”于人称，往往体现德高、位尊、辈长之类。古代历史著作中此类实例非常多，也沿用至今，我们在今人所写历史书中还能看到诸如“大舜”“大禹”的称呼。称“氏”，也是古代的一种名称样式。古文献中，传说式的远古时代圣人、帝王，几乎都得到这样的称谓，如燧人氏、伏羲氏、轩辕氏等等，这种称谓包含有氏族意义与时代意义，当然也包含着对他们的尊敬意味。严格来说，远古的人，既无名字，也无姓氏，所谓“有巢氏”“燧人氏”，显然不是他们的“自称”。后代帝王时期，有给先王定谥号的习俗，往往根据时代文化和祖先业绩而立号。这种习俗，其实来源于远古。有巢氏、燧人氏等古代圣人，自己没有称号，其事迹在当时也没有文字记载，有的可能就是口口相传的故事。古代学者为使大众了解本民族远古文明的历史，于是根据故老相传，写作传说，以解释大众对远古历史的疑惑。那率先教民巢居的圣人，就被命名为“有巢氏”，类似于给他追赠一个“谥号”。

可以说，“有巢氏”称号是后世之人根据传说，给“首创巢居”的人追赠的荣誉性称号。这个称号，既是指发明巢居的那个人，也是指这个人所在的氏族。“有巢氏”因为其功德和地位，自然成为他所在氏族的代表人物，代表人物的称号以后也就逐渐成为这个氏族的代号。当然，有巢氏不仅代表着一个原始氏族，也代表着一个历史时代，代表着中国文明史发展的一个典型时代，即远古人已能通过自主行为适应环境，建立房屋，进入居有其宅的时代。

古籍中关于有巢氏的记载，有事有迹，不虚不妄，符合历史发展轨迹，也与远古人类生活实际相符，很平常，很实在，这使得有巢氏具有鲜明的真实可信的人格特征。

当时，有巢氏与大家走出洞穴，进入新的生活环境，构木为巢，掘地营窟，这是一个重要的节点，即到了这时，我们的祖先才开始与动物区别开来。因为建造巢窟，意味着我们的远古先人已经知道了制造工具、使用工具，开始了劳动创造。

远古时代人们的构木为巢，掘地营窟，就是用树枝树叶等物建造房屋，他们希望安居一处，实现家园的梦想。可以想见，当时的房屋从结构到样式都极其简陋粗糙，似乎没有什么工艺可言，但那房屋绝对是初民用以躲避禽兽伤害、挡风防雨和朝夕安身的家。用今天的行为说法和行业定性，那么建造房屋的有巢氏应当称为"建筑师"。遥想当年，这位伟大的建筑师通过细心观察、反复实验，发现了多根木棍可以交叉支撑的特点。在对力学规律的把握中，他带着大家盖房子。他既是设计者，又是工匠，木工瓦工一手包办。建筑设想变为现实后，大众不再风餐露宿了。人们感谢他，尊称他为有巢氏。这有巢氏，便是中国第一代建筑师。

这位能力超群的建筑师，作为"巢居"的首创者、发明者，以他的发明创造推动了社会的文明与进步。有巢氏作为一个济世创物的圣人，其最为显著的人格魅力就是智慧——创新的智能，科学的智慧，超凡的智商。有巢氏是远古人类中大胆改造自然、改善环境的科学家，是为人类不断改变生存条件、生活方式的革新家。在那个蛮荒时代的极其艰难的环境中，有巢氏用智慧和胆识、血汗和生命与天地斗争，并在实践过程中创造革新，引导人类走向新生，恩泽于千秋万代，因而被后人称为伟人，赞为英雄，标为典范。有巢氏的功绩是以爱心护卫人民，所以后人称赞他为"仁人""圣人"，也可说是实至名归了。

当然，关于有巢氏的历史地位，我们应该放在原始社会那个特殊环境里来评价，不能离开时代而予以任意拔高。唐朝诗人陆龟蒙在《江湖散人歌》中就表达了这种思想。他写道："词云太古万万古，民性甚野无风期。夜栖止与禽兽杂，独自构架纵横枝。因而称曰有巢氏，民共敬贵如君师。当时只效乌鹊辈，岂是有意陈尊卑。无端后圣穿凿破，一派前导千流随。多方恼乱元气死，日使文字生奸欺。”[①]

远古时代的巢居，随着历史的发展，在各地发生了巨大的变化。但这并不意味着这种方式就在世上绝迹了。《林邑记》中提到：“苍梧已（以）南，有文郎野人，居无屋宅，依树上住宿，食生肉，采香以为业，与人交易，若上皇之人。”[②]宋代地理学家周去非以其亲身经历写道：“深广之民，结栅以居，上设茅屋，下豢牛豕。其所以然者，盖地多虎狼，不如是，人畜皆不得安，乃上古巢居之意欤！”[③]今天西南山区所见的吊脚楼，可能就是与巢居最接近的居室建筑。而这一点，也在云南边陲得到证实。至于穴居，西北窑洞则尽人皆知。

在云南省沧源县糯良山、班考大山与拱弄山之间勐董河流域的河谷地带，仍有古代崖壁画艺术遗存。1962年以来，沧源县中北部的勐来、丁来、满砍、和平、芒阳、勐省等地已先后发现有多个崖画点。这些崖画大都画于离地面数米高的一片片垂直的崖壁上，图像多呈赭色，作画的颜料可能是用赤铁矿、虫胶和动物血调制而成的。根据专家们的初步研究分析，这些崖画可能是新石器时代的作品，距今已有3000多年的历史，是云南已经发现的最古老的崖画，也是我国迄今发现的年代较早的原始崖画。图案中有人物、动物、房屋、道路，还有各种表意符号，另有树木、舟船、太阳、云朵、山峦、大地、手印等图案，多为狩猎和采集场面，也有舞蹈、战争等内容，构图简练，粗犷奔放。每个画面都有一个中心内容，真实地描绘了一幅幅原始生活的百态图，古朴、形象、生动，反映了先民的智慧和丰富的想象力。从图像的线条推测，先民作画

---

① 陆龟蒙：《江湖散人歌》，载《全唐诗》（下），第1569页。

② 《太平御览》卷一七二引，上海商务印书馆1936年影印版。

③ 周去非：《岭外代答》卷四，上海进步书局1936年版。

时，大的部分是用手指作画，细部则用树枝、竹片描绘。

在丁来乡的第二号崖画点，有一幅《村落图》，它画了一个长圆形代表村寨的范围，里面有干阑式的房屋，村外还有一座。村子中间的空地上，矗立着两座大型房屋，像是公共集会地，或是部落首领的居所。村寨外画了几根线，大概是表示弯弯曲曲的道路，路上有众多的人，或驱赶猪羊等动物，或肩扛东西，从四面八方云集村寨。寨内有人舂米，可能要举行一次宴会。寨外的小房子，高居树上，起看守和瞭望的作用。有人分析，这可能是一次战争后，人们带着战利品凯旋。此图表明，当时的先民已有巢居与干阑式的简陋房屋，并开始有村落。

图 22　沧源崖画《村落图》

载阙维民：《〈云南沧源崖画村落图〉的地图信息》，《面向新世纪的中国历史地理学》。

据研究，《村落图》是一幅体现自然地理内容又反映人文地理要素的原始综合地图[①]。图中有道路网，主要反映在《村落图》中的村寨之外

---

① 阙维民：《〈云南沧源崖画村落图〉的地图信息》，载复旦大学历史地理研究中心主编：《面向新世纪的中国历史地理学》，齐鲁书社 2001 年版，第 616—643 页。

以线条涂绘的部分，线条之上又绘有各种姿态的人物，明显地图示为道路。地域界线，即村寨的范围圈，所表示的内容可能是村寨的壕沟、栅栏或土垒墙，其功能类似于后世的城墙。房屋建筑在《村落图》中占有一定的格局，主要分布在村寨界线之内，有房屋 17 座，寨外仅 1 座，合计 18 座。寨内房屋的布局，中间 2 座，南边 6 座，北边 7 座，西边 2 座。房屋的图例有 2 组暨 4 种变化形式，尖顶和圆顶为一组，涂色与不涂色为另一组。通过村寨内的房屋布局，可以判断公共广场的存在。《村落图》中明确涂绘的村寨出入口有 4 处：东、西、南、东南界各有一入口处，唯有北界无入口，但村寨正北界外标有唯一的一座村寨外房屋，似表示村寨北界仍有一出入口。根据视觉与方位，可以判断《村落图》的总体方位为上北下南，反映了原始村寨背山面南的地理环境。另外，房屋中除村外的一间为树上房屋（巢居）外，其他均为干阑式，表明此时巢居已逐渐下降到地面，为干阑式房屋所取代。

《村落图》的整体风格，突出地表现在整幅图各地理要素的有机联系，以居于图幅中心的村寨和外延道路为核心内容，反映了一个史前村落的具体地理环境。图中的干阑式房屋，显然反映了热带与亚热带交界地域常绿阔叶林的自然环境，是沧源山麓地区的佤族先民，在长期的生存实践中所总结出来的最佳设计方案，既可防潮又能有效抵御猛兽袭击。

考古资料也在证实人们关于巢居的猜测。前些年在四川出土了一尊青铜錞于，器上的象形文字中有一双树夹一悬空房屋的形象，杨鸿勋释为“巢居”的象形字，它很像是在两棵树或四棵树上架屋的“多树巢”，为我们留下了巢居的生动形象。极有可能，此即“橧巢”的“橧”字。

图 23　四川出土的青铜錞于上的象形文字

二、文献中记载的远古建筑

由于建筑属于“器”，中国古代文献通常并不记载它们，最多是出于“礼”的需要，描述一下建筑平面与礼制相关的内容。而远古时代文字尚未出现，更不会有相关的记录。因此，直接通过文献寻找远古建筑的形态是不可能的。然而，通过研读文献，我们还是能够大致了解一些与文献出现时间较近的古代建筑的样貌。

《孟子》在讲到远古时代特别是洪水时代人们的居住情况时说：“下者为巢，上者为营窟。”[①]意即地势卑下潮湿而多虫蛇的地区，人们多采用巢居方式；地势高亢地区多采用“营窟”方式。这里的描述，与前述有巢氏时代的居室建筑基本一致，虽然其时代晚了很多。按历史学家的考证，有巢氏时代属旧石器时代中晚期，而黄帝时代已到新石器时代晚

① 《孟子·滕文公下》。

期。然而，居室建筑虽有进步与变化，但由于经济与技术方面的限制，一般民居大体上变化不是太大，最多也就是细节上的精细化与居住舒适程度的提高。

另一方面，由于社会阶层的逐步分化，权势集团与富裕阶层的出现，他们的居住状况得到很大的改变，宫室建筑、宫城建筑逐步发展。其样式、规模，都与平民居室建筑不可同日而语了。后代的一些诗词歌赋曾描写过古代的那些煌煌巨构，不过，其文学语言的夸张挥洒，毕竟与真实的场景不是一回事。但有些著作，仍使我们能窥见当年的宫廷建筑之一斑。

《尚书》中写周成王即将去世时(前 1025 年)，诰命召公、毕公等，要他们带领天下诸侯辅佐太子钊。史叙其事，作《顾命》[①]。顾命，相当于遗嘱。成王逝世后，召公、毕公为康王君临天下举行了规模宏大的典祀活动，内容很丰富，文章也写得绵密细致，富丽堂皇。由于对每一仪式都细致记载，礼经佚失后，这篇文章成为研究周代礼制的珍贵文献。全篇分三大段。第一段记录群臣接受成王的顾命。第二段记录太子钊在先王之庙中接受册命的仪式。第三段记录康王即位，初次接见诸侯的仪式和诰词。由于这些仪式是在不同场合举行的，我们今天读《顾命》，也就如身临其境，随着仪式的展开而进入周王室的不同宫殿之中。文中反映了周代宗庙的大致布局：以殿堂为中心，分布有庭、房、门、阶、屏等单元。庭之东西皆为武士站立之处。庭之南则为大门，两侧分别为“左塾”“右塾”。宗庙主体建筑的“堂”，前面为“阼阶”“宾阶”，或称为“东阶”“西阶”。“堂”内的陈设，大致以席与几为主。《顾命》中所反映的宗庙布局与形制，可以参考已发掘的陕西扶风召陈西周宗庙建筑基

① 《尚书·顾命》。

址。它是由庭、堂、室、塾、厢房和回廊组成的建筑群。其中的 F5 基址为一高台建筑，房基上有四排柱础。

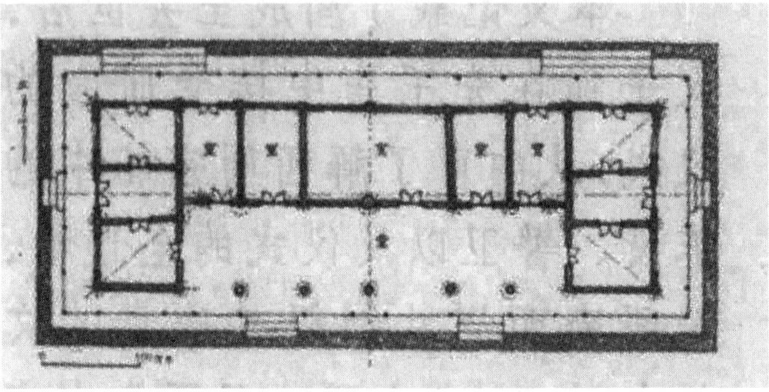

图 24　召陈遗址 F5 复原平面图

载许倬云:《西周史》,生活·读书·新知三联书店 2012 年版。

图 25　召陈遗址 F5 复原图

载许倬云:《西周史》。

在《顾命》开篇，首先见到的是成王的卧室、盥洗室，以及召集大臣到朝廷议事的朝堂。群臣接受遗命之后退出王宫，在堂阶前设置幄帐准备后事。成王逝后，召公命人在南门之外将太子钊迎入路寝侧室，接受抚慰，开始居丧。

第三天安排祀典。于第七天将天子座旁的屏风、幄帐陈设完备。接着描写天子朝堂的各种陈设。东南西北各陈设几案，供天子、大臣办公使用。还摆设大量的装饰品。殿外不同等级的人，分走不同的台阶。天子的车就摆放在殿周围不同的地点，方便他的出行。仅从这些陈设，都可想见宫殿的宏大。

先王之庙接受册命的仪式开始前，仪仗队依礼而布置，涉及寝门、堂廉石阶、东西厢前堂、东西堂尽头、侧阶等地。康王从西阶进入宫殿，太保、太史、太宗等从东阶进入宫殿。先王顾命册书交接仪式后，太保退出，结束典祀。诸侯也随之退出殿门，迎候康王。

康王走出祖庙，来到应门内。太保召公率领西方的诸侯进入应门左侧，毕公率领东方的诸侯进入应门的右侧，诸侯进贡，王升位答拜。然后康王脱去吉服，返回居丧的侧室，穿上丧服。

大殿、宫寝、台阶、走廊，《尚书・顾命》的作者在叙事过程中，引导读者游走于一座座建筑之中，让今人身临其境般进入古人的建筑世界。

《诗经》是周王朝时的作品，人们通过歌咏，歌唱那时的生活中的所见所闻，为后人留下了很多特殊的史料。《诗经・斯干》就对西周一处宫室建筑进行了详尽的描述。诗云：

"秩秩斯干，幽幽南山。如竹苞矣，如松茂矣。兄及弟矣，式相好矣，无相犹矣。似续妣祖，筑室百堵。西南其户，爰居爰处，爰笑爰语。约之阁阁，椓之橐橐。风雨攸除，鸟鼠攸去，君子攸芋。如跂斯翼，如矢斯棘，如鸟斯革，如翚斯飞。君子攸跻。殖殖其庭，有觉其楹。哙哙其正，哕哕其冥，君子攸宁。下莞上簟，乃安斯寝。"[①]（程译：流水清清小山涧，林木幽幽终南山。丛丛绿竹好形势，密密青松满冈峦。兄弟同住多和睦，相亲相爱心相关，胸襟坦白不欺瞒。继承祖妣遵遗愿．盖起宫室千百间。厢列东西门朝南，就在这里同居住，亲人团聚笑语欢。扎紧木

① 《毛诗・鸿雁之什・斯干》。

板阁阁响，夯土咚咚筑泥墙。从此不怕风和雨，鸟雀老鼠都赶光。君子住着多舒畅。端正犹如踮脚立，齐整有如利箭急，宽广好似鸟展翼，华丽赛过锦毛鸡。君子登堂多欢喜。庭院宽阔平且正，屋柱笔直高又挺。白天光线多明亮，夜晚昏暗真幽静，君子住着心安定。上铺竹席下铺草，高枕无忧没烦恼。第 281—283 页。）

从诗中我们可以看到，这处宫室处于青山秀水之间，宫室高大、宽敞而明亮，屋顶四角翘起如鸟张开的翅膀，前有广阔的庭院，四周环墙。这首诗，是古人留给我们的重要的建筑史料。后世那些吟咏宏伟建筑的诗词歌赋，都从《诗经》得到过启示与营养。

第二节　考古发掘的田野向度

远古时代虽然离我们非常遥远，但通过考古发掘，我们还是能亲自巡视古人的居住生活环境，了解我们的先人在极其艰难的条件下，是如何创造文化、推进文明的。

一、远古遗址透露出的居室信息

中国的考古学是从 20 世纪初艰难起步的，通过几代考古人的一锹一铲，为我们描绘出祖先的生活历史图景。

吉林双塔遗址位于白城市洮北区德顺蒙古族乡双塔村三社北侧一条东西走向的漫岗上，地处嫩江下游重要支流洮儿河中游的北岸，海拔 149 米。2007 年发掘时，在第一期遗址中发现 14 个柱洞、6 个灰坑、2 条灰沟以及墓葬等。所发现的 14 个柱洞，既有集中分布的，又有单独一处的。木柱洞及其中心柱窝皆为圆形圆底，中心柱窝与洞壁之间有1—2层夯实的硬土。遗存由加速器频谱实验室和热释光实验室进行年代检测，测年结果均在距今10000年前后。双塔一期的地层和遗迹中的文化发现表明，此时的经济类型应是以渔猎为主，仍然属于旧石器时代延续下来的攫取型经济范畴，而双塔遗址一期聚落壕沟、柱洞、灰坑和陶片堆积层的发现，表明这一文化的聚落已有定居性质[①]。

兴隆洼文化主要分布在内蒙古西拉木伦河南岸和辽宁省辽西地区，年代距今8000—7000年。兴隆洼遗址，位于内蒙古赤峰市敖汉旗宝国吐乡兴隆洼村东南1.5公里的牤牛河上游的缓坡台地上，总面积约20000多平方米，是西辽河流域和内蒙古地区最早的新石器时代文化遗址。考古工作者先后进行近10次发掘，发现有聚落房址、环形壕沟、墓葬、灰坑等大量遗迹。住房为半地穴式的方形或长方形建筑，排列有序。遗迹中有整齐排列的十多排房屋，每排10座左右，屋内有圆形灶坑，四周和居住面还有保存食物、火种的小龛、袋状炕。房址大小不一，小的有几十平方米，中心最大的两座房屋面积达140平方米左右。遗址自2001年5月开始发掘以来，已清理出兴隆洼文化时期的房屋遗址1000多座，灰坑30座，是目前国内保存最好、规模最大、时代最早的新石器时代遗址，被考古界赞誉为“中华远古第一村”。

兴隆洼遗址地势平坦，视野开阔，加之近有泉水至今长流不断，故很适宜古人居住。这一带除兴隆洼文化的遗存外，还保存着距今五六千年的红山文化，以及距今四千年左右的夏家店下层文化的居住址和城堡遗址。因此，兴隆洼是一处不可多得的远古时代历史“聚落”遗址。

---

① 王立新、段天璟:《中国东北地区发现万年前后陶器——吉林白城双塔遗址一期遗存的发现与初步认识》,《吉林大学社会科学学报》,2013年第2期。

安徽省含山县铜闸镇凌家滩村的凌家滩遗址，距今有约 6000 年历史，是长江下游巢湖流域发现的面积最大、保存最完整的新石器时代聚落遗址。经遥感测定，凌家滩遗址的总面积达 160 万平方米，建筑遗迹沿河而建，四周是一条大型围壕，形成了城市与外界相隔离的“护城河”。该遗址以三个台阶为界线划分成三处功能不同的区域，具备了初级的城市“规划”水平。第一区域是普通部落成员的居住区、庭院区，房子带有明显的“城市”规划和精心设计的痕迹。第二区域是 3000 平方米的红陶土块广场，广场中间有一个红陶土块砌成的水井，井水清澈可饮。井的出现从一个侧面说明了凌家滩的先民们此时已进入了文明社会，因为他们已知道饮用干净卫生的井水了。该井使用人工建筑材料和垒建技术，为目前国内已知最早的实例。第三区域是大型墓葬区，中央有一处约一米高的祭坛，陪葬品有玉器、石器和陶器等。凌家滩遗址两块墓葬区的分界处，有带状建筑物“石墙”一条，为东北—西南走向，用小石块砌垒而成。该建筑物是利用石块自身宽窄大小不等的形状，一块块相互砌垒起来的，每块石头之间没有任何粘合剂，但至今人们用手也难以将砌垒在一起的石块分开。从房屋遗存看，古人在建筑中已懂得类似钢筋混凝土的“挖槽填烧土，木骨撑泥墙”的建筑工艺。

牛河梁遗址，位于辽宁省朝阳市境内凌源与建平交界处，方圆约 12 公里。牛河梁地理环境优越，红山文化遗存密集，供奉、祭祀女神的神庙处于遗址中心位置，十余处积石冢、祭坛环绕四周，并且都和远处的猪头形山峰相呼应，形成一个互为联系的祭祀建筑群。女神庙(或宗庙)位于牛河梁的主梁顶部，处于整个遗址群的中心位置。平面略呈“亚”字形，是一半地穴式建筑遗存。庙由多室组成，主室为圆形，左右各有一圆形侧室，主室北部为一近方形室。建筑布局为南部三室相连，形成一横长室，左右对称，主次分明，结构严谨而又有所变化。墙壁以圆木为骨架，用结扎草把敷上泥土而成，并将表面压光，绘以褐红相间、黄白交错的三角形勾连图案。这座女神庙是目前发现的中国最早的庙。

1921年，在河南省三门峡市渑池县城北9公里处的仰韶村，发现了仰韶文化遗址。遗址北依韶峰，三面环水，风光宜人，山水秀美，土地肥沃，适合渔猎、放牧。遗址总面积约30万平方米，文化层厚度2—4米，是先民狩猎、渔牧、定居的理想场所。这种现象说明先民选择定居地点时，对当地的环境条件要求是相当严格的。

在仰韶文化遗址，有少量圆形房屋，而方形房屋则有大中小之分，地穴较早期为浅，地面建筑木草结构的房屋数量较多，大型排房或成片房屋已经确立。到了晚期，无论单间或套房都有火塘，不少房间内还有储藏粮食的窖穴。

位于河南灵宝市西部的铸鼎原遗址群，从20世纪末到21世纪初经七次考古发掘，发现大量远古文物，包括灰坑、房屋基址、蓄水池等。其中最为重要的是发现了保存相当完好的仰韶中期迄今所见最大的单间房屋基址。大型房基均为长方形半地穴式，建筑结构复杂，普遍采用了夯筑技术，居住面及墙壁加工考究，表面光滑规整，灶坑、柱洞等设施齐备。如房屋基址F105，叠压于第二次发掘的面积稍小的同时期房址F104之下，保存基本完好。其规模宏大，结构复杂，居住面处理考究，室内柱洞、火膛等设施齐备，夯垫土深厚。它以弧角近正方形的半地穴式主室为中心，四周围以回廊，大致位于前墙中部的斜坡式门道伸出回廊外，室内设大而深的柱洞，柱洞下置础石，近门口处有一火膛，布局井然有序，形成一个结构复杂严谨的建筑整体。该基址坐西面东，面积约204平方米。经夯打处理的地基，即下挖的房基坑，面积约372平方米，深2.75米以上。整体建筑面积，即回廊外侧柱洞以内面积，连同门道外门棚以内的面积共约 516 平方米。据现场分析，该房址的建筑程序初步判断为 9 道工序：1. 处理地基；2. 夯筑墙壁；3. 栽立木柱；4. 设置室内柱础石，铺设地坪，在房基夯土之上再垫 5 层夯土；5. 挖门道、火膛、加工柱洞、栽柱；6. 分五层加工居住面；7. 修筑地面以上的墙壁；8. 在房基四周柱洞、栽柱；9. 搭建房顶及门棚。铸鼎原遗址发现的特大型房屋基址，是迄今为止在整个仰韶文化中所见年代最早、结构复杂、规格高级、面积最大的房屋基址。该房基设计严谨，气势宏伟，工程浩繁，技艺精湛，为中国建筑史上的创举①。

图 26　陶寺遗址考古现场

山西襄汾的陶寺遗址，面积 300 余万平方米，是一处重要的以龙山文化遗存为主的史前遗址。在陶寺类型居住址中发现很多小型房址，

① 参考侯俊杰：《河南灵宝铸鼎原仰韶聚落遗址群考古工作的回顾与思考》，《中国文物报》，2005 年 9 月 30 日。

周围有道路、水井、陶窑和较密集的灰坑。房址分地面、半地穴式和窑洞三种,以后两种居多。半地穴式房基平面多作圆角方形,少数呈圆形,长、宽一般在2—3米。室内地面涂草拌泥,经压实或焙烧,多数再涂一层白灰面,并用白灰涂墙裙,可见当时白灰已得到广泛应用。居住面中央有柱洞和灶坑。墙面上往往有或大或小的壁龛。有的还在室内一侧设置灶台,灶台后部有连通室外的烟道。窑洞式房址四壁向上弧形内收形成穹窿顶,高约2米,平面形制、结构等多与半地穴式房址相仿。水井为圆形,深13米以上,近底部有用圆木搭垒起来的护壁木构。陶窑为"横穴式",窑室直径在0.7—1米,有多股平行火道或叶脉状火道。灰坑有筒形、袋形、锅底形等几种。此外,还发现夯土碎块和刻画几何纹的白灰墙皮,表明附近可能有大型建筑基址。其中一大型圆体夯土建筑,总面积约1400平方米。其建筑形状奇特,原为三层台基,结构复杂,附属建筑设施多,规模宏大,是迄今发现的最大的陶寺文化的单体建筑。据推测,其功能与观天象和祭祀有关,应是目前最重要的史前建筑之一。

四川汉源县距今5000年前的麦坪遗址内,发现木骨泥墙式房址群。遗址内有平面呈圆形、长方形或近方形的房屋基址,有用木头和杂草修成的栅栏的墙脚遗存,房屋内甚至还有圆形的做饭用的土灶,设计相当合理。多数房址是单间,也有现代所谓的"套二""套三"的组合,且房门朝向一致,成街道状分布,在川内是首次发现,在全国也十分罕见。专家认为这是最早的街道雏形。麦坪遗址内还有成片的烧制陶器的作坊区。盛装食物和水的陶罐、陶钵、圈足器、平底器,以及饮食用的尖底杯,就是从作坊里生产出来的。

山西省兴县碧村遗址有一座石城遗址,面积75万平方米,遗址内有多处大型石砌房址,考古工作者集中清理了其中两座。它们均为耕土层下开口，长方形地面建筑，两者中间共用一堵石墙，白灰铺地。通过对打破房址的盗洞进行清理发现，两座房址在建造时，首先是平整地面并夯实，然后进行垫土取平并砌筑石墙，再次垫土后，最终涂抹草拌泥和白灰。

郑州市大河村遗址位于郑州市连霍高速与中州大道交叉口东南隅。考古专家先后对大河村遗址进行了20多次发掘，发掘面积达6000多平方米，出土各类房基50余座、窖穴近400座、墓葬300多座，壕沟2条，还出土各类文物3500多件，各类标本20000余件。遗址出土的仰韶文化房基F1—4，是我国迄今为止发现的保存最完好的史前居住基址，虽历经5000余年，仍保留有完整的平面布局和1米多高的墙壁。专家认为，这类房屋样式奠定了中国北方传统民居建筑的基本形制[①]。

位于杭州良渚遗址群中心地带的莫角山遗址，是一个面积达30万平方米的人工营造土高台，考古学者在这里发现大片夯土层和夯窝等建筑遗迹，以及成排的柱洞，说明上面曾经有大型建筑，应是宫殿建筑遗址。另外还有6个供祭祀用的大土坑。这处罕见的良渚文化建筑群遗址，从位置、布局和构造来看，有“中心祭坛”和“中心神庙”的性质，不少人认为良渚时期的中心就在这里。良渚文化距今5300—4000年，中心宫城面积30万平方米，王城面积290万平方米，高达1米多的残存城墙有约上千米，城墙建筑精致。其外郭内面积800万平方米，水利系统规划和影响的范围则超过100平方公里。目前中国大地上发现的这个时代的古城遗址约有60多座，而面积达290万平方米的良渚古城，

---

① 参见韩章云：《郑州大河村遗址博物馆开馆曾出土国宝彩陶双连壶》，中国新闻网，2016年1月16日。

其规模仅次于陕西神木的石峁古城[①]。

上述文献，只是近百年考古发掘的远古居室建筑遗存信息的细枝末节，而在所有这些远古遗址中，最受人们关注的是半坡遗址与河姆渡遗址。

西安半坡遗址中，有一 30000 平方米的原始村落。其中的房屋、地窖、灶坑、男女分葬的集体墓地、各种生产及生活用品等遗迹遗物，向今天的人们生动展现了 6000 多年前处于母系民族社会繁荣时期的先民生产与生活情况，对研究中国远古社会历史有着重要的科学价值。

河姆渡遗址是中国南方早期新石器时代遗址，位于距宁波市区约 20 公里的余姚市河姆渡镇，面积约 40000 平方米，堆积厚度 4 米左右，上下叠压着四个文化层。其中，第四文化层所属的时代距今 7000—6500 年，是中国现已发现的最早的新石器时代地层之一。在第三、四文化层，考古工作者发现了大量的木构建筑遗迹和木制构件。其榫卯结构构件，是我国房屋木结构最早的实物。

地层被一层层揭开，就好像将描述远古人类的居住状况的书册一页页翻开。这本巨大的书册虽尚未全部打开，但已翻开的书页足以让后人震惊。在远古那艰苦卓绝的时代，我们的祖先通过他们的智慧，代代相继，不懈努力，营建技术由简单到复杂，适应不同的环境，建立起人类诗意的栖居，在世界建筑史上创造出中华民族的辉煌。

---

① 陈民镇：《从良渚古城墙的发现看中国早期城市的起源》，载《南京博物院集刊》第 12 辑，文物出版社 2011 年版。另参见陈民镇：《为什么说良渚文化是中华五千年文明的实证》，澎湃新闻，2016 年 6 月 4 日。

二、南北远古遗址中居室的异与同

中国古代的建筑有很多共同的特征，由此形成了中华民族的建筑型式。然而中国的国土面积辽阔广大，南北环境与气候差异极大，建筑也必须因地制宜，适应不同地理环境的建筑也就有了地方的特征。为了说明南北方建筑的异与同，我们可以从半坡遗址与河姆渡遗址的分析入手。

陕西省半坡村文化遗存位于西安市东郊灞桥区浐河东岸，主要为仰韶文化类型，据碳 14 测定并经校正，年代为距今 6800—6300 年。

遗址大致分为 3 个区，即居住区、墓葬区和制陶作坊区。居住区在聚落的中心，占地约 30000 平方米，其布局是以一座大型房屋为中心，中小型房屋窑穴等散布周围，外围由一条人工挖掘的宽 6—8 米、深 5—6 米的大壕沟围绕，中间又有一条宽 2 米、深 1.5 米的小沟将居住区分为两片，形成既有联系又相区分的两组布局。大壕沟外北边是公共墓地，东边是制陶作坊窑址群。

已发现的半坡类型的房子 46 座，有圆形、方形和长方形，有的是半地穴式建筑，有的是地面上的木架建筑。每座房子在门道和居室之间都有泥土堆砌的门坎，房子中心有圆形或瓢形灶坑，周围有 1—6 个不等的柱洞，柱洞属于泥圈柱洞。居住面和墙壁都用草拌泥涂抹，并经火烤以使坚固和防潮。圆形房子直径一般在 4—6 米，墙壁是在密集的小柱上编篱笆并涂以草拌泥做成。方形或长方形房子面积小的为 12—20 平方米，中型的有 30—40 平方米，最大的复原面积达 160 平方米。储藏东西的窑穴分布于各房子之间，形状多为口小底大圆袋状。家畜饲养圈栏均作长方形。在灶坑附近或里面，往往有大量完整的陶器，多为炊煮用的粗陶罐或饮食用的细陶钵。

图 27　半坡 1 号大房屋发掘现场

载马雨林:《历程:纪念半坡遗址发现 60 周年》,三秦出版社 2013 年版。

图 28　半坡遗址的半地穴式方形房屋

载马雨林:《历程:纪念半坡遗址发现 60 周年》。

这些房屋均采用木骨涂泥的构筑方法，其建筑风格是：门前有雨棚，恰似“堂”的雏形，再向屋内发展，形成了后进的“明间”；隔墙左右形成两个“次间”，正是“一明两暗”的形式，如若横向观察，又可将隔室与室内分为前后两部分，形成“前堂后室”的格局。

半坡村落中心，是一座约160平方米的大房子，进门后，前面是活动空间，后面则分为3个小间。前面的空间大约是供氏族成员聚会、议事的场所，后面3个小间，应是氏族中最受尊重的首领的住所。当然，也可能是老人和儿童的“集体宿舍”。以大房为中心，四周围绕众多小房屋，应是氏族成员的住处。而这，大概就是中国古代院落的最早出处。

半坡晚期的方形房屋，是从早期的“半地穴式”发展而来的。这种房屋完全用椽、木板和粘土混合建筑而成。整个房子用12根木桩支撑，木柱排列3行，每行4根，形成规整的柱网，初具“间”的雏形。

半坡遗址居住区周围环绕着一条全长300米、面宽6—8米、底宽4米、深5—6米的大围沟。沟中发现有木柱痕迹，在围沟底部和两旁还设有防御之类的障碍物。这样的大围沟，除具防水和排水功能外，还起着避免野兽侵扰、防止部落之间冲突的作用，是远古村落中规模宏大的防卫设施。这条大围沟的总出土量约为1.1万立方米，即使今天用卡车拉，也得装载3000车以上。但半坡村的先民，竟用简陋粗笨的石器工具完成了这艰巨的工程。

房屋和窖穴、饲养家畜的圈栏集中分布在村落的中心，遗址北部是先民的公共墓地，东部是制陶窑场。居住区和墓地、窑场明确分开，居室占据中心，显示古人的建筑是经过认真设计的。

1958年，半坡遗址博物馆在遗址上建成，它是中国第一座史前遗址博物馆。

中国长江流域下游地区河姆渡文化，首次发现于浙江余姚河姆渡镇金吾庙村(原罗江乡浪墅桥村)。它是1973年夏天当地农民建造排涝站时发现的,总面积约40000平方米,自上而下叠压着4个文化层。根据北京大学碳14实验室测定,其第四文化层距今约7000—6500年,第三文化层距今约6500—6000年,第二文化层距今约6000—5500年,第一文化层距今约5500—5000年。这一文化反映了约7000年前长江流域古人类的生活情况。

该遗址于1973年和1977年冬经过两次考古发掘,合计面积2630平方米,出土骨器、陶器、玉器、木器等各类质料组成的生产工具、生活器具、原始艺术品等文物6700余件,还发现丰富的栽培稻谷和大面积的木建筑遗迹、捕猎的野生动物和家养动物的骨骸、采集的植物果实及少量的墓葬等遗存,全面反映了长江下游古人类生活的繁荣景象。在河姆渡遗址发掘过程中可以看到,四期遗迹保存有相对完整的成片原始建筑遗迹。它们主要是排列成行、打入泥土中的桩木(即干阑的基座),桩头上用榫卯衔接的地梁以及散乱的梁柱、地板等木构件。经分析认为它们应属于多排的长条形干阑式木结构长屋。三期遗迹残存的木柱也不少,个体较粗大者,加工规整。其底部多数垫着木板,个体细小者,多大垫板;有的周围填进陶片、小木条并砸实;有的底部稍削尖,借助外力直接打入地下。总体上可能还属于干阑式木构建筑。二期遗迹仅发现零星的分散的柱洞之类的建筑残迹。此外,还有一口带井亭的水井遗迹,一些圆形和椭圆形灰坑。一期遗迹则不见残存木柱,但发现有大面积红烧土块及坩埚形柱础,可能已出现木结构地面建筑。

河姆渡遗址中,到处可见数量众多的木桩及木构件,这一排排的木柱和板桩,很有规律地沿着小山坡呈扇形分布。专家们考证,这密密麻麻的木建筑构件,为“干阑式”建筑的遗迹。这种既可防潮又能防止野兽侵袭的“干阑式”建筑,是我国南方传统木构建筑的祖源。更让人惊叹的是，在这些干阑式建筑的遗迹中，许多木构件上还有榫头和卯口。7000 年前榫卯木作技术的发明与运用，为中国古人建造木结构房子奠定了坚实的基础。考古学家称之为中国古建筑的奇迹。多年后，考古人在回顾这一发现时，仍激动不已："最为壮观的是，在三米多深处居然突现出一排排伸展有序的木构建筑残体，其中的木构件还附带着多种多样的榫卯类型，它们就是后来确定的中国最早、最具规模的干栏式木构建筑遗迹的组成部分。"①

图 29　河姆渡木构建筑基址复原展示

载孙国平:《远古江南:河姆渡遗址》。

图 30　河姆渡遗址建筑形式演进示意图

载孙国平:《远古江南:河姆渡遗址》。

① 孙国平:《远古江南:河姆渡遗址》，天津古籍出版社 2008 年版，第 15 页。

河姆渡遗址中的建筑为采用榫卯技术的干阑式建筑，在国内同时代的遗址中处于领先地位。1980—1981 年，浙江省文物考古研究所会同相关市县文管会在宁绍平原做了新石器时代遗址的普查，近年来在基本建设中又陆续有了一些新发现，至今共发现河姆渡文化类型遗址 47 处，分布于钱塘江以南的沿海地区和舟山群岛，其中以姚江平原最密集，计有 25 处，因此可以说，余姚是河姆渡文化的故乡。

图 31　河姆渡遗址中出土的带榫卯结构的木构件

载孙国平：《远古江南：河姆渡遗址》。

在宁绍平原东部，位于河姆渡遗址东北约 20 公里的傅家山遗址，原是一处以耜耕农业为主的原始村落，属于耜耕、渔猎和采集经济并存的河姆渡文化早期类型的新石器时代遗址，也是在宁波市区范围内首次发现的距今约 7000 年的河姆渡文化早期遗址。它与同属河姆渡文化的田螺山遗址相距五六公里。三处遗址的地理位置构成三角形关系，其共同的特征是围绕姚江逐水而居。傅家山遗迹为木构建筑基址，基址残留较多的是桩木、木板，还有少量带有榫和卯孔的建筑构件。其中桩木成排、成组有规律地向面宽方向分布，木板散乱于其间。

根据桩木用材的大小、走向和建造的手段分析，考古专家推测这里可能有两种建筑类型：一种是桩木和横木有序结合构成干阑式建筑的地基，另一种是柱坑式建筑基址。考古人员根据在建筑遗迹上部的地层中发现的木炭碎屑推断，火灾是傅家山原始村落遭毁的原因。傅家山遗址发掘了大量陶片，有些器形和纹饰在河姆渡文化中属首次发现。

骨耜农具的使用，加上夹炭陶中大量掺和的稻谷，以及陶器上谷粒、稻禾的刻划纹饰等，可以证明，傅家山先民定居以后，种植出的水稻是其最主要的食物。此外，渔猎和采集也是这些先民必要的经济补充。

河姆渡出土的干阑式建筑，其"最大的特征是按照需要的平面形状把大量的木桩下端密集地深深地打入地面并在其上端架铺横向的木梁和地板，而构成一处通风的木构建筑台基和一个被架高了的房屋居住面。若高度概括之，应称之为'架基木构建筑'，而与北方地区的'挖基木构建筑'相对应"。在西安半坡遗址中，发掘出的一个原始村落以密集的半地穴式木构建筑为特征。这种适应北方黄河流域自然环境的建筑形式正与南方地区的干阑式建筑遥相呼应，共同造就了中国建筑体系中源远流长的土木传统①。

更要强调的是河姆渡干阑式建筑中的榫卯结构。其中，符合后世

---

① 孙国平：《远古江南：河姆渡遗址》，第88、89页。

最佳宽窄比例要求的扁方榫头和卯孔、适合拼接的木板企口技术、构件间的销钉加固技术、木材的裂解取板整平技术等方面，最能体现河姆渡人的造型艺术水平。这些技术既经验式地符合了应用木材架构空间方面的力学原理，也展示出对称、均衡、居中等美的形式，而且还是创造更具规模、更加复杂的艺术载体的基本元素。河姆渡文化的发现与定义，扩大了中国新石器时代考古研究的领域，说明在长江流域同样存在着灿烂和古老的新石器文化。

我们看到，相隔上千公里的南北两个典型的远古人类居址，有着惊人的相同点与相似点，即二者都选择了最适宜人类生活的场景。半坡遗址在浐河灞河流域，河姆渡遗址在姚江流域。水，是人类生存不可或缺的物资。古人很早就认识到这一点，在选择居处时优先考虑环境问题，为今后的生存发展打下良好的基础。然而，由于南北方环境的差异，古人选择逐水而居的同时，就必须考虑水危害的一面，这就有了南北房舍的不同建造方式。北方黄土干燥，故房屋直接建于地上甚至洞穴；南方潮湿，故房屋悬空，成为干阑式。

另一方面，南北两种类型的房子，都与巢居有着脱不了的干系，它们成为中国土木结构建筑的真正来源。远古北方人从居住的山洞来到平原丘陵地带，于是在干燥的地上仿照山洞挖掘洞穴，然后在洞穴上仿照鸟巢的样式，用木棍做柱子、檩子，用树叶、草、泥混合后盖顶。以后，洞穴逐渐变浅，以至成为完全的地上建筑，也就成为完全的土木结构房屋。而南方古人则是从上到下的仿造，树立多根木头为架，类似于生长的树木，在木架上建房，以避潮湿与动物侵害。而后，木架逐渐变矮，直到最后做到了地面上。正如北方仍有窑洞类房屋存留至今一样，南方的干阑式房屋也在不少地方为民众所习用。

第三节　从天然逐渐向人工进化的民居

房屋是趋利避害的产物。从最早的天然或简易的石洞地穴树居，到后来的高台梁架飞檐，中国古人经历了数千年的思考摸索与实践。

一、原始民居的特点

近百年来，特别是新中国大规模的工业建设的进程中，我国考古工作者陆续发现了多处原始人类定居点，南北各地总数不下千余处。其中早期最著名的当属北京市房山区的周口店人类遗址。早在70—50万年前，"北京人"就在这里的各个山洞里生活着。直到3—1万年前，"山顶洞人"仍以天然洞穴作为自己的居所。在生产力水平极其低下、早期人类能力弱小的情况下，居住天然居所应该是那个时代的常态(即使在现代化相当发展的今天，我们仍然常看到关于洞居的报道)。由于人类自身的发展，原来的天然居所附近已难以满足人类自身生存的需要，必须寻找更大更方便的食物来源，于是，大约从距今1万年起，先民们先后离开了那些天然的居所，走上自建房屋的新路。考古学给我们提供了大量有关早期人类兴建住房的实物材料。总体上看，早期人类居民点的选址及建造，大体上都要考虑一些相关因素，也具有一些共同的特点。

首先是主动的环境选择。远古居民们选择居址，是以适宜生活为基本准则，其中离水较近是必须考虑的，同时周围要能提供生活必需的物资，此外也要考虑冷空气的侵袭。所以，最优环境是背山面水的高爽地段;而在靠近河流的地方,居址多选在二级阶地上,既便于取水,又可防备水患。而居址的周围,土地肥沃、物产丰富。故环境适宜的地方,就会聚集大量的原始居民。如西安附近沣河中游长约 20 公里的河岸上,分布的原始居民点有 13 处之多。甘肃渭河台地沿岸 70 公里范围内,已发现古村落 69 处,最大的遗址达 20 多万平方米。内蒙古赤峰东八家石城遗址,面积 2.24 万平方米,分布有 80 多处居民遗址。而在南方的宁绍平原上,居民点也星罗棋布。这表明,远古人类认识到环境对生活、生存的重大意义,他们已能主动地为自己选择适合自身生存的居住环境。另外,如在河姆渡遗址,"木构件多属重复利用,即后建房屋多利用前期已毁房屋的旧构件,有的直接利用原件;有的梁改作柱;柱改作梁或桩,等等;大构件焚毁的残段,则改作小构件使用。……木构件重复利用,可以减少采伐、运输、成材等加工工序,即使不是直接利用而是用旧构件加工改制新件,也是比较省工的。……原始社会使用石制、骨制、角制工具加工木材尤为困难,重复利用就具有更为突出的经济意义"①,同时也具有环境保护的意义。可以说,中国古人在创造居住条件时,已隐约有了"中和"的思想。

其次则是根据各地不同的环境、气候,创造性地建造适应当地环境的居室房屋。在幅员辽阔的中国,南北各地的气候、地形各不相同,能为建筑提供的材料也各不相同,因而远古居民建造房屋的方式也多种多样。如前所述,远古人类创造出的,主要为两种具有代表性的房屋:一种是地穴木骨泥墙房屋,一种是干阑式房屋。前者主要分布在北方黄河流域,这里四季分明,气候相对干燥,加上广阔而丰厚的黄土层,土质均匀,含有石灰质,有壁立不易倒塌的特点,便于挖作洞穴。因此,古

① 杨鸿勋:《杨鸿勋建筑考古学论文集(增订版)》,第 50 页。

人采取了穴居的居住方式，这大约是早期人类曾居住岩石洞穴的缘故。随着营建经验的不断积累和技术提高，穴居从竖穴逐步发展到半穴居，最后终于做成了地面建筑。前述西安半坡遗址中，早期主要是半地穴式的建筑，后期多为地面建筑。今天西北的窑洞建筑，可看成是当年穴居的遗存。干阑式建筑则多分布在长江流域及其以南地区，这里气候高温多雨，水网密布，地面潮湿，林木葱郁。在木桩上建房，更好地避免了潮湿以及虫蛇侵害的生活困境。浙江河姆渡遗址的干阑式建筑表现了远古人类的极大智慧。

再次，古人已经逐渐掌握了建筑的一些基本规律与方法，中国传统建筑的若干要素已经确定下来。无论是北方由洞居向地穴、半地穴直至地面上升发展，还是南方由树顶巢居到高木架再向地面降低建屋，都与木材的应用密切相关。人们先是认识到树杈的支撑作用，然后发明了捆扎技术，而后，榫卯技术也发明出来了，木构架技术越来越成熟。在这中间，“半坡一类木骨涂泥的构筑方式，奠定了中国古典建筑土木混合结构的传统。……人们已经开始掌握木杠杆架设空间结构的技术，出现了柱和椽(斜梁)”。建筑考古学家杨鸿勋先生明确指出，黄河流域起源于穴居的原始建筑发展至此，在外围结构上出现了构筑起来的承重直立部件，就建筑形式而言，出现了墙体；然而就木骨涂泥的结构情况来说，仍是集中荷载的柱承重原始框架。承重的木骨泥墙的出现，是地面建筑大发展的一个技术关键。矗立的墙体、倾斜的屋盖，奠定了后世建筑的基本体形。而在南方地区，“当时木结构技术已达到相当高的水平。此时受力不同的构件已有不同的处理，其榫卯形式都基本符合受力情况的要求，甚至与晚期木构所见相同，只是加工较为粗糙而已。尤其是销钉的使用和企口板的发明，标志着此时木结构已有相当丰富的经验。在世界建筑史上，中国古典建筑木结构技术是做出了突出贡献的。它之所以能取得优异的成就，正是因为有着像河姆渡遗址所看到的这样久远和浓厚的历史渊源”。不仅如此，“半坡遵循几何规律的方、圆建筑，特别是塑型装饰的处理，已表现出当时人们已形成建筑美的观念”①。这表明，在古人那里，建筑技术与建筑艺术在同步发展。

图 32　二里头遗址考古现场

① 杨鸿勋：《杨鸿勋建筑考古学论文集（增订版）》，第 39、54、45 页。

必须强调的是，原始居民的大集体聚落已有了功能分区，这是人类社会化的突出表现。人与动物的区别，在于人是社会动物。作为社会动物，他们对生与死、休息与工作的认识与区分，早已跳出了蒙昧状态。体现在居住条件上，功能分区就是典型的表现形式。尽管当时的生产和生活方式还非常简陋，但简单的分区也表明了人类的社会化特征。在绝大多数古代居民村落遗址中，居住区与墓葬区是分开的，更有相当遗址在居住区之外另有制陶或冶金作坊，前者表明居民已对生与死有清楚的认识，后者则是对工作与休憩的严格区分。西安半坡遗址可以看到这种典型的分区情况，居住区和窑场、墓地之间由一道壕沟隔开。仰韶村遗址与之相似，且居住区的住房分为五组，每组都以一栋大房子为核心，各种小房子围绕大房子作环形布置。据猜测，这大房子有可能是居民们的公共活动场所，主要的社会性事务都在这种地方决定并组织实施。远古时代居民对自身与周围人群的认识，也就是他们融入社会、形成社会性的表现。

二、就地取材的木构架

从远古时代起，我们的祖先就生活在中国的自然环境之中。在创建自己的居住环境时，古人也在充分利用这个环境所提供的条件。我们知道，在漫长的人类社会历史时期，自然环境始终处在不断的运动变化之中。自然环境在时间上和空间上的每次重大变化，都给人类社会带来了巨大影响。而人类世世代代的活动，也同样影响、改变着周围的自然环境。

那么，我们的祖先生活的自然环境，又是如何影响了他们的建筑行为呢？

地理学家和考古学家的研究已经证实，更新世晚期（距今 2 万年前后）最后一次冰期以后的全新世时期，曾出现过全球性的气候回暖，据有关资料，从距今 1 万年开始，冰川大量融化，气候显著转暖，远古的中国当然也不例外。距今 7500—2500 年之间，即中全新世时期，在中国大致相当于中原地区的仰韶文化时期，又正是最适合古人生存发展的极好时期，因而也被称为“仰韶温暖期”。殷商时代是全新世暖湿期的最后一个时段，自此以后总的气候趋势是变冷、变干。而到此时，我们的祖先在应对自然环境方面早已不是当年模样，建筑从技术到材料的应用，都有了极大的进步。但无论如何，殷商之前中国传统建筑的逐步形成，都是后世建筑发展的基石。

我国著名的地理学家、气象学家竺可桢先生在《中国近五千年来气候变迁的初步研究》[①]一文中指出，距今 5000—3000 年，黄河流域的年均温较今约高 2℃，冬季温度则高 3—5℃，相当于今天的长江流域。距今 3000 年至今，温度波动明显。周期约 400—800 年，年均温振幅约 1—2℃。根据动植物地域分布的演变来看，5000 年来温暖时期越来越短，温暖程度越来越弱，寒冷时期则越来越长，强度也逐步增大。而这种变幅，高纬度地带又大于低纬度地带。

我们可以从文献上看到距今 5000 年前的温暖潮湿气候在不同地区的证据及人类活动的遗迹。即使到夏商时期（公元前 21 世纪—前 11 世纪），中原地带仍处于气候温暖的环境中。如果我们将记载夏代的文献《夏小正》中所见物候与春秋时期的《礼记·月令》的相关记载做比较，就会发现，在夏代，春季物候要早，而秋季的物候要晚，说明夏代气温要比春秋时期高。

---

① 竺可桢：《中国近五千年来气候变迁的初步研究》，《考古学报》，1972 年第 1 期。

气候的温暖，最有利于各个地区植物的生长，当然更有利于人类的原始耕作。这就是新石器文化繁荣的环境背景。这样的气候条件，也为林木生长提供了较好的生态环境。这意味着在远古时期，我国各地区山林茂密，像长江中下游平原，距今 8000—5000 年前曾有亚热带森林及沼泽植被分布。秦岭山区在 3000 年前仍存在大片原始森林。《诗经》《山海经》等先秦名著都反映，现今陕北、陇东山地及汾河下游霍山、中条山森林遍布，太行山区淇水流域的竹林则在西周时代已很著名。即使在大西北地区，人烟稀少，地势高寒，仍分布有不少森林草甸。如祁连山、天山、阿尔泰山等地，都有成片天然森林。春秋时代，黄河中游地区仍保持有良好的森林和草原，宁绍地区和四明、会稽山等地大部分仍为古木参天的原始森林。直到战国时期，铁器工具普遍使用，出现农业大发展，天然植被范围迅速缩小，并逐渐被栽培植被替代，人工栽培树木也慢慢在乡村得到推广。

正是有这样的林木环境作为保证，我们的祖先开始营建自己的居室时，就顺理成章地将木头用作建筑的主要材料。最初，由于工具相当简陋，加工技术较低，我们今天看到的北方地穴半地穴房子的房柱柱洞并不太粗大，南方干阑式建筑的房柱也不是很粗大。显然，这样的木材随处都有，俯拾即是，这促使人们大量使用木材，同时积累了丰富的木作经验，中国传统土木建筑应运而生。

随着建筑形式的复杂化，特别是从商代开始，中原地带很多政权大建宫城，大型建筑、高层建筑不断出现。而此时，金属工具由青铜工具发展到铁器，锯木、剖木、刨平、打眼的工具不断发明出来，建筑匠人队伍也趋于专业化，其木作技术已相当精熟。到春秋战国时期，出现了墨子、鲁班这样的祖师级技师。因此，与远古时代不同，此时巨型树木也能被处理了。这样一来，宫室的营建使天然森林遭到大肆砍伐，太行山地区的森林最先被消灭掉了。不过，这并没有难倒统治者。因为此时统治者强大的动员力，加上交通技术的进步，远方的树木仍能让统治者和富有者的享受欲得到满足，也让中国的建筑匠师在木作技术上精益求精，更上层楼。

三、由简入繁：古代居室建筑的进步

早期人类的居室，是极其简陋而狭小的，很多远古遗址呈现的面貌可以证明这一点。比如穴居与干阑建筑的顶棚，我们今天仍能看到的遗迹窝棚，无论是东北的猎人蜗居，还是南方割芦苇人的临时住所，或瓜田菜地的守望棚等，其实都有着远古人居室的遗传。由于当时人类处于群居时代，并没有形成家庭制度，一个地穴，一个树顶小棚，能挤进一至二人，足以躲避自然的侵害。所以，古人最早创造出来的居室，是适应当时的自然环境与古人的生活需要的。

随着人类社会的发展，建筑也在进步。首先是建筑技术在发展进步，人们对建筑材料有了更多的了解，特别是对建筑材料的物理性质掌握更加深入；其次是社会的需求在扩大，当劳动力外出寻找生活资料时，留下的老人与小孩常集中生活，而集体性劳动常常需要讨论一些事关族群生存的重大问题，族群的长老处理的族群事务渐渐繁杂，这都需要一些较大的空间。于是我们看到，在一些远古人生活过的遗址里，一群小房子之间时不时会出现一两座较大的房子。

由建小房子到建大房子，显然不可能一蹴而就。大房子并不是小房子的简单放大，它是根据现实的需要，随建筑技术逐渐成熟而逐步扩大的。

建筑考古学家杨鸿勋先生认真研究了半坡遗址中各类房屋变化的

规律。他指出，从半坡材料来看，早期从防水出发所设的门道雨棚，可减少雨雪对内部空间的袭击，以及弥补居寝暴露的缺陷，从而使内部空间较为隐蔽和安全。缩小入口所形成的“门厅”，完善了门前这一缓冲空间，反映了空间组织的自发成长。门前这个独立空间正是“堂”的雏形。它向纵深发展，即形成后世的“明间”，隔左右形成两“次间”，是为“一明两暗”的形式；这一空间往横向发展，则分隔室内为前后两部，于是形成“前堂后室”的格局。圆形建筑门内两侧隔墙的背后，造成两个隐退空间，即现代居住建筑尤为强调的所谓“隐奥”。居住建筑所必备的隐奥的出现，标志着原始建筑空间组织观念的启蒙。杨先生特别强调：半坡建筑的发展表明，早期半穴居的发展，其竖穴有由深到浅的趋势（最后变为地上建筑），顶盖有由小到大（由低到高）的趋势①。

无论穴居还是巢居，早期的房屋可能都是最小的、最简单的，人的能动性发挥不会太大。待到人们的房屋上升或下降到了地面上，居室建筑才开始出现巨大的变化。因为在地面上，人们才能充分发挥自己的聪明才智，努力营建自己的家园。

首先是大房子的出现。由于现实的需要与技术的提高，人们能建筑比以往大得多的房子了。这种情况在绝大多数远古遗址中都可以找到证据。尽管人们直到今天还不能完全破解远古人类建造大房子的秘密，但从技术角度看，能建造大房子表明，我们的祖先在建筑方面已走出了最初的困顿，可以比较自由地进行建筑创造了。在这个过程中，木构架从最初的用于简单支撑，向后来人们完全依赖木构架的组合扩展，土由筑台、糊墙、垒墙到制作砖瓦，由不承重到可承重，最终形成了中国传统的土木建筑风格。

---

① 杨鸿勋：《杨鸿勋建筑考古学论文集（增订版）》，第43、47页。

其次是高台建筑技术的形成。无论是祭天的祭台，还是防御性的瞭望台，都使得建筑须从地面向上升起。最初可能是利用现成的高地稍做加工，如在山头上建筑。后来就直接从平地上升高。垒土技术、石砌技术、木架梁技术等，都在这个过程中慢慢成熟。再后来，上层人物就利用这种高台建筑技术，为自己建筑高于普通民居的房子，以显示财富或炫耀权威。这就发展出了以后的宫殿建筑。

再次是院落的组合。早期的房屋都是单个地散落在远古聚落里，从没有规律地建造，到逐渐围绕一个中心建造。由于家庭的逐渐出现，以家庭或家族为单位的建筑也随之出现。家庭人口较多，单个的住房容纳不下，造大房子能力不够或不被允许，于是，两间或更多的房子建在了一起。经过各种排列组合，最后形成了适合居住生活、适应家庭或家族关系的院落形式。各种院落错综组合，真切地体现了“和”的境界。

大房子、高台建筑、院落组合，中国古代传统建筑技术一步步发展，一点点进步，最后汇聚在一起，形成了具有中华民族特色的东方建筑型式，其中具有代表性的是宫廷建筑，以及佛寺道观建筑、山水园林建筑。而民间由于受到礼法的多方面约束，不能同时承继建筑技术的全部方面，但也在各种可能条件下，应用并发展了古人建筑技术的某些方面的成果，结合各地的环境、气候与风俗习惯，形成了各具特色、切合中和之道的民居建筑样式。

总之，正是这种建筑形态的一点点发展、建筑技术的一点点进步，才有了后来与西方建筑相比肩的中国传统土木建筑。

第三章　中国传统建筑的基本结构

第一节　中国传统建筑的构造

中国传统土木建筑，其基本结构简单明晰。要了解其文化内涵的精华，就必须从基本结构入手。

一、中国传统建筑的三段式

一座传统土木建筑立在我们面前，我们能立即将其分为三部分，即屋顶、屋身与房基，这就是中国传统建筑的三段式。屋顶即房屋的瓦面层，在上。屋身是房屋的中间部分，通常由木柱、泥墙等构成，用以支撑屋顶，形成房屋的内部空间。它本身是房屋的主体部分，因为人就是在这一层生活、活动的。房屋的木柱、泥墙立在房基上，这房基就是台基，是房屋的下层。在传统文化中，人们用天、地、人"三才"的观念为房屋提供对应解释：屋顶为天，台基为地，柱列空间为人。一般说起来，居住的建筑，以服务于人的生活为主，当然应以人为重，所以屋身即房屋的中段的柱列与墙占有较大的比例。因此，越是平民的住宅，中段占的比例越大，而台基所占的比例就较小，柱子与门窗的图案成为外观上最重要的因素。反过来讲，那些对于国家、民族来说较重要的建筑，其屋顶与台基部分所占比例就显得大一些。

屋顶是天，所以在所有建筑中，它所占的比例最大。为了保护木构架，屋顶往往采用较大的出檐。但出檐对采光有影响，加上屋顶的雨水下泄容易冲毁台基，于是有了反曲屋面或屋面举拆、屋角起翘，这样屋顶和屋角显得硕大而又更为轻盈活泼。中国传统建筑因为这一特征，被人们俗称为大屋顶。这种流传几千年的大屋顶形式，其实用功能就是维护一个空间。然而它又不仅是个屋顶，更是中国几千年建筑文化经验的总结。事实上，中国人在大屋顶上花费的智慧往往超过了它的实用功能。比如，为了增加屋顶的高度，除了加深建筑的宽度外，中国人很早就发明了重檐。这种由回廊演变出来的装饰，使屋顶显得更加雄伟、庄重。这个硕大无朋的屋顶，由于这层重檐，消除了过分厚重的感觉，增加了韵律的趣味。如此一来，大屋顶的审美功能更是无可替代，往往能带来感觉的愉快和精神的庄严，又有着强烈的纪念象征。

台基是地，这天地之地也得到高度重视，故其占的比例仅次于天。这一点，在宫殿建筑中表现最为明显。比如，在故宫太和殿的建筑上，天地人的比例大约是3∶2∶1，这是最伟大崇高匀称的比例了。很明显，屋顶的比例加大，就显示出其尊贵；而台基的比例加大，就是台基升高，这就使建筑更显得雄壮。但无论何种建筑，台基的高度总要受到屋顶的限制，必须适中，不能太高。所以我们看到，一般带有宗教意义的建筑，屋顶特别大，如天坛的比例约为3∶1.5∶1，而庙宇的台基很少有超过柱高的一半的。当然也有例外。比如，当我们将城墙看作城门的台基时，这台基就显得特别壮实。如北京城的主要城门，其比例大约为2∶2∶1。

以柱列、墙壁为代表的中段，是人居住或用为仪典的空间。当建筑主要为人居住时，这个部分在房屋中占比较大，往往并不弱于屋顶。但当建筑承担着仪典或信仰时，它所占的比例会相对缩小。由于其占比小，这也就意味着屋顶与台基必须刻意地增大。令人惊奇的是，中国传统建筑的天、地的夸张安排，并没有显出建筑的拙笨。而这正是中国传统建筑成熟的体现。

二、台基

木头如果长期处在潮湿的环境里，就容易腐烂。因而，木构架建筑必须防潮。古人在很早的时候就发明了台基，用台基抬高地面，使木柱间透风性能良好，并使得它与潮湿的地面隔离开。这台基可以是一层的，也可以是多层的。早期的台基是用土夯筑而成的，随着夯土技术逐渐成熟，人们又在土中添加其他成分，增加其坚固性。在石材充足时，那些重要建筑的土台基四周会用石头围砌；当砖被发明后，人们通常都会将土台周围用砖包砌起来，做成平整平面。以后又做成须弥座形式。台基形式从开始的简单逐渐发展到复杂华丽，增添了很强的装饰性。

据资料记载，台基早在夏商以前就出现了。古籍中讲到尧时说："帝尧……都平阳。茅茨不剪，土阶三等。"①这是说，建都平阳的帝尧住的房子，屋顶和周围围着没有修剪的茅草，房子建在土台上，那土台上修有三级土台阶。考古发掘的远古建筑遗址印证了这一说法。

---

① 曾先之著，王明辉、郭鹏注释：《文白对照十八史略》第一卷，中国画报出版社2017年版，第12页。

除了民居的台基，其他建筑为了增加高度，常常在台基四围加上石栏。如果受制度要求，需要大量增高，就使用分层的办法。通常分为三层，每层都向上内缩。这样不但增加了高度，而且增加了台基所应有的安全与稳定的性能。因此，台基与屋顶都呈金字塔式下大上小的格局。古代建筑师们崇尚中和之道，不偏不倚，不会设计反乎常情的头重脚轻的建筑，所以这种稳定的三段组合乃是中和精神的自然流露。在南方的庭园建筑中，虽然其亭台廊阁有很多是开放的，建筑师们在设计建造时却能让人感觉到台基的存在。比如苏州的园林中，使用很多砖砌粉白的栏杆，在外观上，回廊的柱子立在矮矮的粉墙上，就觉得敦厚、踏实，如同立在台基之上。而且与上面轻快而漏空的柱列对比起来，亭、廊的轻灵趣味特别突出。

除了防潮，台基也给人一种稳固的心理暗示。面对大型建筑，台基更具有崇高、伟大的意义。事实上，台基很早就成为我国社会体制的一部分。也就是说，台基与宗教没有必然的关系，但它却是社会阶级的象征。周代规定，王阶崇九尺，诸侯七尺，大夫五尺，士三尺。一般平民没有规定，大约只有一尺了。这就说明了一个事实，即凡有建筑必有台基：台基乃是建筑不可或缺的一部分，不论是平民居住的建筑，还是王侯的宫室，乃至于南北朝以后的宗教建筑，无不如此。根据清代文献，公侯以下三品以上者，房屋台基高二尺；四品以下以至普通士、民的房屋，台基高一尺。

由于台基也象征着房主人的身份与地位，因而，越是等级高的建筑，台基也越为显著、高大。有些重要建筑就干脆用装饰精美的须弥座作为台基，如北京故宫中的太和殿等三大殿的台基，就是以汉白玉为材料的须弥座。

须弥座又称“金刚座”，原是佛教造像的底座，由印度传来。须弥即须弥山，在印度古代传说中，那里是世界的中心，以须弥山作为佛教造像底座，是为了显示佛的神圣伟大。须弥座传入中国后，逐渐演变为建筑的基座，并被用来承托较为尊贵的建筑，如宫殿、庙宇中的大殿。

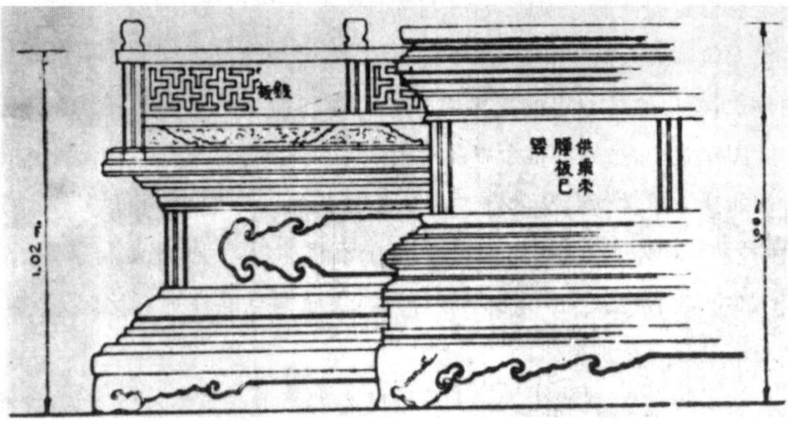

图 33　天津蓟县独乐寺观音阁须弥座(辽)

载刘敦桢编:《中国建筑史参考图》,第 91 页。

宫殿、庙宇建筑下面的须弥座，大多使用汉白玉石砌筑而成，高大洁白，气势非凡。它不仅凸显了黄瓦红墙的宫殿的富丽堂皇，更显出不同一般的高雅与不凡。

须弥座横向划分成几段不同的线脚，各段分别雕有莲瓣、卷草等植物或几何花纹，或者有人物、神像、门柱等纹样，在基座上部有时还伸出兽头，既是装饰品，兽嘴又同时是基座顶的排水口。基座顶周围常围有栏杆，用木头或白石制造，中间的望柱有时也雕刻各种鸟兽，以显示台基作为建筑基础的气势。

三、梁柱

中国传统建筑的台基之上，是一个木构架。顾名思义，木构架结构这种建筑就是以木材作为它的骨架。其中，垂直竖立的是柱，是用来承托建筑物上部重量的直立木头；柱上所架的为梁，它的方向一般与建筑物的横断面一致。当然，在较大型的建筑物中，梁被放在斗栱上，斗栱下面才是柱子。建筑木骨架按一定的方式形成，传统建筑常用的是抬梁式和穿斗式。一般来说，抬梁式使用范围较广。

梁柱式结构，不仅可以建造长方形平面的建筑，还可以建造三角形、正方形、五角形、六角形、八角形、圆形、扇形、万字形、田字形及其他特殊平面的建筑，以及多层的楼阁与塔等，可以充分满足人们使用和建造房屋的不同要求。

图 34　梁柱构架

房屋的柱子处在房屋的中层，它所围合成的空间，是人的活动与生活的场所。在中国的气候环境里，各地都有木材生长。一般来说，在合理开采的前提下，自然资源丰富，木材容易获得。而树木作为植物性材料，与人有天然的亲和性。特别是树木容易加工，能被做成人们希望和喜爱的形式，因此，这里成为能工巧匠施展才能的地方。在梁柱结构上，古人很早就发明了榫卯工艺，几乎看不到外连接，很多建筑甚至根本不用铁钉。加上木构架的抗震性、隔热性、绝缘性，都使梁柱结构得以在中国建筑文化中唱主角。即使木材存在缺点，古人也能采取多种措施，对木柱、架梁加以预防、保护。比如针对木材防火性能较差的问题，除设计马头墙等设施用于隔火、安置大水缸外，人们还在屋脊、藻井等处设计避火的象征物等，提醒人们注意防火。对于木材不耐酸碱、易腐烂、虫蛀等缺点，古人发现了桐油、生漆的性能，油漆不仅很好地解决了木材的防腐防虫问题，还具有装饰作用，美化了建筑物。木材生长周期长，古人反对破坏性开采，并鼓励种树，一定程度上保持了生态的可持续发展，也使建筑材料得到可持续供应。

从外观上说，梁柱中的柱子排列是我国传统建筑很重要的因素。凡是比较重要的建筑，都有成排的柱子。即使普通老百姓的房屋居室，多数是利用夯土方式构筑而成，土房在民间占了很大的比例，但只要稍有能力，他们的正屋总会使用一些柱子。

木架构是用柱子与梁组织起来的。虽然台基是为了隔离潮湿，但为了防止木材腐坏，柱子下面一般都垫了石墩子，也即柱础，而并不是直接插在台基的土里。柱础的作用主要是承载与传递上部的负荷，并防止地面湿气对木柱的侵蚀。柱础可以是素面的，也可雕刻各种花纹，使之成为一座精美的艺术品。柱梁的表面再加上涂料，以防止潮气侵蚀，并增加美感。发展到了后来，柱梁的大小与上面所涂材料的颜色，都成为社会制度的一部分。

中国古代传统建筑的这种木梁柱结构的中和风格，在世界上是独一无二的。

四、屋顶屋脊

一座建筑，无论近看还是远观，最吸引人们眼球的，就是它的屋顶。而屋顶上的脊线，即屋脊，则是它的特征所在。

中国传统建筑的屋顶，在形式上是带曲线的金字塔形或梯形，看上去有轻快舒展的感觉。一些重要建筑，建筑师都会对屋顶精心设计与施工，使之带有纪念性。而且，越是重要的建筑，屋顶越大，在三段的比例上占有的分量越大，越觉其严肃尊贵。一般的居住建筑，屋顶较小，在三段上所占分量也较小，人们感觉到的是建筑的亲切、轻快，所以这种屋顶的大小几乎不需要特别的做作，似乎就是自然产生的。而重要的建筑深度大，在屋顶的坡度都相同的情况下，深度大就是高度大；而房屋的面积越大，它的屋顶就越高大。那种具有反宇飞檐（即屋檐向上反曲）特征的大屋顶，是中国古代建筑屋顶文化的典型代表，最能给人以直观而又深刻的印象，是中国古人在建筑上的伟大艺术成就。建筑师们对屋顶的优化组合，加上艺术雕饰，宋朝以后又采用了琉璃瓦等等，使屋顶有了艳丽的色彩与明亮的光泽，这让美丽壮观的大屋顶更加具有艺术感染力，成为中国古代建筑外观上最突出的特征之一。

应该说，在中国古代建筑师眼里，建筑的屋顶并不需要特别组织与安排，无非就是搭在屋身上的顶盖。他们只是将那些僵硬的形式做了点特殊处理。比如把屋顶的线条予以软化，加上了一点曲度；另一方面则把屋脊略予强化，使屋面交接处更加清楚明晰；而为了加强线条的意味，在脊线的收头处加以点饰。这样，一个平淡无奇的屋顶，就变得富于温文、雅致的风采，成为具有中国独特文化风貌的建筑了。从建筑史上看，中国建筑一直突出屋顶的造型作用，只是在不同的历史时期呈现出不同的形态。仅仅对屋顶部分的曲面、曲线的处理，都可见历代建筑师的匠心。屋顶四面的屋檐被设计成两头高于中间、向上反曲的形状，垂脊也呈反翘的弧线状，而大屋顶上面是要铺瓦的，圆弧形的瓦交错相扣摆放，雨水由拱起的盖瓦流到下凹的底瓦中，被导引到屋檐的边缘，顺流到地下，这就保证了房屋的干燥。而这硕大的屋顶，经过曲面、曲线处理和瓦结构的“因势利导”，既解决了排水、防水、遮阳、采光和通风的问题，也赋予了大屋顶向上的动感，起到了静中有动的效果。特别是在我国南方，不仅屋顶、四边屋檐是曲线形的，就连屋顶上的几条屋脊也是曲线的。有的寺庙、会馆的四个屋角更是夸张，不仅弯曲，且高高翘起，直冲云霄，跃跃欲飞，正像《诗经·小雅·斯干》描述的“如鸟斯革、如翚斯飞”，极富神韵和表现力，轻巧美观而又实用，并使得它在山水林木等自然环境中显得相当和谐。

大屋顶也是基于实际应用需要而逐渐形成的。因为用木头做建筑物的主材，必须解决防腐问题。中国古代建筑师们发明的高台基、重叠的披檐、飞升的翼角及在深远的檐下结构精美的斗栱，还有凹曲的屋顶、飞檐、角梁等，都是为了这个共同的目标。而这种硕大的屋顶，将屋身笼盖在其身下，还用挑出较远的屋檐，对屋身的墙体、门窗以及夯土台基等起到了一定的保护作用，同时通过其曲折而不僵硬的线条，消除了大屋顶带给人们的压抑感。

中国古建筑的平面、立面和屋顶的形式丰富多彩，变化多端。有方形、长方形、三角形、六角形、八角形、十二角形、圆形、半圆形、日形、月形、桃形、扇形、梅花形，还有圆形、菱形相套的等等。屋顶的形式有平顶、坡顶、圆拱顶、尖顶等等。坡顶中又分庑殿、歇山、悬山、硬山、攒尖等种类。还有的把几种不同的屋顶形式组合成复杂曲折、变化多端的新样式。而屋顶形式之所以能千变万化，是因为木构架支撑，特别是抬梁式，其梁柱组合灵活性很大，梁柱位置可以根据屋顶形式需要进行调整。这充分反映了古代工匠高超的造型技术和艺术。

当然，屋顶的多种样式，分别代表着一定的等级。等级最高的是庑殿顶，特点是前后左右共四个坡面，交出五个脊，又称五脊殿或吴殿。由于其屋顶有四面斜坡，所以也被称为四阿顶。庑殿分为单檐庑殿顶和重檐庑殿顶两种，其中以重檐庑殿顶最为尊贵。所谓重檐，指的是在屋顶之下，四角各加一条短檐，形成第二檐。清朝规定，庑殿顶只能用于皇家和孔子的宫殿，当然敕建的寺院宫观也能使用。但闽东沿海地区的民居，因为防风需要，也会使用平缓的庑殿顶。

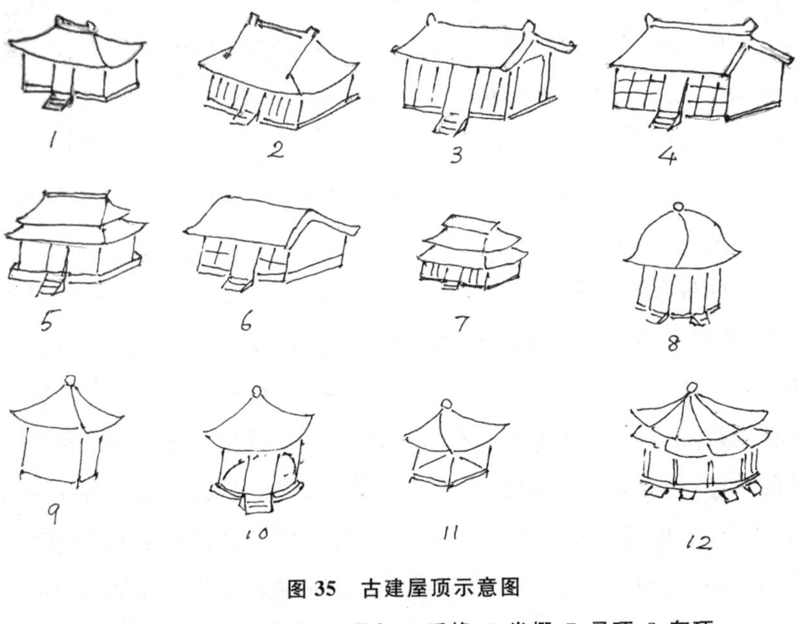

图 35　古建屋顶示意图

1. 庑殿；2. 歇山；3. 悬山；4. 硬山；5. 重檐；6. 卷棚；7. 盝顶；8. 盔顶；9. 三角攒顶；10. 圆攒顶；11. 四角攒顶；12. 八角攒顶

等级次于庑殿顶的是歇山顶，有前后左右四个坡面，在左右坡面上各有一个垂直面，即其正脊两端到屋檐处中间折断了一次，分为垂脊和戗脊，故而交出九个脊，其中一条正脊，四条垂脊，四条戗脊，又称九脊殿，古时也称汉殿、曹殿。歇山式屋顶的出现晚于庑殿式屋顶。歇山顶也分单檐和重檐两种，这里的重檐，就是在基本歇山顶的下方，再加上一层屋檐，与庑殿顶第二檐大致相同。这种屋顶多用在建筑性质较为重要、体量较大的建筑上。重檐歇山顶等级高于单檐庑殿顶，仅低于重檐庑殿顶，而单檐歇山顶低于单檐庑殿顶。歇山顶屋脊上常安装各种脊兽装饰，具有保护房屋安全的象征意义。如在正脊两端装设"鸱尾"（即海鱼），表示通过激浪引起降雨，浇灭火灾；在垂脊之前装设"钱兽"，以招徕财运；在角脊上装设"套兽"，如龙、凤、狮、天马、海马、狻猊（或麒麟）、牙鱼、獬（或孚）、吼（或斗牛）等群雕，通常会在群雕之前再装设衣袂飘飘的仙人，意谓"仙人指路"，即仙人统领各路神怪，保护建筑的安全。这种设计理念也表现出传统建筑所包含的渗融儒、释的道教神仙思想。这些装置使笨重的大屋顶显得更加富有情趣，形成一种轻巧活泼的形象。

等级再次的屋顶主要有悬山顶、硬山顶等。悬山顶只有前后两个坡面，其左右两端屋檐悬挑出山墙之外，是两坡出水的五脊二坡式，一般由一条正脊和四条垂脊构成，但也有无正脊的卷棚悬山式。悬山又称为挑山或出山。悬山顶有利于防止雨水对房屋的侵袭，也有透风的功能，因此南方民居多用悬山。硬山顶出现较晚，它是随着明、清时期建筑中砖的广泛使用才开始大量采用的，它也只有前后两个坡面，其左右两侧多用砖石垒砌山墙，屋顶檩木不外悬出山墙，屋面夹于两边山墙之间，房屋的两侧山墙同屋面齐平或略高出屋面，屋面以中间横向正脊为界分前后两面坡。高出屋面的山墙称封火山墙，其主要作用是防止火灾发生时火势顺房蔓延。中国民间居住建筑中的封火山墙，充分显示了民居的地方风格。根据清朝规定，六品以下官吏及平民住宅的正堂只能用悬山顶或硬山顶。而宫墙中两庑殿房也多有用硬山顶的。

除上述具有品级规定的屋顶形式外，还有一些主要用于亭台楼阁的屋顶形式，如攒尖顶、卷棚顶、盔顶、盝顶、十字脊式屋顶等。攒尖顶的屋顶为锥形，没有正脊，顶部集中于一点，即宝顶。攒尖顶的垂脊和斜面多向内凹或成平面，并有单檐、重檐之分，按形状可分为角式攒尖和圆形攒尖，其中角式攒尖顶有同其角数相同的垂脊，有四角、六角、八角等式样。圆形攒尖则没有垂脊，尖顶由竹节瓦逐渐收小。卷棚顶又称元宝顶，是双坡屋顶，整体外貌与硬山、悬山类似，区别在于没有明显的正脊，两坡相交处不作大脊，由瓦垄直接卷过屋面。成弧形的曲面卷棚顶，屋面前坡与脊部呈弧形滚向后坡，别具曲线所独有的阴柔之美。由于形态秀丽，多应用于园林建筑中的亭台、廊榭及小型建筑。在宫殿中，也多用于太监、佣人等所居的边房。盔顶的屋顶攒尖，没有正脊，各垂脊交会于屋顶正中，形成宝顶。斜坡和垂脊上半部向外凸，下半部向内凹，其屋顶曲线流畅，陡而复翘，断面如弓，就象古代武士的头盔，故名，多用于碑、亭等礼仪性建筑。盝顶的顶部有四个正脊围成平顶，下接庑殿顶。其梁结构多用四柱，加上枋子抹角或扒梁，形成四角或八角形屋面。古代井亭常用这种形式。十字脊式屋顶是由两个屋顶九十度垂直相交而成，它可以是悬山式（与硬山式类似），也可以是歇山式。十字脊式屋顶的典型代表是故宫角楼。

具有优美舒缓的屋面曲线的中国传统建筑的屋顶，不呆板、不怪诞，自然恬静，正是中和精神的深刻体现。

五、庭院

单个的房屋以“间”论。两组木构架之间称“间”，许多“间”连在一起按一个方向排列，就形成一栋建筑的面阔，与面阔垂直方向就是房屋的进深。“奴隶制时代日益加强的崇尚中央的观念，反映在建筑上即崇尚中轴对称的布局。双数开间为早期强调中轴的一种方式，即在中轴线上布置柱子，两侧对称分设开间。殿堂居中设柱对于统治者居中设座的实用要求是有妨碍的，也许是出于这个原因，后来改革为中轴部位留出更大的空间，左右对称布置柱子，这样便出现了当心间，于是面阔开间由双数变为单数。后世建筑，不只是宫殿，即使一般住房，凡属对称的格局，面阁（或为‘阔’）也总是采取单数开间。后世风水附会以阴阳说，以单数为阳，生人使用的‘阳宅’应采取单数开间，这样，使这一形制就进一步固定下来。”[①]“间”按单数对称布置，如三、五、七、九间，这样布置，平面就是长方形的，大多数建筑都是采用这样的平面形式。当然，平面也可以灵活布置成其他形式。

一座房子，虽说可做至无限的开间，容纳较多的人口，然而实际上，由于“屋基”环境的限制，特别是“礼”的要求，最多做到九开间甚至十一开间，且这也仅限于帝王家。普通老百姓的房子最多只能做到三开间。中国传统社会的家族聚居形式，使得房屋以“间”或“栋”都难以承载大家族的生活需要。于是庭院出现了。

庭院一般是指前后建筑与两边廊庑或墙相围成的一块空间，是以某一房屋为中心向前后左右伸展的多组单层建筑群体。远古时代延续

---

① 杨鸿勋：《杨鸿勋建筑考古学论文集（增订本）》，第 93 页。

至今的祖先崇拜，使血缘关系成为社会交往的基础。这种思想观念深刻影响着建筑的走向。由于以伦理名分决定建筑秩序，中国传统建筑成为维护礼法的工具，在两千年间没有发生特别显著的改变。为了让亲属生活在一起，不致削弱宗族的力量，于是形成了许多房间组合在一起的群体。实际上，建筑师设计房屋，就是要建立两种不同性质的空间：一种是有屋顶的四周封闭的室内空间，一种是没有屋顶的四周同样封闭的室外空间。这样，房屋的外立面又成为院子的内墙。这是中国古典建筑设计中巧妙的“二重性”。这一虚一实组合而成的“前庭”和“后院”，按中轴线有序连续地推进，大大增强了传统建筑的艺术魅力。

图 36　庭院

在民间，住宅由三开间房子的单元逐渐成长的时候，就自然地形成院落，这如同蜜蜂建蜂巢一样地自然，由此既保持了单元的完整，更有了通风采光的便利。对于一个庭院来说，单个地孤立地去观赏其中的主要建筑，它们的基本造型变化不大，不能反映出建筑艺术的绚丽多彩。然而一旦采用围廊、门楼、亭阁、隔墙等，将各单个建筑有机地组合在一起，形成虚实相济的建筑群，其艺术性就充分显示出来了。

我国传统的住宅以院落为主，以群体取胜，注重虚实结合，表达出与自然相适应、协调的艺术特色。院落一般方方正正，室外地面铺砌整齐，通常比室内稍低些，其四周的建筑均面向这一空间。一座庭院的大小是有一定限度的，不会做得过于庞大，即适中。庭院内的居住建筑，通常不会超过五间的宽度，进深大多为一间，以便使所有空间都与院落相连结。如果房间的需要量大，则可能需要建筑第二院落，以保持空间的向心性，以及适合于居住者之间的尺度，此即“和”。房屋的设计一般也体现了与自然一致的思想。由于木结构框架系统的优点，墙不承受上部结构的压力，于是可以任意开窗，特别是在南方，通向庭院内的一边甚至开着一整排落地长窗，长窗打开，室内外空间便完全融合在一起。在传统庭院中，主要建筑多用回廊相绕，回廊连接着室内建筑空间与室外自然空间，是中国建筑与自然保持和谐的一个关键纽带。

在我国北方，为了避免寒潮的侵袭，院落通常是由南北向的正屋、倒座与东西向的厢房所组成。而在南方，寒潮并不如北方那么严重，朝向的选择更多，因而往往由主向的正屋与围墙、廊道形成很多小型的院落。虽说院落构成简单，由于突出了中轴对称的原则，庭院显示出深厚的人文底气。从立面看，一座简单的三合院，相当于一个张臂向前的人形，主房是人的正身，两厢是伸出的双臂，天井在前面，整体犹如一个人拥围着一方自己的天地。因此，三合院就是建筑群的核心。一座大宅院可以有若干进、若干院，但都是以三合院为主导，逐步演变形成的。所以在院落中，建筑物主从分明。主房必须位于院落的中心部分，且建得高大雄壮，显得富丽堂皇；次要的建筑则分列于中轴线的两旁。主房的后面则另成院落，但这一院落的房屋虽然高大，其外观却并未等于或高于主房。在较多的院落联结而成的大型院落群中，每一院落单元的位置与规模，都与居住者在大家庭中的地位有关。

房屋是人创造的人工环境，有了房屋，人就与自然产生了距离。但作为自然一部分的人，是离不开自然的。因此，人们设计了院子，这“院”就是外界环境与室内环境的一个过渡。其实，中国的房屋建筑总平面布局都十分平淡，只是在不经意间体现出它的“组织程序”。布局中程序的安排是中国古典建筑设计艺术的灵魂，由于它们控制了人在建筑群中运动时所得到的感受，景象大小强弱次序的安排就成为表达完美的意念的重要手段。即使在同一组建筑群中，完全相似的重复的“院落”，它们每一个封闭空间所产生的景象和格调，很多时候是完全不一样的。

庭院建筑的最杰出形式是皇家宫廷建筑。这个并不奇怪，历代最优秀的建筑师都集聚在皇家的工程局中，那些能工巧匠往往穷毕生心血进行营建，将朝礼、办公、居住、休憩的建筑按礼制精心布置，于是，真实的“庭院深深深几许”随之展现出来。

明代以后，在中国建筑中，园林艺术得到突出发展，住宅庭院与园林并存，表现了当时的知识阶层对儒家与老庄信仰的双重性格。虽然儒家的伦理观始终是居住环境秩序的最高原则，然而园林建筑作为建筑的特殊形式，也是对严肃的合院式建筑的重要补充。

对于今天的普通人来说，庭院的生活令人向往。抬头凝视明月，低眉扑鼻花香，静听小虫轻吟，和风衣袂飘飘，鸡鸭悠闲觅食，小狗四处撒欢。这灵秀的天地，似乎远离了尘嚣，让生活充满诗意。可惜，这已是太奢侈的愿望。

六、中轴线

在中国古代大型建筑群平面中，统率全局的轴线称为“中轴线”，它是规划组织城市空间的重要手段。由于轴线的存在，建筑空间布局形成了一个有秩序的整体。当然，中国古代大多数时期处于大一统的专制王朝统治下，城市规划主要是政府行为，很少有自由发展而成的城市。因此中国古代的城市规划也带着浓厚的儒家礼制气息。

中轴线通常是指一种在建筑空间布局中起空间结构驾驭作用的线形空间要素。观察城市历史的发展和形态的变化，我们可以看到，城市的“轴向”发展一定是与城市的生长点结合在一起的。

轴线首先存在于建筑师的设计理念中，当建筑师思考一个新的建筑群时，他必须有一个建筑的基本思路，然后按此思路，逐渐将它变成现实的建筑。从另一角度看，轴线又是客观存在的，它给人以强烈的空间形象，构成城市的肌理，从中可以得出建造建筑群体或城市发展的意义。中轴线实际上是通过各种建筑物的前后照应、左右对称形成的，它带有强烈的功能性，使城市的总体变得完整、稳定、均衡，使之浑然一体。

考古研究成果告诉我们，现今发掘出的远古大型建筑遗址，很多都有建筑中轴线。比如二里头遗址宫殿区内，就有两组大型建筑基址群分别以 1 号、2 号大型宫殿基址为核心纵向分布，都有明确的中轴线。这两组南北有序排列的宫殿建筑群的绵延长度都近 200 米。位于河北省临漳县西南 20 公里的漳河北岸的邺北城，营建于建安九年(204 年)。当时，曹操被封为魏王，于是亲自主持，在此营建了国都。邺北城为方正布局，规划整齐，交通便利，城垣迂曲，墙外有护壕。一条东西走向的大街将邺北城划分为南北两个部分。北部中央为宫殿区。西面为禁苑铜爵园，那里既是游园，也是建安文人的重要活动场所，其内还设有马厩、武库。西城垣上筑有壮观的铜雀台、金虎台、冰井台，三台都为曹操规划修建，是中国古代台式建筑的巅峰之作。宫殿东面为贵族聚居区戚里及衙署。城南部为居民区，分设里坊。邺北城布局前承秦汉，后启隋唐，其中轴对称制度、单一宫城布局、明确功能分区的设计理念，对后世中国城市的发展产生了深远的影响。北魏洛阳城就参仿了邺北城的规划格局。邺城作为魏晋、南北朝的六朝古都，在中国城市建筑史上占有辉煌地位，堪称中国城市建筑的典范。

今天的西安，曾以长安这一名字最为闻名。它最早由周文王建立，距今已有 3100 多年的历史，先后有周、秦、汉、唐等 21 个王朝和政权在这里建都，是十三朝古都(一说十七朝)，是中国的政治、经济、文化中心和最早对外开放的城市，闻名遐迩的“丝绸之路”就是以西安为起点的。隋文帝杨坚在开皇二年(582 年)任命宇文恺等人在此负责营建新都。第二年三月即已基本建成宫室。唐代对长安城进行增修，长安城建筑更加宏伟壮丽，城市规划日臻完善，成为中国古代乃至当时世界上最伟大的建筑工程之一。唐长安城面积达 83.1 平方公里，按中轴对称布局，由外郭城、宫城和皇城组成。城内街道纵横交错，划分出 110 座里坊。此外还有东市、西市等大型工商业区和芙蓉园等人工园林。城市总体规划整齐，布局严整，这又成为各地方州县城的样板。城市的平面布局严格讲求左右对称。全城以宫城的承天门、皇城的朱雀门和外郭城的明德门之间的连线，也即承天门大街(亦名天街)和朱雀大街为南北向中轴线，以此为中心向左右展开。承天门、太极殿、两仪殿、甘露殿、延嘉殿和玄武门等一组组高大雄伟的建筑物位于中轴线的北端，以其雄伟的气势来展现皇权的威严。

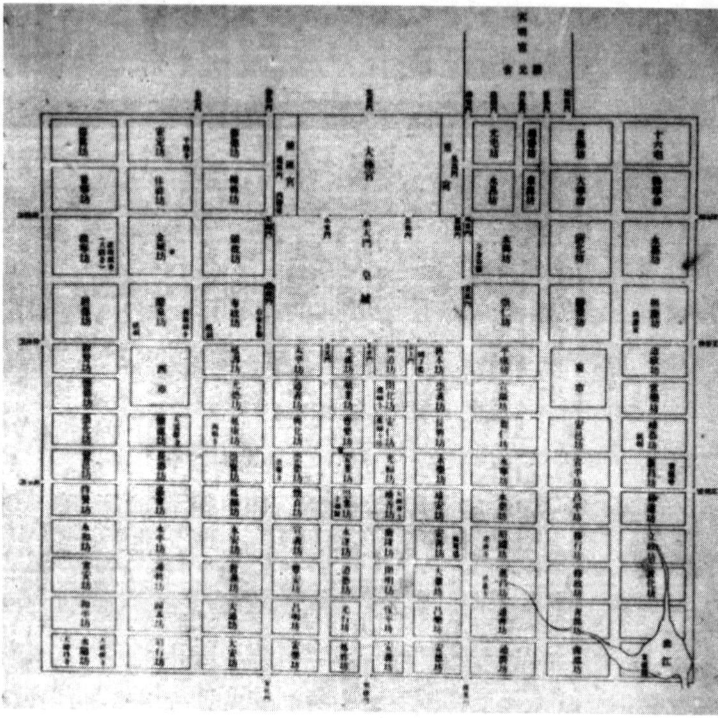

图 37　长安平面图(隋唐)

载刘敦桢编:《中国建筑史参考图》,第 19 页。

宋以后,中国城市发展更为成熟,而元大都的中轴线规划更为明确,其总体布局与《周礼·考工记》所载“营国”制度最为符合。

1264 年,元世祖忽必烈决定在今天的北京地方建筑元大都。规划师以今天的后门桥作为切点,在圆弧状湖泊的东岸划出了一条南北走向、与湖泊相切的直线,将城市主体沿切线布置。这切线就是中轴线。大都呈长方形,面积约 50 平方公里。东、西、南面城墙各设三个城门,北面两个城门。考古发掘证实,大都中轴线上的大街宽 28 米,其他主要街道宽 25 米,小街宽为大街的一半,胡同宽度约为小街的一半。城市轮廓方整，道路规划整齐，经纬分明，城市格局显得格外壮观。明朝建立后，改建元大都，中轴线位置依旧，并向南延伸，到 16 世纪修筑北京外城，最终形成了今日所见的这条雄伟的建筑长廊。它以金、红二色为主调，与青砖灰瓦、绿枝出墙的四合院所营造的安谧，构成强烈的视觉反差，给予人极具震撼的审美感受。北京中轴线南起外城永定门，经内城正阳门、中华门、天安门、端门、午门、太和门，穿过太和殿、中和殿、保和殿、乾清宫、坤宁宫、神武门，越过万岁山万景亭、寿皇殿、鼓楼，直抵钟楼的中心点。这条中轴线连着四重城，即外城、内城、皇城和紫禁城，如同北京城的脊梁，鲜明地突出了九重宫阙的位置，皇城和宫城占据全城的中央部分，以帝王为中心的“建中立极”的都城规划思想在这里得到了最充分的体现[①]。在中轴线两侧，耸立着一座座纪念性的大建筑。这条长 7.8 公里的中轴线，是世界上现存最长的城市中轴线，纵贯北京城的中心，使得古都庄严肃穆，充满了礼仪的规范和神圣的气氛。如梁思成所说，北京独有的壮美秩序就随这条中轴的建立而产生，前后起伏、左右对称的形态或者说空间的分配都是以这条中轴线为依据的，是以整体平面布局、建筑群的巧妙联结与组合为特征著称于世的。

说到底，建筑中轴线是中华传统文化的核心“天人合一”概念的充分体现，是中道思想的自然流露。不偏不倚，中和大气，使城市各部分稳定和谐，增添了由土木为主要建材的建筑的生气。在城市中轴线那些巍峨壮美的建筑上，可以发现城市发展的脉络，也能探究城市的前世今生。

---

① 许宏：《大都无城：中国古都的动态解读》，生活·读书·新知三联书店 2016 年版，第 25、26、29、32、33 页。

第二节　传统建筑的基本要素

任何物体都由一些必不可少的构成要素组成。对于建筑来说，也是如此。中国传统建筑的基本组成要素，蕴涵着中和文化的深沉内容。

一、门

对于居住建筑来说，门是居住的室内与外界的出入口，又称为“门面”或“门脸”。门不仅可供人出入，还具有安全防范作用。当然，门界定着建筑的空间：门内是内部空间，门外则是外部空间，因为有门，建筑的内外空间得以清晰明了。

古代传统建筑的门的建造造型和数量，都涉及“礼”制。所以门都是按一定的礼仪制度来设置的。其实，门在中国古代社会就是身份和地位的象征。至于门上的装饰，都直接表示着建筑的等级。

门的种类很多，如大门、二门、院门、垂花门、棂星门、牌坊门、砖券门、城门、阙门等，通常根据门在建筑中的位置或建筑本身的特殊性进行命名。多数的门做成竖式长方形，也有圆形的，以及少数异形的。

古代的门常有高高的门槛，门扇一般两扇平开，有的门扇用木条制成棋盘式方格，外面钉木板，讲究的还会在板外设一排排的门钉。简单的门扇用木板拼装而成。南方还有用横木钉成横格式空门扇，能向两边推拉，关闭时也能通风。

建筑的主要出入口，即安装于院墙门洞或大型建筑的门楼下的门，通常称为大门。大门常用坚固厚重的木材做成，具有很好的遮挡作用与防卫性能。为了固定大门的门扇，在门扇与门柱之间还要加装门框。增加门框，就必须同时增加很多门类的构件。这使表面上简单的大门有了很多细部的装饰与讲究。

在建筑的门洞处，为了承托门扇，往往在门下的下槛两端设置墩台，墩台上凿有小眼用以放置门轴。这种承托门扇门轴的墩台，就叫作门枕。门枕有石质的，也有木质的，以石质的居多。石质的门枕又叫门枕石。门枕石露在门扇外的部分，往往雕作鼓形，并加装饰，故又称抱鼓石。抱鼓石雄峙大门两边，给房屋增加了特别的气势。大多数的四合院在门框两侧放置一对小石狮子，尽管它们没有大户人家门前那对石狮高大气派，但雕刻得活灵活现，十分精美，或蹲或站，或伏或仰，犹如一对保护神看守着宅门。有的门枕石上是呈卧姿的一大一小两只狮子，狮谐音“世”，大小两狮依偎，取“世世同居”之意。那小狮子卧于大狮子胸前，又有“父慈子孝”“和谐美满”之意。除狮子外，门枕石上常刻有蝠（福）、鹿（禄）、桃（寿）、喜鹊（喜）、穗（岁）、瓶（平）、鹤（安）、羊（三阳开泰）和钱等图案，都是吉祥之物，表现了人们对幸福美满生活的向往和对美好事物的追求与渴望。

图 38　大门、门簪、抱鼓石

门簪是将安装门扇上轴所用的连楹固定在上槛的构件。这种大门上方的出头，略似妇女头上的发簪，故名。门簪实际上就是大木钉的钉帽，本身是扁平长方形的，是固定门扇用的。古时没有合页，固定门扇的方法，是将大门钉穿透上门框和两头有圆孔、称作连楹的横木，再用销将其紧紧别住，使二者连成一体，再将门扇上的轴插入连楹两端的圆孔中，门扇上端便被固定住了。门簪少则两枚，通常四枚，或多至数枚。人们为了追求美观，将其做得具有装饰趣味，有方形、长方形、菱形、六角形、八角形等样式，并在其正面或雕刻，或描绘，饰以花纹图案。门簪的图案多为四季花卉，如四枚则分别雕以春兰、夏荷、秋菊、冬梅等，图案间还常见“吉祥如意”“福禄寿德”“天下太平”等字样。只两枚门簪时，则雕“吉祥”等字样。这门簪还有另外用途，就是挂匾时用来承托匾额；即使没有匾额，它也具有装饰效果，这使门簪有了显示门第的作用，故成为旧时大门的常见构件。以至许多民居大门上门簪的设置，只为美观，并无结构功用。

垂花门是第一进院与第二进院之间的带有垂柱装饰的门。一般大门的檐柱，柱体上撑门檐，下达门前的台基或地面，具有实际的承重作用。而垂花门的门前檐柱则不同，它只有短短的一截，悬挂于门檐下两侧，形成垂式，并不到达地面。其下垂的柱头部，做成花瓣、串珠、吊瓜或石榴头等形状，酷似一对含苞待放的花蕾，故被称为“垂花”。一座垂花门几乎浓缩了中国建筑所有的元素。大部分垂花门采用的是“一殿一卷”式的屋顶，即门外部分是起清水脊的悬山顶，门内部分是卷棚顶，二者勾连相搭接。屋顶下的空间像个小房子，前后有门，左右连通抄手游廊。垂花门不仅悬垂的门柱漂亮、精美，而且柱子之间的枋额，采用镂空雕花图案，或绘制精致的彩画，五彩瑰丽，给建筑增辉不少。

门钉在古代俗称“浮沤钉”，就是说它装饰在门扇上，如同浮在水面的气泡。最开始，门钉只是加固城门用的。古代城墙是防御敌军进攻的屏障，而城门又是这屏障的缺口，为了加固加厚城门，将木板纵横相夹，门钉就是夹板的紧固件。当初是出于构造的需要，在木板和穿带部位，钉上铁钉以防止门板松散。但由于铁钉钉帽露在门表面有碍观瞻，为美观起见，人们又将钉帽打造成泡头形状，于是它们也兼有了装饰功能。以后的豪门大户为保护家宅的安全，也采用门钉加固自己的门户。渐渐地，门钉开始讲究排列整齐、美观，也随之成为了古代建筑的装饰艺术之一。雄厚平整的实拼板门上一排排硕大的金色门钉，使得禁锢森严的大门不仅显得坚固、威严，更呈现一种煌煌的气魄，增添了建筑的壮丽之美。古人称，门钉纵横皆成寿，圆圆的凸起与厚重的门扇正相称，足以壮观瞻。清代规定，皇宫建筑两扇朱红大门上各饰有八十一颗铜门钉，每扇纵九横九。“九”是最大的阳数，九路门钉只有宫殿可以装饰使用。至于亲王府，则用纵九横七，世子府用纵七横五；公爵府是纵横各七，侯爵以下至男爵是纵横各五。庙观则也有相应的规定。除了宫门，其他门只能用铁制门钉，不能用铜制的；平民百姓家则不能用门钉。可见门钉也承载了中国古代的礼仪秩序与民俗信仰。

另外在古代，平民百姓盖房子使用的木料不能用彩色颜料涂饰，因此显示出来的是木料的本色，常见的就是白色。中国古代把平民百姓称为“白丁”，与此有着一定的联系。而官府及官员的门上可以涂饰彩色，因此被称为“朱门”。

简而言之，门既是建筑内外部间的通道，也是人与环境相交的通道。

二、窗

在远古早期，人们还生活在野外。当人们发现天然山洞时，自然会进去躲避风雨，于是有了“穴居”。洞穴只有天然的洞口，这只是后来的“门”。

山洞居住的经验，使人们慢慢学会了自己挖坑居住，于是就有了“人造穴居”。最早的穴居，只有一个出入口，这出入口既是门，又是窗。不过慢慢地，门窗开始分工了。

《说文解字》里说：“在墙曰牖，在屋曰窗。”也就是说，开在墙上的通风透光口叫牖，开在屋顶的出口就叫窗。实际上，那是天窗。窗口四周的枝条，变成了窗棂格条。最初的窗子写作“囱”，它是人类穴居时期为了采光和通风的需要，在洞穴顶端凿的小洞。故甲骨文和金文的“窗”，就是一个圆圆的洞口，洞口上插着用来遮挡的枝条，这就是窗户。所以当时的“窗”字没有上面那个“穴”字头，后来为了区别于烟囱，才加了那个字头。

窗子是依附于建筑而存在的，因而窗子的发展也是与建筑基本一体的。当古人脱离穴居时代，筑起了房屋，就在房子的墙上开窗洞，称为牖。老子《道德经》里说：“凿户牖以为室。”这里的“牖”，和《说文解字》里的“在墙曰牖”一样，都是指开在墙上的窗。而“户牖”这个词，就是中国古代对门窗的统称，门为户，窗为牖。“牖”之后又发展出了更为丰富的窗子类型。同时窗子在采光透气功能的基础上，又兼具了装饰作用。

在中国古代建筑中，门窗属于外部装修的一部分。相对于其他构件，门窗的设计灵活度是最高的，也是最能展现工匠才华的地方。在中国文化中，“窗”这个元素已经不仅仅是一个建筑构件那么简单，它最能代表中国建筑的美学意境和浪漫情怀，也是学者诗人吟诵不尽的题材。

在民居建筑中，古人对窗子开设的位置、数量、形状，以及相互间的距离等，都有较系统的研究，遵循着建筑设计的美学法则。在窗户外，古人常植以树木、芭蕉、藤蔓等，在不同的季节里，窗户展现出的是一幅幅秀美的图画。建筑之上有了窗，建筑因之而气象万千。一扇窗如同一个露天的画框，透过形态各异的窗户，总能窥见满眼的新奇。以窗扇、门洞作为画框，观赏外面景色可以称为“框景”，框景中的景观是立体的。当游人移步时，景色随之转移，就是移步换景。窗中的景观还会随季节和天气的变化而发生变化。

窗也体现了浓郁的地方色彩。比如陕北的“窗格格”。陕北窑洞隐藏在绵延不尽的高原中，为了通风、采光，更为了与外界保持最大程度的联系，窗户自然成为窑洞构筑中最重要的部件，也成为陕北民众寄情托意的最理想的场所。陕北窗格的线造型颇有汉字用线之美，它很像中国汉字结构中的横、竖笔画，线与线之间的重叠、转折、交叉以及线条本身长短的变化，都充分体现出线条的情感力量。其经营布局中绝大多数属于“绝对对称”，即整体图式被“＋”或“×”等骨架均匀划分为四个或四个以上的基础单元，给人一种恒稳、严谨、扩张、平实的力度感。还有一部分则可归属为“相对对称”形式，即图式被“一”或“|”线分割成上下或左右两方面的对称，给人一种活泼、秀丽、新奇、生动的感受。

建筑上的窗，形态极为丰富，常见的有格扇窗、槛窗、支摘窗、横披窗、直棂窗，以及漏窗、空窗等等样式。窗扇或固定或能支起，窗下一般用砖砌或用木板、石板封闭，南方还有在窗下做空栏杆的，并装有能装卸的活动窗扇，卸下窗扇，下部也能通风。建筑物较高时，门窗顶上另加通风窗。

格扇窗，类似于将格扇门的裙板以下部分变成实墙，而保留上面的格心和绦环板部分成为窗。格扇窗中最核心的部分，就是由棂条组成的格心。这也是格扇窗最具视觉效果的地方。格心的图案主要有两种：横竖格心和菱花格心。横竖格心，是用直线或曲线棂条拼接成各种花纹图案，常见的有直棂、正方、步步锦、万字式、冰裂纹等。而菱花格心，是用各种花瓣状的棂条拼成格心，常见的有三交六椀等图案。

图 39　窗，通风透光，也有装饰效果

漏窗，俗称花墙头、花墙洞、漏花窗、花窗，是一种装饰性透空窗，外观为不封闭的空窗，窗洞内装饰着各种镂空图案，透过漏窗可隐约看到窗外景物。漏窗窗框的形式有方、横长、直长、圆、六角、扇形及其他各种不规则形状。在数量上，以方形与横长两种漏窗为多。漏窗窗洞形状多样，花纹图案多用瓦片、薄砖、木竹材等制作，有套方、曲尺、回文、万字、冰纹等，清代更以铁片、铁丝做骨架，用灰塑创造出人物、花鸟、山水等美丽的图案。为了便于观看窗外景色，漏窗高度多与人眼视线相平，下框离地面一般在 1.3 米左右。也有专为采光、通风和装饰用的漏窗，离地面较高。漏窗用于园林，不仅可以使墙面上产生虚实的变化，而且由于它隔了一层窗花，可使两侧相邻空间似隔非隔，景物若隐若现，富于层次，并有“避外隐内”的意味。用于面积小的园林，可以免除小空间的闭塞感，增加空间层次，做到小中见大。漏窗本身的花纹图案在不同角度的光线照射下，会产生富有变化的阴影，成为点缀园景的活泼题材。漏窗在江南宅园中应用很多，饱含耐人寻味的幽雅情调，具有十分浓厚的文化色彩。

空窗是指局部或全部镂空的窗子，即在墙面上留出窗孔而不装窗扇的窗子。它具有采光通风和装饰点缀园景、组织风景画面的用途。空窗形状不受限制，比洞门更加丰富多样，所以，框景、借景、漏景等景观设计方式，大多都用空窗来实现。与漏窗相比，空窗只有窗洞，没有窗棂。在建筑中，如果空窗属于“虚”的要素的话，那么漏窗则是“半虚半实”的要素。空窗的设置可以使几个空间互相穿插渗透，将内外景致融为一体，且增加景深、扩大空间，获得深邃而优雅的意境。同时，空窗的窗框还有框景的作用，站在一边，透过空窗望向另一边，那一串紫藤，或一丛修竹，或一抹山石，在窗框之中，犹如一幅美妙的小品图画展现在人们面前。

据说沧浪亭全园有 108 种花窗样式。墙上漏窗一字排开，连绵不断，这样对视成景，在园中可以透过漏窗看悠悠碧水，在园外则可透过漏窗望见枝头春意，山池亭台在花树中若隐若现，如同丹青画卷。

古代建筑中的窗户，以园林窗户最为特殊。除了基本的使用功能外，园林窗户的优美图案纹样，以及窗框系列，本身就组成了园林的一道道风景线，它使得园林空间的内外相互渗透，又使游人能够一窥园林庭院的造景之美。

各种窗子，其实就是建筑中的实体与自然环境的联结与反映，是生活于建筑中的人融于自然的特殊手段。对于中国传统建筑而言，窗是一双顾盼多情的眼睛，婉转灵动。它让建筑既与自然分开独立，又与自然紧紧相连，体现出建筑的灵魂。所以中国建筑上的窗是具有生命力的，它将建筑的中和精神充分表露出来。然而在现代建筑中，这种带有诗意的窗已经被高楼大厦中只有功能需求的窗替代。这也是现代建筑文化与民族文化融合过程中，人们必须要面对的难题。

三、墙壁

中国古建筑主体大多为木构架，在其下部四外有一层围护结构，这就是墙壁。墙壁指院子或房屋的四围及某些隔断。古代建筑墙身基本上是不承重的，外部的墙只起保温隔热作用，内墙则可以做得精巧美观，用于室内分隔。

墙壁，是远古先民抵御自然灾害的创造。最初的墙，有树枝、茅草结札式，木骨草泥拦挡式等。以后才出现了垒土、砌砖、圆木或木板围合等形式。根据田野考古发掘的成果，早在五六千年前的新石器时代，我国古人就已懂得使用工具将土打成坚密的硬土，这就是后世所称的夯土技术。如陕西半坡村遗址的建筑工序，是在穴室立柱之先，挖出柱洞，在洞内垫上土，有的还加垫碎陶片，然后用夯打的办法夯实，加一层夯实一层。1974 年在河南偃师二里头发掘出一座大夯土台，上有一组宫殿群遗址，夯土台基厚约 2—3 米，夯层薄而匀，夯窝小而密，质地坚实。1975 年在陕西扶风县召陈村西周建筑遗址，发现了用大卵石作基，然后在上面筑打坚硬的夯土。这也是夯土技术中一个新的发展。1978—1979 年，山东临沂地区文管会发掘日照尧王城遗址，第一次在龙山文化中发现了 4000 多年前用土坯为材料，采用逐层错缝垒砌技术建造的房屋基址。这里不仅有建筑材料的发展，也有建筑技术的进步。1956 年，湖南文物工作队在长沙衡阳曾发掘出战国时代的器物，其中有铁夯锤，口大底略小，口径约5.4厘米，长1.25厘米，上端有圆孔，可装木柄。长沙马王堆西汉墓中，也出土有竹筐和夯锤等物。现在我国还保存有千年以上建筑，多年风吹不倒，强烈地震不坍，除去其材料和木结构的功能之外，夯打的坚固地基也起了重要作用。

板筑墙壁，也属于夯筑范围。加板框筑高墙，夯筑时先筑墙的两堵头作标准，堵头是梯形的档子。墙的厚度收分，是依照墙头模式逐板往上夯筑。两旁用木杆夹住木板，称为夹杆，使板不走动。在两板之内填入潮湿土，随即夯打。第一板打完接打第二板，第二板打完后再上第三板。第一板所筑之土已稳定，即撤下第一块板，叠在三板之上，作为第四板，以此交替使用。有的打完第一板，在夯土上挖凹形沟，再续填第二板的土。这样两板的夯土可达到用簧锁住的效果。在两堵接头处，可挖立槽作为两堵夯衔接的措施。打到最上层，用土坯铺上作为墙帽子。在屋面上铺黍秸稻草和泥，每年雨季前进行屋面墙帽保养，这就是习称的所谓“未雨绸缪”的字面意思。这种夯筑墙稻草屋，一般可使用百年以上。在东北，有用黄土稠泥裹入长80厘米草辫子，作为筋骨料逐层夯筑的。在南方，如浙江一带，民居板筑墙有土墙、夹土墙、大型砌块。板筑墙在筑至墙板一半高时，放入二三短竹片，到一板完成时再放上天然毛竹管数根，以加强联系和强度。广州市郊区板筑土墙极为普遍，材料也是用黄土、砂性土和石灰，其中加上稻草纤维混合组成，也有用当地出产的蠔壳之类作筋骨，也有在上放横竹一枝，或在横竹之间用开边竹纹丝相连起来。加添这种材料的做法，名为“竹筋板筑墙”。再有土坯墙的做法，是先夯筑砖块，泥土每高一尺夯成七寸，夯成土砖后的尺寸为36×20×9厘米。此外还有砖土合造的墙，即在砌砖时，在一定的距离“丁砌砖”凸出与板筑土墙接连起来。这类夯筑土墙以砖为簧，对于防雨和坚固耐久起到很大作用，当地习惯叫它为“金包银”。在我国广阔的疆土上，各地区各民族几千年来在夯筑技术上，都是继承远古时代传下来的技术而加以发展，根据本地区的地理气候等条件建造房屋，因而给我们留下丰富的资料[①]。

图 40　垒土成墙

在南方水稻产区，直到现代还有稻田碾土砖砌屋的传统。秋天割完稻子，稻茎留 1—2 寸左右，待稻田明水干后，用石滚将稻田反复碾压结实，用板锹切划，翻起晒干，用稀泥砌墙，屋顶用悬山，以保护土墙。这种厚重的墙，施工方便，冬暖夏凉，使用百年以上，除外墙有风雨剥蚀痕外，内墙仍一如新建。在一定意义上，这也可说是夯土技术

① 单士元：《夯土技术浅谈》，载《建筑史专辑》编辑委员会：《科学史文集（第 7 辑）：建筑史专辑（3）》，上海科学技术出版社 1980 年版，第 119—123 页。

的应用。

烧制砖的砖墙的建构一直处在探索之中。大约在西汉晚期，古人已能用小块的砖材叠涩或联砖砌筑拱券顶或穹窿顶。花纹砖砌的拱券顶或穹窿顶墓最早始于东汉中期，主要集中在东汉晚期至东晋时期，特别是随着佛教的传入、道教的盛行，一些具有佛、道象征意义的图案也被用到花纹砖上。这时期的墓壁有用砖纵横交错平砌的、有上下错缝平砌的，更多的是若干层平砌砖间设一层丁砖，称为三顺一丁、四顺一丁等。丁砖又称为甃砖，在墓壁上一圈圈的甃砖起到了圈梁的作用。联砖砌筑的拱券顶一般用特制的楔形砖砌成。当平顶接近正方形或其他正多边形时，一般用叠涩的方法砌穹窿顶；当平面是长方形时用拱券顶，有耳室和甬路的墓室，耳室和甬路用拱券顶，墓室用穹窿顶。墓壁一般用几层平砖加一层甃砖相间砌筑，也有斜砌成人字形的。为了抵抗外部的侧推力，有的墓内还每隔一段距离加砖砌壁柱。券顶有加砌券肋的，叠涩砌的拱券和穹窿的矢高较高，纵联和并联砌的矢高较低。唐代中期有了用砖侧立斜放成直棂窗的做法，部分地模仿木建筑的柱、枋、简单的斗栱等。到宋、辽时期的墓室内部砖雕就更加丰富，在墓壁和墓顶之间开始用砖砌四铺作、五铺作、六铺作的斗栱。宋代的砖砌墓一般在墓壁上还有砖雕门、窗、门额、门簪、门钉等小木作构件和家具陈设等。地下墓室建造的技术，也使地面砖造墙壁技术得到提高。如开封开宝寺的北宋琉璃塔，就在每层檐下用琉璃砖预制斗栱。还有宋代以后的砖塔、明代初期出现的无梁殿等。中国人很早就用砖建造了筒体结构砖塔，并且密檐式砖塔的圈梁作用，更增加了抗震性和抵抗水平荷载的能力。显然，拱券顶、穹窿顶、甃砖技术，虽然最初使用在地下建筑，但最终走出了地面，使中国建筑师得以将砖墙技术发挥到极致。明代砖砌城墙的普及、长城的重修，都使得砖砌墙壁在民间以及宫城、宫观中的应用越来越普遍。可以说,中国古代匠师们在砖作技术上的成就不亚于其他建筑技术①。

图41 河南新乡一座晚唐古墓葬,墓室为仿木结构的砖砌墓室

李青春摄,载《河南新乡发现一晚唐古墓葬》,大河网—河南日报,2012年5月11日。

总体上看,中国古代建筑的墙体材料,在早期主要是土与石,以后又有了砖。土材料夯筑的墙称为"土墙",通常由板筑垒成。由于土的保温隔声性能好,原料获取与施工方法也简单,由此形成了古代高超的夯土技术,不但房屋的墙用土夯筑,高大厚重的城墙也常用土夯筑。石材料砌筑的墙称为"石墙",由于运输困难,这种墙一般只出现在产石地区。砖材料砌筑的墙称为"砖墙"。虽然砖在秦代以前就出现

① 刘书芳:《从西汉到元代的砖筑墓看中国砖作技术的发展》,《内江科技》,2007年第8期。

了，但直到明代，房屋砖墙才大量出现。另外还有木墙，就是把圆木放倒相叠成墙壁。室内的分隔形式就很灵活了，甚至还有用博古架、书架分隔的，空间似通非通，倍增趣味。一些木制分隔选用高级硬木制成，如楠木、紫檀木等，这种木料颜色清亮，纹理清晰，使室内更显得华丽高贵。

古代砖多采用青砖，制砖技术与砖堵砌筑方法很多，也很精细，有些墙身，平整光滑犹如经过打磨。在具体的建筑中，根据砌法的不同、外观形象的不同、装饰的区别，墙体的形式也非常丰富，如檐墙、看面墙、扇面墙、包框墙、廊墙、封火墙、马头墙、干摆墙、磨砖对缝墙、空心斗子墙、花式砖墙等。另外还有一些独立形式的墙，如影壁、回音壁等。

图 42　外墙

中国建筑的墙壁，经数千年的发展演化，成为建筑文化的重要组成部分。千姿百态的墙壁，虽只是一个配角，但在建筑师和工匠的努力下，它在使建筑融入环境的过程中，发挥了重要的作用。这也正是中和文化在传统建筑中的突出表现。

四、天井

天井，在传统建筑中，一般指宅院中房子和房子之间，或房子和围墙所围成的露天空地，在南方房屋结构中是常见的组成部分，一般在单进或多进房屋中的前后正间当中，两边为厢房包围，宽与正间同，进深与厢房等长，地面用青砖或条石嵌铺，因面积较小，光线为高屋围堵，显得较暗，状如深井，故得此名。它与院子是不相同的。我们平常在建筑和户型平面图上看到的天井，主要是由三面以上房间合围而成、从地坪以上顶部露天的一个空间。在房屋进深过大时，可以靠天井解决房屋的采光、通风、排水等问题。

高墙、深院、重门、窄窗、墙面粉白的徽派建筑的特色之一，就是"有堂皆井"。这种民居的天井变化多端，其布口方位与深浅位置不一，在正堂与门厅之间形成一种过渡的空间。这里的天井注重实用，较少景观。即使设景，也仅一池一盆一花。这种精心构建的方寸天地，给人以"别有洞天"的奇妙感觉。有对联云：因花结屋，驻日月于壶内；临水成村，辟乾坤于洞中。这是对徽州天井意境的真实描写。而在江浙一带，宋朝以来文人就特别注重景观的设置，天井中多有造景，且景观雅致精细，芭蕉、紫藤、红枫、绿竹，透过小窗，尽显方寸山水，将天井打造成一个微缩的自然。当然，一些特殊的地理环境也使天井发挥了重要作用。如长江中下游夏季天气酷热，古时又没有今天这样的防暑降温设施，天井的自然通风功能就得到很好的重视。像苏州的大宅院，通常是南北进深较小，东西较宽大，又采用高围墙，墙上开镂花窗。天井布局既遮挡了夏天的太阳，又增强了进出风口间的空气密度差，形成循环效应，加强了室内通风效果。此外，苏州建筑的天井样式与北方稍有不同，在于其围合房屋的前方有较宽敞的屋檐和走廊，这样的结构可以让室内之间的通行不受天气影响，下雨飞雪也能穿行院落之中。而且，天井的一部分空间深入室外，形成一种半室外半室内的空间结构，与天井的空间共同组成了生活空间，方便了居住者的生活。

图 43　天井之名为天井，也缘于其与天通、与地接。老宅靠天井采光，客厅就被称为“明堂”。下雨天，天井四围之水顺脊而下，这就是所谓“四水归明堂”。

天井的采光效率由天井的高宽比所决定。越浅、越大的天井，采光效率越高；越深、越小的天井，采光效率就越低。因此，在一个天井中，越是接近天井上口部的房间就越亮。天井底部通常用砖或条石围砌，其上部与房间地面平，其下都有排水设施。

由天至地，天井也是建筑中天人合一精神的具体体现。

第三节　中国古建的特殊构件

中国传统建筑中的特殊构件，体现着中国特色中和文化的内容，也充分展示了中国古代建筑师的建筑科学艺术造诣。

一、梁、枋、檩条与椽

中国土木建筑的木构架结构中，梁、枋、檩、椽是其主要构件。

梁是置于前后金柱或金柱与檐柱之间、横断面大多呈矩形的横木，明清时期基本接近方形，而南方的很多梁采用圆形断面。它承托着建筑物上部构架中的构件及屋面的全部重量，是建筑构架中最重要的构件。根据梁在建筑构架中的具体位置、详细形状及具体作用等的不同，又有七架梁、六架梁、五架梁、四架梁、三架梁、双步梁、单步梁，以及抱头梁、抹角梁、顺扒梁、十字梁、挑尖梁、太平梁等不同名目。在较大型的建筑中，梁放在斗栱上，斗栱下面为柱子；而在较小型的建筑中，梁直接放在柱子上。所以梁下面的主要支撑物就是柱子。

枋是置于柱间或柱顶的横木，它是位于柱子上端的构件，既承重又起到联系木构架的作用。最早的枋是放在柱顶上的，之后慢慢移至柱间，称为额枋，有时还有两根叠用的，中间用垫板隔开。因位置的不同，枋主要有额枋、金枋、脊枋等。

在梁枋下面和柱子相交的地方，常常还有一块形状别致的短木，称为雀替，它能协助梁枋承重，也是一个装饰构件。

檩，或称檩条、桁，是承担屋面重量的构件，放在木构架上部，是架

图 44　土木建筑的梁架结构

于梁头与梁头之间，或柱头斗栱之间的横木，其断面多为圆形。根据具体位置的不同，也分为檐檩、金檩、脊檩等。

椽，或称椽子，是按与檩垂直方向，置放于檩之上，用来承受屋面板与瓦的构件。它是密集排列于檩上，并与檩成正交的木条。椽沿着建筑屋顶的坡面铺设，其大小、长短与枋、檩一样，都要依据建筑体量的需要而定，但相对而言，为了不增加下面构架的负荷，椽子较细。椽又分为脑椽、檐椽、飞椽等。

中国传统建筑使用木材作为主要建筑材料，其梁架结构与木柱结合，组成房屋的承重骨架。传统建筑之所以“墙倒屋不塌”，正得益于这种巧妙的木柱梁架结构。

二、砖瓦

远古时代，当我们的祖先开始建筑住宅房屋时，其顶盖与围墙由草、树叶、枝条等构成。后来加上了泥巴，有了木骨泥墙、草泥顶盖之类。

夯土技术、制陶技术，直接引导出中国的砖瓦制造。正如中国传统木构架体系一样，砖瓦制作技术的发展也有从探索到成熟的过程。仰韶文化时期的不少文化遗址中，就出现了"烧土"层，那时由于陶器的发明，人们用火烧烤泥墙，使之陶化。虽然这种房屋可能更适于居住，但工艺复杂，成本太高。最后，古人简化制陶技术，砖瓦出现了。

考古资料证明，早在4000年前直到商代中晚期的遗址中，都有用夯土和土坯混筑的墙，土坯应当是砖的前身。商代早期，已经出现了板瓦。在陕西岐山凤雏村西周早期的遗址中，人们发现了和青砖同质的瓦件。战国晚期出现了栏杆砖。西汉前期空心砖比较流行，在地面建筑中用来铺建阶沿或踏步，在地下用来砌造墓室。空心砖最长的可达两米多，为了使大块的砖容易烧透，古人在做砖坯时把中间做空，这样在不影响承载能力的前提下，既有利于烧制，又有利于减轻自重。为适应不同部位的需要，预制了多种造型的砖，有长方形砖、柱形砖、三角形砖等式样，还有楔型砖、曲面砖等，以配合条砖的使用。有的门柱、门楣还用特制的带棱空心砖。这些大型的空心砖大部分做有榫卯，以便于紧密结合，地面砖则做有企口缝。空心砖的形状和尺寸按每块砖所在的部位分别设计，制坯时还须刻划编号，以免组装时发生错乱，这可能是最早的装配式建筑。空心砖一般都是素面的或拍印有简单的几何图案。不少大型空心砖上模印有画像，其内容丰富多彩，如乐舞、宴饮、杂技、驯兽、骑射、车马、田猎、门阙、楼阁、农耕、神话故事等，这样的砖称为画像砖。汉代画像砖墓保存了大量的历史文化材料。空心砖毕竟制作复杂，不宜大量生产，而小条砖具有制作容易、承重性强、砌筑方便、应用灵活等优点，到东汉时期，小条砖逐渐代替了空心砖，其尺寸逐渐规范化，长、宽、厚的比例约为 4∶2∶1，使其在砌墙时可以灵活搭配。秦汉两代除了地面建筑用砖外，地下中、小型陵墓建筑也逐渐用砖代替了原来的夯土、木、石材料。在秦始皇陵遗址中，发现了三种条形铺地砖和一种曲尺砖。秦汉时期，已有中央官署三公九卿之宗正属官都司空和少府属官左右司空，直接经营管理砖瓦制造。

在中国古代居室建筑中，砖主要用于台阶、台基、甬道、散水、墙面、室内外地面等部位。而由于砖在中国传统文化中的特殊属性，因而更多地被用于砌筑地下墓室，以取代易因潮湿腐朽的木材。这也让我们今天能更多地了解古代砖与墙的真容。从整体来看，以西汉中晚期为界，其前后墓砖的使用有着显著的变化。在西汉晚期前的砖砌墓中，除了用少量的小青花纹砖外，大部分是用尺寸硕大的空心画像砖。魏晋以后，小条砖的应用更为广泛，产量也增加了。唐代，铺地砖的使用比较普遍。从明代起，砖已成为房屋建筑不可缺少的材料。砖的砌法也逐渐多样化。铺地砖有单层和多层，上面一层有方砖错缝，有条砖砌人字纹、席纹等。砖面的花纹处理具有较明显的时代特征。秦、汉时期以线刻为主的画像砖和花纹砖，到了隋、唐时期花纹线条明显加粗。宋、辽时期砖雕增多，一般在素面条砖砌的壁面上镶嵌方砖雕刻，内容以古代孝子、儒士故事为主，舞士伎乐、佛像飞仙也是砖雕和壁画常表现的题材。铭文砖在各个时期都有，有些是吉祥语，有些是年号①。

---

① 刘书芳：《从西汉到元代的砖筑墓看中国砖作技术的发展》，《内江科技》，2007 年第 8 期。

瓦是重要的屋面防水材料，它在殷商早期就已出现。到西周时期，重要建筑都已开始使用瓦。如在陕西岐山凤雏村一组西周早期大型建筑基址，在屋顶堆积中发现少量的瓦，推测瓦在当时只用于屋顶重要部位和部分屋脊上。在陕西扶风召陈村大型西周中期建筑遗址中，发现很多类型的仰铺在房顶上的板瓦、覆在两行板瓦之间的筒瓦，还有半瓦当，即屋檐前面筒瓦的瓦头。瓦上都有瓦钉和瓦环，用来固定瓦的位置。瓦的使用技术已经成熟，它是我国古代劳动人民在建筑上的伟大创造，开创了瓦顶房屋建筑的先河。当时的瓦都是用泥条盘筑拍制的，制法是先用泥条盘筑成圆周形的陶坯，然后将坯筒剖开，四剖或六剖为板瓦，对剖为筒瓦，然后入窑烧制。春秋末期和战国时期，瓦的使用增多。在列国城市遗址中遗存了很多瓦件，其中有许多带图案的瓦当。各国瓦当的图案不同，反映出各国独特的文化艺术风格。如秦国流行各种动物图案的圆瓦当，有奔鹿、立马、四兽、三鹤等；赵国为三鹿纹与变形云纹圆瓦当；燕国主要有饕餮、双龙、双鸟和山云纹等半瓦当。战国时期瓦的结构有了重要改进，就是把瓦钉和瓦身分离，这不仅增强了瓦的固结，而且简化了瓦坯的制作。

秦汉时期是瓦的发展兴盛阶段。瓦当在战国开始从半圆形向正圆形演化，有着强烈的时代艺术风格。秦代瓦当以莲纹、葵纹、云纹最多；秦宫遗址出土的巨型瓦当饰以动物变形图案，与铜器、玉器风格相近。汉代瓦当以动物装饰最为精致，除了造型完美的青龙、白虎、朱雀、玄武四神以外，兔、鹿、牛、马也是品种繁多，形神兼备。此外还有龟纹、豹纹、鹤纹、玉兔纹、花叶纹等，到东汉时全部为圆形。在秦时，已出现了文字瓦当，例如“羽阳千秋”“千秋利君”等，字体多是较典型的小篆书体，行款较固定。汉代文字瓦当的数量逐渐增大，它在形制上分区划界，中心是乳钉与联珠，给铭文安排了一个固定模式，在此范围内做上下左右的变化。文字数目不定，最长可达十多字，例如“千秋万岁”“长乐未央”“长生无极”“天地相方与民世世中正永安”等，字体有小篆、鸟虫篆、隶书、真书等，布局疏密相间，用笔粗犷，成为中国陶制品中独具魅力的珍藏。有的宫殿、官署往往用其名称作纹饰，如“上林”“左弋”等。王莽时期，谶纬学盛行，以四神象征四方是谶纬学的内容，故王莽宗庙的四门，一般东门用青龙瓦当，西门用白虎瓦当，南门用朱雀瓦当，北门用玄武瓦当。西汉中期，开始把轮制技术应用到制瓦业，泥条盘筑法逐渐被淘汰。唐代的瓦有灰瓦、黑瓦和琉璃瓦等。南北朝以后，由于受佛教艺术的影响，瓦当纹饰多为莲花纹。

图 45　屋檐、瓦当

秦汉时期建筑用陶在制陶业中占有重要位置，其中最富有特色的为画像砖和各种纹饰的瓦当，素有“秦砖汉瓦”之称。

秦代的砖质地坚硬，被称为“铅砖”，其纹饰主要有米格纹、太阳纹、平行线纹、小方格纹等图案以及游猎和宴客等画面。秦砖上刻的文字，字体瘦劲古朴。从秦至汉代，画像砖的制作更为普遍，内容也愈加丰富。瓦的制造以瓦当最具代表性、艺术性。瓦当即筒瓦之头，主要起保护屋檐不被风雨侵蚀的作用。同时又富有装饰效果，使建筑更加绚丽辉煌。

秦砖汉瓦，是秦汉时期鲜明的文化符号，记录了中国古代建筑史上一个辉煌的时代。到了明清时期，江南民居的青砖粉墙黛瓦，形成质朴、淡雅的建筑风格：青瓦屋盖，青砖砌墙，屋顶、屋檐、空斗墙、观音兜山脊或马头墙，那高低错落的曲面形体节奏，与皇家建筑形成鲜明的对照。

施以各种颜色釉，并在较高温度下烧成的上釉瓦，被称为琉璃瓦。我国早在汉代已能生产琉璃器，南北朝时期就在建筑上使用琉璃瓦件作为装饰物；宋代时，琉璃的生产技术已非常成熟；到元代时，皇宫建筑大规模使用琉璃瓦，明代十三陵与九龙壁都是琉璃建筑史上的杰作。

琉璃瓦是中国传统的陶制建筑物件，通常在陶胎上施以金黄、翠绿、碧蓝等彩色铅釉，因材料坚固、色彩鲜艳丰富、釉色光润、防水性能强，一直是建筑材料中的骄子，特别在皇家建筑和一些重要建筑中被大量使用。经过历代发展，品种丰富、型制讲究、装配性强。琉璃瓦件大约可分作四类：第一类是筒瓦、板瓦，是用来铺盖屋顶的。第二类是脊饰，即屋脊上的装饰，有大脊上的鸱尾（正吻），垂脊上的垂兽，戗脊上的走兽等。第三类是琉璃砖，用来砌筑墙面和其他部位。第四类是琉璃贴面花饰，有各种不同的动植物和人物故事，以及各种几何纹样的图案，其装饰效果极佳。

琉璃瓦一般以黄绿蓝三色使用较多，并以黄色最为高贵，只用在皇宫、坛庙等主要建筑上。就是在皇宫中，也不是全部建筑都用黄色琉璃瓦，次要的建筑则用绿色和绿色“剪边”（镶边）。

三、斗栱

斗栱是为了减少立柱和横梁之间交接点上的剪力，用弓形的短木块和两层弓木之间相垫的方木块拼合装配而成的特有构件，主要由水平放置的斗、升和矩形的栱及斜放的昂等构件组成。其中，弓形短木称

“栱”,方木形如“斗”,故名。一般来说,它在方形坐斗上,迭砌若干方形小斗、弓形的栱以及长形的昂。小斗是固定栱和昂用的,栱是前后左右支承檐口重量和拉结用的,昂是像杠杆那样起前后平衡作用的。在斗栱下面,常常还用平板枋加以支承。这样的一组构件,科学地利用屋顶本身重量作平衡,达到悬挑最大的目的,这对古代的技术、施工条件来说,是非常了不起的发明。当然,木构架最终成为一种特殊的支撑结构,还有赖于战国以后铁器工具的产生,在建筑施工中运用锯、斧、锥、凿,才有条件加工较复杂的木构架连接中的榫与卯,以及进行雕刻等艺术处理。

据史料记载,周代晚期的建筑已有了斗栱,只是还不普遍。在一些较大的建筑,如宫殿、祀庙中,木构架榫卯结合时,梁头枋头都要伸出柱头之外,为了支承这些梁头枋头,建筑师们发明了斗栱。以后,斗栱又支承起大出檐的重量,并减短室内梁的跨度。到了秦汉时代,有关斗栱的应用逐渐多了起来,成为很多建筑的重要木构件。汉代的斗栱既承托屋檐,也承托平座,有多方面的结构功能,更是建筑形象的重要组成部分。到了唐代,斗栱发展成熟,其组成构件最终完备。可以看出,出檐愈大,斗栱的层数也愈多,房屋等级也愈高。斗栱既用于梁头之下,也用于檐下。用在梁枋两端下面,即为减少梁枋的跨度,加大梁枋的承受力;用于檐下,可支托住屋檐下的枋子和椽子,使挑出的屋檐伸出屋身之外。使用的斗栱层数,决定着屋檐挑出的深度。以后,由于砖墙和砖石基座护堵的出现,大出檐的作用减弱了,斗栱的形式也愈发复杂。从明代起,斗栱的承重功能逐渐被其他结构构件取代,它所保留的,大约就是建筑尺度的衡量标准。当然,它的装饰功能是被极大地强调的。

图 46 北京社稷坛享殿斗栱(明)

载刘敦桢编:《中国建筑史参考图》,第 116 页。

斗栱是中国建筑中特有的构件,是屋顶与屋身之间的过渡,也是中国传统木构或仿木构建筑中最有特色的部分。它承受梁架传下来的荷载,并将其传导到柱子上,再通过柱础传至屋檐。它可以承托挑檐,使檐部挑出很远,以保护墙身和台基。在室内还可以承托天花枋,构成室内天花。在设有平座的多层建筑中,它又是平座的支撑构件。在大屋顶建筑结构中,比例匀称的外檐斗栱是不可缺少的特有构件。

在中国专制社会里,只有重要的建筑,如宫殿、陵寝、园囿、坛庙、寺观的主要建筑,才允许在柱上和内外檐的枋上安装斗栱。斗栱因而成为专制社会中森严等级制度的象征和重要建筑的尺度衡量标准。这样,斗栱的形制成为研究中国古代建筑建造的历史时期的重要依据。

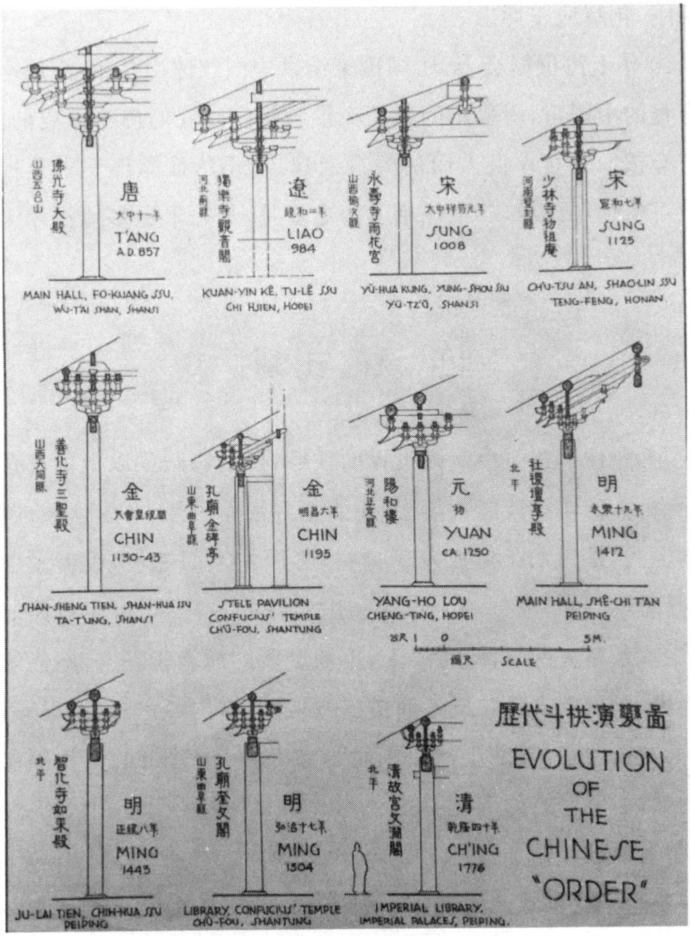

图 47 梁思成画《历代斗栱演变图》

载《梁思成〈图像中国建筑史〉手绘图》。

木构架由于木材本身的特性，加上斗栱和榫卯等在节点联结中部有伸缩余地，因此斗栱还是中国传统建筑抗震能力的关键所在。斗栱在梁架和柱间形成纵横交错的铺作层，犹如在梁架与柱间增设了一个弹簧层。如遇地震，在斗栱的起承转合下，建筑体松而不散，如太极般以柔克刚，化解地震冲击。

2010 年上海世博会上，中国国家馆以中国红惊艳亮相，而这座让无数人点赞的中国馆，所采用的正是斗栱结构。当我们拂去历史的尘埃，那些至今依旧耸立在世人面前的古老建筑，仍然显露出其本色古韵之美。只可惜烟花易冷，斗栱惊艳了历史岁月，却并未更多地在今天华丽绽放。

四、天花与藻井

天花，是住宅建筑中室内设置的顶棚，用以遮蔽梁以上的部位。它可美化室内，防止梁架挂灰落土，还能起到夏季隔热、冬季保暖的作用。其基本形式，是用木条做成若干方格，然后在上面铺板，板上做各种装饰，或是彩绘，或是雕刻等。作为室内上空的一种装修，一般民居房屋内，多用木条制成网架，钉在梁上，再糊纸，称“海墁天花”。殿堂等重要建筑物中，则用木支条在梁架间搭制方格网，格内装木板，绘以彩画，称“井口天花”。不过天花上绘制何种形象，要根据建筑的具体等级来确定。比如，一般建筑的天花上的色彩，多以青绿为底色；而等级较高的建筑，则可以沥粉贴金。

建筑内呈穹窿状的天花，称为藻井。藻井是比天花更具有装饰性的一种屋顶内部装饰，它结构复杂，下方上圆，由三层木架交构组成一个向上隆起如井状的天花板，多用于殿堂、佛坛的上方正中，交木如井，绘有藻纹，故称藻井。比之一般天花，藻井只能用于最尊贵的建筑，如帝王、神佛宝座顶上。在唐代就有明文规定，非王公之居，不得施重栱藻井。因此，在传统的观念上，藻井是一种具有神圣意义的象征，是中国专制社会等级制度的标志。

藻井这种装饰，其来源非常悠久。古人穴居时，常在穴洞顶部开个洞，以便采光、通风、上下出入。出现房屋后，这一形式被保留下来，其外形像个凹进的井。以后，人们装饰屋顶天花，每一方格为一“井”，加上花纹、雕刻、彩画等藻文饰样。应该说，这是我国古代殿堂室内顶棚的一种独特做法。

在汉代，宫殿建筑及墓葬中已经普遍应用藻井，此后则更加精致，甚至在一些石窟建筑里也少不了藻井装饰。明代之后，藻井的构造和形式有了很大的发展，除了规模扩张之外，顶心用以象征天国的明镜也开始增大，周围放置莲瓣，中心绘云龙。后来这中心的云龙越来越得到强调。现存最早的木构藻井，是蓟县独乐寺观音阁上的藻井，建于984年，为方形抹去四角，上加斗八（八根角梁组成的八棱锥顶）。山西应县净土寺大殿共有9个藻井，并做出9种式样，其中5个藻井为六角形，一个藻井为方形，中间一个大的为方角形，与八角形相结合，第一层用斗栱层来支撑天宫楼阁。山西芮城永乐宫三清殿藻井为大方形藻井，向上共凸进三重：第一重为斗栱层，每朵斗栱做出外栱四跳，四周交圈；第二重为八角形，在每个角内再用斗栱会合，每朵五跳；第三重做圆形，再划分10个斜梁支撑，10条斜梁底面全部做斗栱，一直交到藻井顶部，再雕塑出二龙戏珠的画面。北京故宫太和殿上的蟠龙藻井，深1.8米，由上、中、下三部分组成，最下层是方井，中层为八角形，上部为圆形。井内中心雕蟠龙俯首下视，龙口衔宝珠，人称宝珠为轩辕镜，以示下面宝座上的皇帝为黄帝轩辕氏的继承者。

作为中国传统建筑中天花板上的一种装饰，藻井通常呈伞盖形，由细密的斗栱承托。藻井上一般都绘有彩画、浮雕。古人认为，井中有水，水火相克，将屋顶的通风口制成水井状，并在四周雕刻、绘制水藻纹路，可以防止木制建筑毁于火灾，确保家宅平安。按民间说法，藻井的井，象征东井，即井宿，二十八宿之一，主水。在殿堂、楼阁最高处做井，同时装饰以荷、菱、莲等藻类水生植物，都是希望能借以压伏火魔的作祟，以护佑建筑物的安全。

藻井的工艺复杂，制作讲究。一般都用木材，采取木结构的方式，做成向上隆起的井状，以不同层次向上凸出，每一层的边沿处都由斗栱衬托，极其精细。中国古代的能工巧匠不用一颗钉子，只利用榫卯和斗栱，就能将藻井堆叠而成，将华夏的历史文明、皇室的显赫尊贵、对自然的美好向往，统统都凝聚在穹顶的木质华美构件中，将中国藻井艺术发展到了极致。

图 48　木构藻井

藻井也是敦煌图案中的精华，敦煌莫高窟现存 492 个洞窟，其中 420 个洞窟里有藻井，绘制十分精美。按其方井结构和中心纹样，可分为方井套叠藻井、盘茎莲花藻井、飞天莲花藻井、双龙莲花藻井、大莲花藻井等。

在中国人看来，屋顶不只用来遮蔽天空，它还是“技艺载道，道艺合一”的舞台。穹然高起、如伞如盖的藻井，象征了天宇的崇高，被认为是人与神交流之处。一架架古代藻井，一处处美丽天花，极尽精巧，富丽堂皇，蕴涵了中国古人最深厚的“天人合一”宇宙观。

五、榫卯结构

中国古代建筑中的木构架的基本构件，是相互独立的，需要用一定的方式连接起来。在铁器工具特别是铁钉产生之前，我们的祖先发明了榫卯连结的方式。这一方式，一用就是好几千年。它广泛运用于传统建筑中的柱、梁、斗栱等，也应用于家具的各个关节。古代工匠手艺的高低，通过榫卯结构便能清楚地反映出来。可以说，榫卯结构是木匠的灵魂。

作为中国古代建筑、家具及其他器械的主要结构方式，榫卯是在木构件上采用凹凸部位相结合的一种连接方式，是木件之间多与少、高与低、长与短之间的巧妙组合。凸出部分叫榫，或榫头；凹进部分叫卯，或榫眼、榫槽。榫和卯咬合，起到连结作用。最基本的榫卯结构，由两个构件组成，其中一个的榫头插入另一个的卯眼中，使两个构件连结并固定。榫头伸入卯眼的部分称为榫舌，其余部分称作榫肩。榫卯结构不仅外形精致唯美，具有奇妙的装饰作用，而且遵循力学原理，实用性极强，不易锈蚀又方便拆卸。这些榫卯结构的工艺，让人们不断重温这惊艳了世界的中国之美。可以说，榫卯结构是我国工匠文化精神的传承。

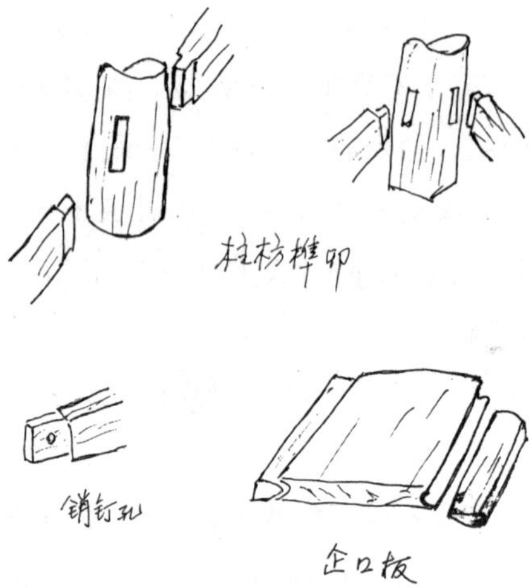

图 49　榫卯结构示意图

榫卯结构应用于房屋建筑后，虽然每个构件都比较单薄，但是整体上能承受巨大的荷载。这种结构不在于个体的强大，而是互相结合，互相支撑，构成了中国传统建筑的基本模式。榫卯结构的木构架房屋之所以牢固稳定，是由于这种组合的各个部件根据力学原理相互作用，形成了一种极为平衡、和谐的状态。比如，传统的抬梁式木构架建筑，应用横竖方向的梁柱进行构造，在地上立柱，柱上再架梁，然后再在梁上搭柱，交错成为屋顶，在屋顶上是梁枋和立柱共同支撑，最后由立柱稳立于地面。这种构件连接方式，各个构件之间的结点以榫卯相吻合，构成富有弹性的框架，可有效地限制木件向各个方向的扭动，允许产生一定的形变，在地震荷载下通过形变抵消一定的地震能量，减小结构的地震响应。

在木构架建筑中，榫卯结构是核心，斗栱则是榫卯结构的最佳表现方式。整幢房子不使用一根铁钉，却能使用几百年甚至上千年。而铁钉连接就做不到。如用铁钉，木构件很容易被扭曲而改变角度。而用榫卯结合，就不会被扭曲。而且，金属容易锈蚀或氧化，木质材料则不会受到这种影响，榫卯结构也更便于维修。

榫卯结构在每件木构架上都具有形体构造的"关节"作用。按构合作用来归类，榫卯结构大致有三种类型：首先主要是作面与面的接合，也可以是两条边的拼合，还可以是面与边的交接构合，如槽口榫、企口榫、燕尾榫、穿带榫、扎榫等。其次是作为"点"的结构方法，主要用于作横竖材丁字结合、成角结合、交叉结合，以及直材和弧形材的伸延接合，如格肩榫、双榫、双夹榫、勾挂榫、锲钉榫、半榫、通榫等。再次是将三个构件组合一起并相互连接的构造方法，这种方法除运用以上的一些榫卯联合结构外，都是一些更为复杂和特殊的做法，如托角榫、长短榫、抱肩榫、粽角榫等。

在距今 7000 年的新石器文化遗址河姆渡遗址，人们发现了大量榫卯结构的木质构件，有凸型方榫、圆榫、双层凸榫、燕尾榫以及企口榫等。可以说，榫卯结构是中国传统建筑中最早具有科学设计意义的语言，在中华民族文明发展史上，如同汉字的发明一样，源远流长、自成体系。

木头，来自自然；榫卯结构作为中国传统木构架建筑的发明与应用，正是遵循自然规律，尊重木材天然性能的结果，也表达出了中国古老的文化和智慧。榫卯结构的凹凸结合，是功能与形式的完美体现，凝聚着中华传统文化的智慧精华和巧夺天工的建造技艺。

六、建筑装饰

远古时代的土木建筑，目的明确，就是栖居。随着社会财富的增长与建筑技术的提高，建筑艺术、审美逐渐成熟，建筑的目的又增加了显示权威等内容，于是建筑装饰逐渐成为了建筑的必需品。建筑装饰种类繁多，可就彩画与脊兽来探讨古代建筑的特性。

彩画的产生与发展可能与木材的防腐相关，也与人们的建筑审美态度密切相关。木材遇潮容易腐朽，古人逐渐认识到，某些植物中所含的油脂有防腐的作用，于是将这种油脂涂抹到建筑的木材上。此后，在建筑物上施彩绘成为中国古代建筑的一个重要特征，是建筑物不可缺少的一项装饰艺术。从施之于梁、柱、门、窗等木构件之上，用以防腐、防蠹的单纯的油脂，到添加颜色画成彩画，古人摸索了数千年。

商周时期，建筑装饰已相当可观；而到了秦代，建筑装饰就比较成熟了。如秦代的阿房宫，虽然整个工程尚未完成，却已有雕梁画栋，壁画、壁饰充斥其间，让后人赞叹不已。这些图案以红、黄、蓝、黑等颜色绘成，线条运笔流畅、平涂设色，豪放大气。其色彩鲜艳，变化丰富，风格雄健。因使用矿物质材料，其颜色能够保持很长的时间。

南北朝至隋唐，宫殿、庙宇建筑多用白墙、红柱，或在柱、枋、斗栱上施以各种彩绘，用青瓦或琉璃剪边屋顶。宋、金的宫殿建筑，多为白石台基、红墙、红门、红柱、红窗、黄绿两色琉璃瓦屋顶。斗栱、枋额等用朱红或白粉衬底，绘青绿彩画、间装金色。至明清时期，白石台基、朱红色墙柱门窗和以青绿冷色为主调的金碧交辉的枋梁彩画，黄绿色琉璃瓦屋顶的建筑，更显得流光溢彩，绚丽夺目。

中国古代建筑的彩画色彩非常丰富。有的色调鲜明，对比强烈；有的色调和谐，纯朴淡雅。建筑师通常会根据不同需要和风俗习惯而选择施用。虽然古建筑中官式建筑非常抢眼，红墙黄瓦非常突出，但朴素淡雅的色调在中国古建筑中也占了很重要的地位。如江南的民居和一些园林、寺观，以洁白的粉墙、青灰瓦顶掩映在丛林翠竹、青山绿水之间，显得清新秀丽。北方山区民居的土墙、青瓦或石板瓦也都使人有恬静安适之感。甚至有一些皇家建筑也在着意追求这种朴素淡雅的山林趣味。

彩画的图案早期就是在建筑物上涂以颜色，从单色到复色，并逐渐绘画各种动植物和图案花纹，后来逐步走向规格化和程式化，到明清时期完成了定制。古代在建筑物上施用彩画有严格的等级区分，庶民房舍不准绘彩画，就是在紫禁城内，不同性质的建筑物绘制彩画也有严格的规定。明清时期的彩画主要分三类，一类是和玺彩画，它以青、绿为主色，藻头为横 M 形，箍头、藻头、枋心均以象征帝王的金色龙凤为主要题材，其等级最高，施用于外朝、内廷的主要殿堂，格调华贵。二类是旋子彩画，其藻头部分用的是旋子图案，即以圆形切线为基本线条组成的有规则的几何图案，其外形是旋涡状的“花瓣”，中心为花心，简洁漂亮，其条块结合仅次于和玺彩画，常用于次要宫殿及配殿、门庑等建筑。第三类是后来才兴起的“苏式彩画”，源自苏州，等级次于前两类。它的特点是在梁枋上以大块面积画出包袱形的外廓，在包袱皮内绘各种山水、人物、花鸟鱼虫以及各种故事、戏剧题材，不使用龙、凤图案，且布局更加灵活多样，多用于园苑中的亭台楼阁之上。因此在园林中，甚至在一些民居建筑中，常常能够看到苏式彩画的身影。彩画的装饰成为中国古典建筑的一大特色。

中国土木结构会在木构梁架上覆盖瓦片。为了防止屋檐瓦片被上部的瓦挤压或因大风吹刮而脱落，人们发明了瓦钉，用来固定檐角最前端的瓦片。瓦钉的钉帽外形较大，为了对其进行美化，将其做成各种动物形象，这就是脊兽。在唐宋时已经出现脊兽装饰，不过那时只有一枚。以后脊兽从实用逐渐向装饰方向发展，数目增加，并有了等级规定。

脊兽都安放在中国传统建筑的屋脊上。古代宫殿的屋顶前后左右

图 50 梁枋上的彩画

四面都有斜坡，前后两坡相交为正脊，左右两坡与前后两坡相交形成四垂脊，合为五脊。重檐式则是在其下又有短垂脊，共九脊。脊兽按类别分为跑兽、垂兽、“仙人”与鸱吻。其中正脊上安放吻兽或望兽，垂脊上安放垂兽，戗脊上安放戗兽，另在屋脊边缘处安放仙人走兽。正脊两头安放的面朝里的龙首形瓦件称“正吻”“螭吻”。它是海兽，能喷水如雨，安放于此，取喷水镇火保平安之意。其背后各有双角小兽头，称脊兽。而在殿顶各条垂脊端部的龙首称“鸱吻”，即鹞鹰。因喜四方眺望，故置于此。在殿顶岔脊的下端，又有一龙首，称“嘲风”。传说其胆大、好险，于是放在这里。总体上看，吻是固定正脊、岔脊的构件，其他小兽都具有防止屋脊滑动、稳固屋脊和瓦垄的作用。而且，脊兽还具有极强的装饰作用，使传统建筑更加宏伟庄重。

图 51　檐角脊兽

传统建筑上的跑兽最多有十个，分布在房屋两端的分散戗脊上，由下至上的顺序依次是：龙、凤、狮子、天马、海马、狻猊、狎鱼、獬豸、斗牛、行什。但这种形式只在紫禁城太和殿才得到应用，且仅此一例，象征着皇权的至高无上。乾清宫只有九个，坤宁宫仅七个，东西六宫用五个，其他配殿只用三个或一个，多为奇数。任何建筑都不能超越品级过多设施。这些脊兽各有寓意，并均被赋予了神奇的本领，有的能镇水避火，有的能降魔除障，有的能带来吉祥好运。各种脊兽的安装，丰富了屋顶的曲线，使沉闷的屋顶成为一座仙阁神宫，体现了古人素朴的建筑美学思想。因此，梁思成先生评论说，这使本来极无趣笨拙的实际部分，成为整个建筑物美丽的冠冕。

建筑是实用性的人造物，建造房子就是为了居住以遮风避雨。建筑的美感是人居住于其中的感受。而建筑装饰首先从实用出发，逐渐引申出其他意义，使得传统建筑所蕴涵的中和思想更加明确表达了出来。

七、建筑壁画

壁画，是指通过各种艺术手段制作在建筑物的墙壁或天花板上的图案。建筑工匠们通常采用绘制、雕塑或其他造型手段，在天然或人工壁面上制作出五彩缤纷的图案。作为建筑物的附属部分，它的装饰和美化功能，使它成为建筑环境艺术的一个重要方面。

早在远古时代，人类就在居住的洞穴壁上刻画各种图形，以记事表情。这是最早的壁画。先秦时期，宫殿中已普遍通过壁画进行装饰。据说前些年陕西社科院考古研究所曾在陕西咸阳秦皇宫遗址 3 号殿的长廊残存部分上，发现了直接彩绘在墙上的画幅残片：一支有七辆马车组成的行进队列，每辆车由四匹奔马牵引；另一处残存的壁画表现的则是一位宫女。这些相当精美的图画，距今已有 2300 年。这一时期的建筑壁画，一般都是先在墙体上涂一层厚约 0.5 厘米、拌有草灰的细泥，再刷涂一层很薄的石灰，然后在白底色上绘制壁画。壁画结构层牢固耐久，色泽历久变化不大。

东汉辞赋家王延龄在山东曲阜参观了鲁灵光殿后，写下一篇流传后世的《鲁灵光殿赋》，形象生动地记叙了这座宫殿建筑的精巧工艺。特别是宫殿中的壁画，其描写更是细致入微，格外传神："图画天地，品类群生。杂物奇怪，山神海灵。写载其状，托之丹青。千变万化，事各缪形。随色象类，曲得其情。上纪开辟，遂古之初。五龙比翼，人皇九头。伏羲鳞身，女娲蛇躯。鸿荒朴略，厥状睢盱。焕炳可观，黄帝唐虞。轩冕以庸，衣裳有殊。下及三后，淫妃乱主。忠臣孝子，烈士贞女。贤愚成败，靡不载叙。恶以诫世，善以示后。”[1]（译文：大厅周墙是壁画，天地万物在其间。各种怪物，山神海灵。绘形绘色，全靠丹青。千变万化，各不相同。随物着色，微妙传神。上画开天辟地，远古之初；五龙比翼，人皇九头；伏羲鳞身，女娲蛇躯。鸿荒时代，纯厚朴质。黄帝唐虞，灿烂可观，乘轩戴冕，衣分等级。至夏商周，淫妃乱主。忠臣孝子，烈士贞女，贤愚成败，无不画之。恶者警世，善者垂范[2]。）

从魏晋到唐宋，佛道两教盛行，寺院道观的装饰用壁画比较普遍。如敦煌壁画的题材范围广泛，场面宏大，色彩瑰丽。无论是人物造型、风格技巧，还是设色敷彩都达到了空前的水平，使得我们今天仍能够欣赏到当时大量杰出的艺术作品。到了明清时期，图画逐渐流行卷轴式样，壁画也就逐渐减少了，但并未绝迹。而且，清代壁画有不少表现了民间小说与文学名著，扩大了壁画的题材范围。如山西定襄关帝庙壁画就描绘了《三国演义》中的故事，北京故宫长春宫回廊上的《红楼梦》壁画则加入西洋画法，描绘了这部千古名作里的部分情节。当然，古代在墙壁上作画，大多是在宫殿、寺观、石窟或是墓室的墙壁，民居装修时应用壁画则很少，因为民居一般规模狭小，无处图画。

保存完好的山西省芮城永乐宫（又名大纯阳万寿宫）壁画，是中国古代壁画的巨制，它不仅在我国绘画史上是重要杰作，在世界绘画史上也是罕见的。永乐宫现存壁画面积 1005.68 平方米，分别画在三清殿、纯阳殿和重阳殿里。

三清殿，又称无极殿，是永乐宫的主殿，里面供奉着“太清、上清、玉

---

① 王延龄：《鲁灵光殿赋》，载陈元龙编：《历代赋汇》，凤凰出版社 2004 年版，第 303 页。

② 陈宏天等主编：《昭明文选译注》第一卷，吉林文史出版社 2016 年版，第 556 页。

清元始天尊”的塑像。殿内四壁，满布壁画，面积达403.34平方米，画面高4.26米，全长94.68米。画面上共有人物289个。这些人物按对称仪仗形式排列，以南墙的青龙、白虎星君为前导，分别画出天帝、王母等28位主神，其余“天兵天将”在画面上徐徐展开。他们有的对语，有的沉思，有的倾听，有的注视，神情姿态彼此呼应，浑然一体。画面色彩采用重彩勾填，在冠戴、衣襟、熏炉等处沥粉贴金，更觉绚烂眩目，华丽辉煌。整幅作品气势非凡，场面浩大，人物衣饰富于变化，线条流畅精美。所有神仙的朝向最后都集中到大殿正中的“三清”塑像上，即这人物繁杂的近300个“天神”的神采，都集中在朝拜元始天尊、灵宝天尊、太上老君的道教礼仪中，也就是那些分散的诸神，全都来朝拜最高主神，因此被称为“朝元图”。这也表明，永乐宫壁画和雕塑，是相互关联、互为一体的。

近现代考古活动中，发现了大量的古代墓室壁画，其中大多描绘有关天、地、阴、阳的天象，五行、神仙鸟兽等，还有一些著名的历史故事，以及车马仪仗、建筑及墓主人的肖像，虽然含义较复杂，但大多表现墓主人生前的生活以及对其死后升天的美好祝愿。

在生冷的建筑墙壁天花上，增添灵动的绘画以及工艺制作，协调了建筑与人的关系，好比是将人拉进自然、历史环境之中，画龙点睛，使得建筑充满了生气，建立起崭新的建筑中和之境。

八、木雕、砖雕与石雕

中国传统建筑有着丰富的雕塑装饰。它们或被雕刻在柱子、梁枋之上，或被塑制在屋顶、梁头、柱子之上，雕塑的材料根据建筑物本身的用材而定，有木有石，有砖有瓦，有金有银，有铜有铁。木雕、砖雕、石雕被称为古代建筑中最优秀的装饰品。如徽州三雕，善于处理原材料本色，既能融入建筑物整体之中，又能像水墨画一样，清新淡雅，为古色古香的民居锦上添花。

我国的雕刻艺术历史悠久，早在先秦时期，工匠们就将他们精湛的雕刻艺术运用到宫殿、园林的建筑上，将那些宏伟的建筑装扮得绚丽多彩。工匠本就是民间人士，因此这种精美的雕刻艺术逐渐流向民间，在民居建筑中得到应用，并形成了多彩的地方风格与特色。

从礼制出发，古代很多建筑装饰为皇家所专有，民居不得僭用，如民宅建筑不能用斗栱，不许装饰彩色，不能超过三间五架，只能用砖、木、石等普通原料在建筑的某些部位进行装饰。于是建筑中的砖雕、木雕、石雕慢慢发展起来。

砖雕是用凿子和木锤在水磨青砖上钻打雕刻图案的民间艺术，主要装饰于门楼、门罩、飞檐、柱础、墙角、影壁、花窗等部位。由于地域不同，古代砖雕的风格也因地而异。一般来说，南方的砖雕比较纤细秀丽，北方的砖雕比较浑厚豪放。

木雕是以木头为原料雕刻各种形象的艺术。民居建筑上，木雕装饰主要用于梁架、梁托、斗栱、雀替、檐条、楼层栏板、华板、窗格、屏风、隔扇、门栏、额枋等部位。由于木雕的材料柏、梓、椿、楠木、银杏等木材自然纹理美观，为了不影响其自然品质，通常不加髹漆。

石雕是用各种可雕、可刻的石头，利用凿、锤、钎等工具，采用凿刻的技法，创造出具有一定空间的可视、可触形象的艺术，常用的石材有花岗石、大理石、青石、砂石等。在民居建筑中，坚实、耐风化的石刻主要出现在台基、台阶、栏杆、门框、柱础、梁枋、抱鼓石等处。

无论是砖雕、木雕还是石雕，其技术手法都是采用浮雕、圆雕、透雕、线刻等，借以反映社会生活、表达某种审美感受、情感与理想。而

图 52　石雕砖雕的大门面墙

雕刻所表达的内容，较集中于寓言故事、戏曲人物、花鸟鱼虫、吉祥图案等。

以砖雕为例。砖本是砌筑房屋围墙的材料，然而，古代的能工巧匠却在这个材料上大显身手，让平面的砖变成了装点民居建筑的艺术品，而且形成了各地不同的特色。比如，当年晋商发迹后，为了显示富豪气派，将宫廷、庙宇等宏大建筑的雕刻艺术引入民居，其宅院砖雕花样繁杂、刀工别致，庄重与灵巧并存，还融入了绘画、木雕的工艺，进一步提高了它的观赏价值。陕西的大宅院中，砖雕多以雕刻文字、花纹为主，刀工精细，笔锋过处，刚劲有力，转折处如枪似刀，婉转似流水无影。这里的砖雕艺术，融合了各地砖雕艺术的特长，加以融会贯通，显示了这十三朝古都的磅礴大气。如西安化觉巷的安家小院，门楼上的砖雕凌空飞起，立体感极强，犹如一幅幅水墨画。在徽州，由于建筑多用青灰屋顶、素壁粉墙，又是高楼广厦，因之有了青色砖雕门罩、飞檐等色彩匀称的搭配。

在中国古代建筑中，砖雕、木雕、石雕常常同时出现于一座宅院之内，将宅院民居烘托得格外雅致。特别是在明、清以降的晋商、陕商、徽商、浙商等的深宅大院中，三雕甚至成为不可或缺的部分。

图 53　石雕抱鼓石

在徽州的绩溪、歙县、黟县、婺源等地，建筑中的三雕最为典型，保存也相对完好，并以明清时代为最。明代雕刻粗犷、古朴，一般只有平雕和浅浮雕，重在线条造型，强调对称，富于装饰趣味。清代雕刻则细腻繁复，构图、布局吸收了新安画派的表现手法，讲究艺术美，多用深浮雕和圆雕，注重镂空效果，有的镂空层次多达十余层，亭台楼榭、山水林木、人物走兽、花鸟虫鱼集于同一画面，玲珑剔透，错落有致，层次分明，栩栩如生，显示了雕刻工匠高超的艺术才能。

徽州民居石雕主要属浮雕与圆雕艺术，浮雕以浅层透雕与平面雕为主，圆雕整合趋势明显，刀法既精致又古朴大方。石雕主要出现在祠堂、寺庙、牌坊、塔、桥及民居的庭院、门额、栏杆、水池、花台、漏窗、照壁、柱础、抱鼓、石狮等处，质朴高雅，浑厚潇洒。

在徽州，木雕的分布及运用范围都极广，大到民屋、祠堂、寺庙等建筑装饰，小至日常生活用具和文房中笔、墨、砚等，木雕几乎是无村不有，无处不在。它在古民居雕刻装饰中占主要地位，月梁头上的线刻纹样，平盘斗上的莲花墩，屏风隔扇、窗楹和窗下挂板、楼层栱杆栏板及天井四周的望柱头等，以及日常使用的床、桌、椅、案和文房用具上，人们都可一睹木雕的风采。

单纯由砖瓦木石建造成的房屋，如果没有人在其中活动，它就只是一个冰冷、坚硬的物，没有其他意义。正是人生活于其中，赋予房屋以生活的意义，使之进一步有了生气。建筑所包含的中和文化是需要建筑与环境的互动来解读的，而那些装饰艺术，则是直观地表达了中和文化思想。人物山水、花卉草虫，乃至那些抽象的云纹刻画等，表明了建筑与人、与自然的天然契合，这就是中和意境。

第四节　建筑小品

在中国古代建筑群中，除主体建筑外，往往还分布着一些建筑小品，如亭台楼阁轩榭廊等。它们有的具实用价值，有的则为景点点缀，都有着明确的定义和区分，其功能也根据所处的位置、规模的大小、形式的不同而有差异。

一、亭

《园冶》云：亭者，停也。所以停憩游行也。在古时候，它是供行人休息的地方。后来不断演变发展，功能与造型逐渐丰富起来。汉代以前，驿亭、报警亭的形体较为高大，魏晋后出现了供人游赏的小亭，于是亭子成为了赏景、点景建筑，观赏性取代了功能性。南朝时，园中普遍建亭。唐宋以后，亭子建筑更加精细考究，亭在园林设计中往往是个"亮点"，起到画龙点睛的作用。亭子的结构简单，其柱间通透开辟，面积较小，大多只有顶，没有墙。从平面形式来说有方形、圆形、三角、四角、五角、梅花、六角、八角等。其顶式有庑殿顶、歇山顶、悬山顶、硬山顶、十字顶、卷棚顶、攒尖顶等，几乎包括了中国传统建筑全部的屋顶式样，其中最为常见的是攒尖顶式样。根据材料的不同，又有木亭、砖亭、石亭、铜亭、竹亭等多种类型。著名的有醉翁亭、爱晚亭、兰亭等。

四面敞开的亭，与自然风景融为一体，正是中和建筑的杰构。

图 54　因杜牧的诗《山行》而闻名遐迩的长沙爱晚亭

二、台

台是最古老的园林建筑形式之一。早期的台是一种高耸的夯土建筑,古代的宫殿多建于台之上。后来演变成厅堂前的露天平台,即月台。是高出地面而建的平面建筑物,一种露天的、表面比较平整的、开放性的建筑。古琴台、郁孤台、狮子林荷花厅前平台是其代表。

图 55 汉阳古琴台,当年俞伯牙抚琴之地,后人筑台纪念。图为古琴台的石雕壁画:伯牙抚琴图

三、楼

楼是纵向叠加的房屋,属于多层建筑。在古代,楼是两重以上的屋,即“重层曰楼”,在园林中一般用作卧室、书房或用来观赏风景。而

在边关，楼又具有重要的军事意义，可作瞭望台用。楼在建筑组群中常居于次要位置，处于建筑组群的最后一列或左右厢位置。由于楼高，也常常成为园中的一景。岳阳楼、鹳雀楼都因名人的诗文而著名。其中现存的岳阳楼为纯木结构，整座建筑没用一钉一铆，仅靠木制构件彼此勾连而成，是现存中国古代建筑中的精品。而复建的鹳雀楼是现存最大的仿唐建筑。

图 56 洞庭湖畔的岳阳楼，成就了范仲淹的《岳阳楼记》

四、阁

最初的阁，是上部贮藏食物、下部架空的高层建筑。古人云：重屋为楼，四敞为阁。阁是一种架空的小楼房，平面为方形或多边形，呈四方、六角或八角，常为两层楼建筑，四面都开有窗，且也设有门，四周设有挑出的平座、隔扇或栏杆回廊，供环阁漫步、远眺、游憩、藏书和供佛之用。它是中国传统建筑物的一种，与楼近似，但较小巧。最著名的是晴川阁、滕王阁等。

图 57　与沙漠中的月牙泉相伴的月泉阁

五、轩

轩与亭相似，是供游人休息、纳凉、避雨与观赏四周美景的地方。它一般形似古代马车带有高敞的顶棚，多建置于高地或临水之处，用作观景的小型单体建筑，体量不大。轩的形式类型也较多，有的做得奇特，也有的平淡无奇，如同宽的廊。在园林建筑中，轩也像亭一样，是一种点缀性的建筑。造园者在布局时往往要考虑到何处设轩，它非主体，但又要有一定的视觉感染力，可以看作“引景”之物。苏州网师园中的竹外一枝轩、拙政园中的与谁同坐轩，都是精品建筑。

六、榭

多指水榭，是临水而建，供人们休息、观景的建筑。榭多倚于周围景色，且平台的一部分在地面上，另一部分伸出水面，人们在此可倚栏赏景。榭不但多设于水边，而且多设于水的南岸，视线向北而观景。榭在临水处多设坐凳栏杆，又叫美人靠、吴王靠，相传是吴越时吴王与美人西施游赏观景所用之物。南京中山陵的流徽榭，又名水榭亭，榭长 14 米，宽 10 米；三面临水，碧水如镜，倒映水榭。它由陵园工程师顾文钰设计，在卷棚式的白色亭顶上覆以乳白色的琉璃瓦，加上红色立柱，形成美不胜收的水中倒影。苏州怡园藕香榭，在小沧浪之南，里面放一张条几，一张八仙桌，一对清式靠椅。条几上置有大理石插屏和山石盆景，气氛淡雅自然。左右两边都是桌凳椅，作待客之用。藕香榭前有平台，站在平台可欣赏小沧浪全景，也可以看到对面的屏风三叠、小沧浪亭等建筑。热河避暑山庄水心榭建于下湖和银湖之间，跨水为桥，桥上筑三座亭榭，水心榭中间为长方形重檐歇山卷棚顶建筑，南北为重檐攒尖顶建筑，其两端为四柱牌楼。

七、廊

廊是连接两个建筑物之间的通道。上有顶棚，下以柱支撑，可以遮阳、挡雨，便于人们游走过程中观赏景物。也可以说，廊是在建筑物前方增加的一个柱间，有柱，有的还设栏杆。从建筑艺术来看，它增加了建筑的空间层次。进一步说，园林中的廊串起了园中的各种造景要素，不仅是空间艺术，更是时空艺术。它形成空间的曲折、高低，既是赏景之处，也是美景的一部分，还起着风景导游的作用。北京颐和园长廊不仅以世界上“最长的廊”而闻名，更因为梁枋上精美的14000余幅彩绘，被载入《吉尼斯世界纪录大全》。因而人称：穿堂绕殿入长廊，彩画亭阁竞吐芳。苏州拙政园水廊，位于园西部与中部交界处，依水而建，蜿蜒起伏。因随着池水而高低起伏，被称为波形水廊。

图58　长廊

八、舫

舫是形状类似舟楫的建筑，它仿照船的型式而建造，又称旱船。大多三面临水，一面与陆地相连，多设于水中，供人游玩、宴饮或赏景。也有建于平地的，称为船厅。其没入水中的部分，多为石造，故又称石舫。作为建筑，它似船而不能划动，故而又称为“不系舟”。舫有仿中式船的，也有仿西式船的。近代以来，多取西洋样式，水泥做底，船身铸铁栏杆，还装有彩色玻璃等等，融合西方园林文化的特色。如颐和园清晏舫，原本是中式舱楼，后依照慈禧之意，改为了西式。又如狮子林，因其石舫，而有了区别于其他古典园林的独特“个性”。

九、牌坊

牌坊又名牌楼，为门洞式纪念性建筑物，是古代社会为表彰功勋、科第、德政以及忠孝节义所立的建筑物；也有一些宫观寺庙以牌坊作为山门，还有的是用来标明地名的。牌坊也是祠堂的附属建筑物，昭示着家族先人的高尚美德和丰功伟绩，兼有祭祖的功能。牌坊的建立，有严格的礼制规定，大多数是需要皇帝下诏才能制作的。牌坊滥觞于汉阙，成熟于唐、宋，至明、清登峰造极，并从实用建筑迅速演化为一种纪念碑式的建筑，被广泛地用于旌表功德、标榜荣耀，不仅置于郊坛、孔庙，更大量用于宫殿、庙宇、陵墓、祠堂、衙署和园林前，以及主要街道的起点、交叉口、桥梁等处，景观性也很强，起到点题、框景、借景等效果。

据说，在唐代，我国城市都采用里坊制，坊是居民居住区的基本单位，“坊”与“坊”之间有墙相隔，坊墙中央设有门，以便通行，称为坊门。

后来因为门没有太大的作用，所以就只剩下现在这种形式，于是百姓逐渐称这种坊门为牌坊。

图 59　孟子故居的牌坊

牌坊主要由柱、依柱石、梁、枋、楼等几部分组成，柱子之间架有横梁相连。梁的上面承接着一到三层石板，上面镌刻有建坊目的之类的文字，石板上面建有楼，有些楼还有特别明显的顶盖。横梁的跨度较大，为了解决负重大、易断裂的问题，在梁与柱相连的拐角处，多安置有雀替。从形式上分，牌坊有两类：一类叫“冲天式”，也叫“柱出头”式，它的间柱是高出明楼楼顶的；另一类“不出头”式，它的最高峰是明楼的正脊。如果分得再详细些，可以每座牌楼的间数和楼数多少为依据。无论柱出头或不出头，均有“一间二柱”“三间四柱”“五间六柱”等形式。顶上的楼数，则有一楼、三楼、五楼、七楼、九楼等形式。在北京的牌楼中，规模最大的是“五间六柱十一楼”。从建筑材料看，现有牌坊有木牌坊、琉璃牌坊、石牌坊、水泥牌坊等；按功能分，大致有功德牌坊、百寿牌坊、节孝牌坊、庙宇牌坊、陵墓牌坊、标志牌坊等。

牌坊集雕刻、绘画、匾联文辞和书法等多种艺术于一身，熔古人的社会生活理念、传统道德观念、古代民风民俗于一炉，也是历史的见证。那点缀在城乡各地的牌坊，往往能对城乡景点起画龙点睛的作用，显示出景点的古色古香，既体现了本身的高超艺术性，也展现出当地悠久的历史人文风貌。比如，在皖南徽州，牌坊与民居、祠堂，被称为古建"三绝"。牌坊同时也是徽州文化的见证者。

传统建筑中的小品式建筑，多为休憩赏景性建筑，其本身也是一道亮丽的风景。而且不论亭台楼榭，它们实际上都是同构的。比如，我们把一个亭加上四个面，它就可能变成一个阁；把阁放大，它就可能是一个厅堂。它们的构造几乎是一样的，材料也是一样的。古人用匠心设计建造，让每一座建筑的价值都不只停留在实用之途上，而是深刻体现出"天人合一""中道自然"的人文精神。

第四章　独树一帜——形成地域特征的民居

第一节　南北四合院的特色

四合院是中国传统民居建筑发展到一定阶段的产物，也是家族发展的产物，更是适合不同地域环境的产物。

一、四合院的基本结构

中国幅员辽阔，各地自然环境以及人们的生产生活方式都有很大的差异，因而产生了各种不同的民居建筑。显然，“民居是自然环境与文化因素交融的产物，是一个民族创造力与审美观的具体表现”。[①]

四合院是一种传统合院式建筑，至今已有3000多年的历史。四合院，顾名思义，就是院子的四面都围合有房屋，因而其格局是一个院子。在北方，由于院落宽敞，还可在院内植树栽花、饲鸟养鱼、叠石造景等，形成漂亮的露天起居室。而在南方，四周房子可能就围成一个四水归堂的天井。

---

① 王其钧：《图解中国民居》，枫书坊文化出版社2015年版，第240页。

考古学界认为，我国进入文明史的初期，已经出现了合院建筑的雏形。河南偃师二里头遗址中，有一东西长约108米、南北宽约100米的建筑遗址，平面为略呈折角的正方形，四周由双廊或单廊环绕。南廊的正中是大门，中部是穿堂，两侧的塾门是进入宫中的正门。东廊的折角处还有一个较小的侧门。庭院的北部是宫殿。陕西岐山凤雏村有一组西周早期的建筑遗址，平面呈矩形，有两进院落。门道、前堂、后室，组成从南到北的中轴线。东西两侧是庑，堂、室、门都与庑相连，围拢出两个院落。大门外面竖有立屏，即后来的影壁。比之二里头的宫殿与围廊，凤雏村宫殿用房屋四面围拢的形式，更具备了合院的特点。而且，西周这样的布局，一直延续到宋元时期。[①] 成都出土的东汉画像砖上的庭院，也显示出四合院的形态。唐宋时期留下的大量绘画，都可看到四合院的格局。如《文姬归汉图》《千里江山图》等，成为直观记载四合院的历史文献。

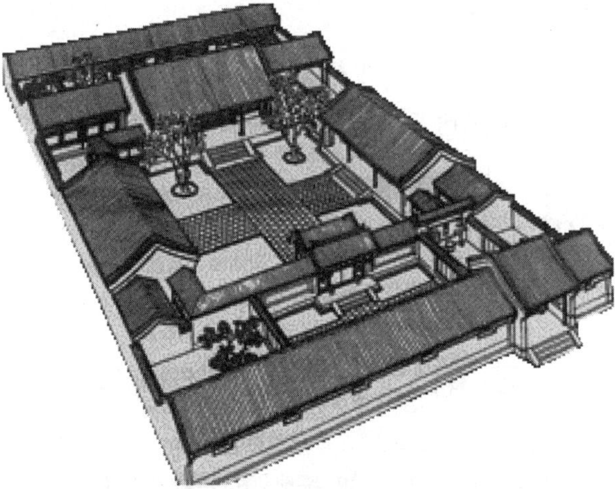

图 60　北京四合院鸟瞰图

载汉宝德：《中国建筑文化讲座》，生活·读书·新知三联书店 2006 年版，第 34 页。

---

① 王彬：《北京四合院的建筑布局与居住文化》，《光明日报》，2017 年 3 月 10 日。

四合院在中国民居中最具有代表性，其中北京的四合院重传统，善布局装饰，并以此闻名天下。北京的四合院是中国古代人文精神与自然环境的产物。一座坐北朝南的四合院，大门开在东南角，与东厢房的南部山墙相对。门内西侧是庭院。正房位于庭院的北部，坐北朝南。倒座位于庭院的南部，坐南朝北。东西两侧是厢房。围墙用来填补建筑之间的空隙。卡子墙、垂花门、抄手游廊分布其间。卡子墙与倒座之间组成第一进院落，卡子墙与正房之间形成第二进院落。正房与后罩房构成第三进院落。显然，第二进是主体，庭院基本是正方形的，第一进与第三进则是南北短而东西长，为扁长形状。在这里，正房、东西厢房与倒座的后檐墙，形成院子的四界。如果去掉后罩房，把庭院再向后延伸，加盖正房与厢房，则此处的正房与前面的正房会形成前堂后寝的格局。如果这进庭院的后面再设置后罩房，则形成四进院落。后罩房有时建成两层，即后罩楼。

从理论上讲，四合院可以进行无限的纵向组合。但因受到地理环境的限制，一般也就多到五进，最多也只为三路，且根据需要并不全部安排为住宅，如设下房、筑园林等。

四合院的建筑色彩多采用材料本身的颜色，青砖灰瓦。但墙体磨砖对缝，工艺比较考究。

二、南北四合院的地方特色

四合院广泛分布在中国南、北各地，其中最重要的是正房。正房通常有三间，它是四合院的主体。实际上，这三间正房也可以是独立的，也即在民间大量存在的“三间房子”，或简称“三间”。“三间房子”呈横向排列，而由长向的中间进入室内。这中间的一间称为堂，左右两间即为室。堂为明间，面阔较大；室为暗间，前面只开半截的窗。“登堂入室”即说明了各间私密的层级。“三间房子”是被包容在厚厚的墙壁内的空间，只有前面才有门有户。当然，阴暗的卧室仍然面对前院开窗，是一种为生活而安排的空间。而且，“三间房子”通常是南向的，不但有冬暖夏凉的好处，还因阳光的照射，显示出它的温和。

山西民居的建筑较为复杂，由最简单的穴居到深邃富丽的住宅大院，颇有许多特殊之处。因山西是“九边重镇”，历来战事频繁，住宅安全对于那里的人们来说至为重要。所以山西民居特别强调防御性，庭院外墙为灰色清水砖墙，颜色单一，外观显得高耸与封闭。但是，山西宅院的整体色彩与黄土高原十分和谐，砖瓦材料都采自本地的黄土和青石条，墙体的浅黄、屋顶的青灰，再配上门窗深沉的木色，特别地古朴厚重。而且它的宅门、脊饰、烟囱帽、风水楼、风水影壁等丰富多彩，使其外部轮廓绝不死板呆笨，而是丰满舒展，显示出“外雄内秀”的特色。

陕西的民居大院，既有北方的雄伟又有南方的纤秀，色彩浓烈，建筑华丽。如丹凤会馆，被当地人称为“花庙”。陕西米脂老县城以窑洞构成四合院落，形成街道，外围明代古城，甚至城门至今还在，布局相当完整。

我们看到，中国古代不同时期、不同地区以及不同用途性质的建筑组群，受政治制度、民族习俗、宗教信仰等文化因素以及自然地理因素的影响和制约，其布局方式、组合式样不尽相同。即使同为居住建筑，南方和北方的四合院也有一些差异。从院落来看，南方的四合院四面的房屋多为楼房，在庭院拐角处，房屋相联，这使中间围合的庭院很小，犹如一“井”。故南方不称其为庭院，而称“天井”。其作用也是由南方的气候特点决定的。而北方冬季长，气候寒冷，房屋需要充足的日照和采光，所以北方的四合院房屋各自独立，厢房与正房、倒座房并不连接。连接各房屋的只是转角处的游廊，故都有较大的庭院，门窗也高大。北方四合院宽敞开阔，阳光充足；相对而言，南方的天井窄小，显得有些阴暗。不仅不同地区的四合院布局造型有着显著的地区特点，就是同一地区的四合院，因具体的位置、主人的身份地位以及文化素养和爱好不同，也会形成不同的格局和景致。

明清时期，商帮崛起，各地商人发财后，纷纷回家乡建筑豪宅。当然，他们所建的房子仍为中国古代四合院样式，只是各地商人豪宅仍有自己的特色。如陕西乃八百里秦川之地，地势开阔，一马平川，伸展空间大，陕商四合院就建得比较正规；山西多为丘陵地，建房就充分利用山坡坡度，晋商大宅院呈梯度上升，层次分明；徽州是山区，故徽商住宅通常向高空发展，房屋多建成楼房；浙江绍兴的台门，西南地区的一颗印式住宅，四面的房子都相互衔接；而在岭南，那里得对外通商之便，受西方文化影响较多，故粤商住宅中常常可见西洋美景。

北京的四合院在整体上南北长、东西短，其内部的庭院与山西或者陕西窄院中的庭院有着迥然不同的风格。在庭院的长宽比例上，北京四合院通常是1∶1，山西窄院是2∶1，陕西窄院是3∶1，随着西北地域的转移，长宽的比例愈来愈悬殊。这就意味着，北京四合院的庭院基本是正方形，而无论是山西还是陕西，庭院都是南北长而东西窄的纵长方形的，建筑虽然也是一正两厢，但是东西厢房相互靠拢，把正房部分或者大部分遮住。而四川的四合院的庭院，则多为东西长而南北窄的横长方形。

三、四合院的文化内涵

尽管由于南北地域不同，四合院的建筑布局各具特色，其表现的文化也会有所差异，但其中的共同点也是相当丰富的，特别是中和圆融思想非常突出。四合院讲究含蓄内敛，深藏不露。从门楼起，照壁、月亮门、垂花门，形成一道道屏障，将外来视线层层阻隔，将宅院深深隐藏；甬道和抄手游廊间曲折的路径，尽显曲径通幽之美；正房、厢房、耳房的面阔、进深尺度各不相同，形成主次分明、错落有致的美感；其间点缀着山石花木，意趣盎然，在狭小的空间中体现了人与自然的密切结合。宋人诗句"庭院深深深几许"，正是对古老的四合院生活感受的喟叹。

四合院的主要功能是家居活动场所。在四合院中，正房居于首位，中间为明间，又称"祖堂"，供奉先人牌位，常在此祭祖，将家人从心灵上联系起来。至于房间的安排，则按家人的身份与辈分来分配。"北屋为尊，两厢次之，倒座为宾，杂屋为附"，故长辈住正房，晚辈住东西厢房。除大门可通向外面，其他门窗都开向院内。这种封闭式的住宅，强调的是居家的私密性与秩序性，关起门来自成天地，一家人和美相亲，其乐融融。

四合院在空间组合上，明显突出了中国传统哲学思想。它的营建，从择地、定位到确定每幢建筑的具体尺度，都要遵循风水理论的要求。一座四合院，从正房到两厢，加上倒座，形成四围合。正如《易经》所云："太极生两仪，两仪生四象，四象生八卦。"院门开在东南角，称为"青龙门"，八卦中为巽位，是通风之处，可通天地元气，也表示进出顺利，所以把门开在东南角，取出入平安的吉祥之意。正房坐北朝南，正北为"坎"，五行属水，正房建在水位上，喻意避火，同时也与周易中"圣人南面而听天下，向明而治"相符。这种建筑布置格局就称为"坎宅巽门"，在风水观念中是吉利的。实际上宅门不设在中轴线上，有利于保持居室环境的隐秘性，也让宅内空间的变化更多。庭院由东西南北四方房舍相围合，外"实"内"虚"，显示阴阳对立。院落四角空间的利用和安排，如布置耳房、天井、厕所、贮物间、门道等，构成"四维"的布局。这样一来，院落空间也就类似于布局完整的八卦空间。四合院所表达的各种阴阳组合关系，反映出鲜明的中国文化特质。

在四合院中，门楼、门墩、照壁、花坊、房檐屋脊和门窗等处的装修、雕饰、彩绘，处处体现着民俗民风和传统文化，表现了人们对吉祥、幸福、美好的追求。生活于四合院内，莳花植木，立石养鱼，拉近了天地的距离，融合了自然空间。院内以廊庑、花墙联系建筑和分隔空间，似断又连，虚实相济，呈现出融融生机，这就是在喧嚣纷攘的世界中，最大程度地亲近于自然。只要一踏进庭院大门，就会产生一种安全祥和、自然亲切的感觉。

四合院作为民居建筑的主体，有着海纳百川的胸怀，表达了中道文明的内核，承载着博大的中国文化精髓。

第二节　展山川灵气的徽派建筑

闪耀着徽州文化光辉的徽派建筑，依山傍水，背山面水。其古朴典雅，与自然环境融为一体，最经典地诠释了中和建筑文化的内涵。

一、徽州地区的地理环境与文化氛围

当人们谈到徽派建筑时，对徽派的“徽”定义是相当明确的，即它既不是专指安徽，也不是绝对指代“徽州”。

徽州，古称歙州，又名新安，其辖下县治，历代多有变化，到唐大历五年（770 年），州领黟、歙、祁门、休宁、婺源、绩溪，形成一府六县的格局。宋宣和三年（1121 年），改歙州为徽州，府治在今歙县，从此历宋元

明清四代，徽州统一府六县不变。民国后，府治撤消，婺源划归江西，原来的格局不再存在。但历史上的徽州仍深深地印在人们的脑海之中。而所谓的徽派建筑，实际涉及的地域比之古代的徽州一府六县广阔得多，它至少流行于钱塘江上游的新安江流域（徽严地区——一府六县及淳安、建德）、浙西的婺州、衢州及泛徽州地区（江西浮梁、德兴，安徽旌德、石台等）。

徽州地区一向号称“八分半山一分水，半分农田和庄园”，人称“境内群峰参天，山丘屏列，岭谷交错，有深山、山谷，也有盆地、平原，波流清澈，溪水回环，到处清荣峻茂，水秀山灵”，犹如一幅风景优美的画卷。在今天看来，得天独厚的优美环境，是人们心目中最佳的旅游目的地。但是很显然，对于农业经济占主体的社会，这里并不是人们生存的最好地域。清光绪年间出版的《婺源县志》卷二《风俗》中就说，此地“生计难，民俗俭”。但从军事及经略角度看，这里既有山脉屏障，又有水利之便。太平年代，这里是躲避尘世的福地；而在动乱之时，这里退可躲避刀兵，进可出奇制胜。作为“吴楚分源”之地，徽州地区一直受到文人学士的重视。

在古代，徽州地区属山越部族，先后归属吴、越、楚等国。秦统一全国后，始有郡县设置。晋以后北方大批移民南下，进入徽州地区，其中既有世家大族、缙绅冠带，也有硕学鸿儒、黎庶平民。居民的变化导致地区文化的变化。唐宋以后，中原文化南移，加上这里地势的封闭性，较少受战争的损害，这让徽州地区获得文化发展的特殊条件。据统计，清代总共出了 114 名状元，而属于 329 个二级行政区之一的徽州府就有本籍状元 5 人，寄籍状元 13 人，占状元总数的 15.7%。而在文化史上，徽州地区出生的名人更是居全国之冠。以朱熹、戴震为首的理学家，影响中国学术数百年；以渐江、黄宾虹为代表的新安画派，将中国山水画推向高峰；而何震、苏宣、朱简等人深研篆刻，时人称之为黄山派。徽州多藏书家，清代编《四库全书》时，全国献书四大家中，三人为徽人——其实这里早在明代就是中国四大刻书中心之一，为后世留下了不少珍本古籍。这里出产的歙砚、徽墨、徽纸等，为文房四宝中的珍品。所有这些，使徽州地区的人文环境发生了巨大的变化，古代的山越文化被中原文化、儒家文化融化与取代，形成以儒家文化为根本的徽州文化。这进一步导致徽州地区的文风昌盛、教育发达。

徽州位于浙、赣两省相邻的皖南，黄山、白岳（齐云山）横亘其间，武夷山、仙霞岭等峙立在边沿。在农业经济时代，这里绝对承受不了太多的人口。于是，缺乏土地的农民不得不走出大山，寻找新的生机。经商，应该是徽人几经周折后的选择。民谣称："前世不修，生在徽州。十三四岁，往外一丢。"踏踏实实、勇于进取的徽商四处生根开花，从而形成了"无徽不成镇"的局面。徽商经营广泛，特别在盐、典、木、茶等行业中，涌现出众多的巨商大贾。清代垄断盐经营的徽商竟富得可以先后接待清帝康熙、乾隆南巡，支援左宗棠平定新疆。与其他商帮不同的是，徽商往往以儒商的面貌活跃于商场中。这是一个具有相当文化程度的商帮集团，其中很多人是先儒后贾，抑或先贾后儒。

徽州教育、文化的发达，使得相当多获得功名的人进入官场。他们功成名就后，会回家乡修建府邸、庭院、祠堂、牌坊等建筑，颂扬祖宗功德，彰显朝廷恩典。徽州商人也不甘落后，经商致富后，同样兴建宅院、园林、学校等，以显耀乡里，这是古人衣锦还乡传统的真实显现。这使徽州地区的建筑、风景得到充分的发展。官员也好，商人也罢，亦官亦商者更不用说，尽管他们大兴土木的目的不完全一致，但热爱家乡这一点是共同的。因此，他们兴建的这些住宅、园林、书院、祠社等建筑，将中和文化灌注于建筑的设计、实施之中，重视风水，协调环境，讲究艺术，布局协调，结构严谨，装饰精致，变化自然，风格独特，具有乡土气息。加之徽州盛产木材，民间向有雕刻、绘画传统，砖、木、石雕别具一格，因而形成颇具地方特色的建筑，高墙白壁，飞檐斗栱，发展为中国建筑艺术的一大派系——徽派建筑。

二、绿色掩映的青砖黛瓦白墙

在徽州地区，一座座峰峦青翠秀美，一道道溪流碧波翻涌。透过这青绿秀色、粉墙黛瓦的层楼叠院，徽州古民居映射出世外桃源般的古意。明代戏曲家汤显祖曾吟咏道："欲识金银气，多从黄白游。一生痴绝处，无梦到徽州。"（《游黄山白岳不果》）徽州民居集徽州山川风景的灵气，融风俗文化的精华，形成独具一格的徽派建筑。它规模宏伟、风格清新典雅，尤其是装饰在门罩、窗楣、梁柱、窗扇上的各类雕刻，工艺精湛，形式多样，造型逼真，栩栩如生。掩映在青山绿水中的粉墙、青瓦、马头墙，加上砖、木、石雕，以及层楼叠院、高脊飞檐、曲径回廊、亭台楼榭等的和谐组合，构成徽派建筑的基调，让初入此地的游人极度震撼。

徽派建筑是中国古建筑最重要的流派之一，它在"村落选址和布置上考虑的所谓聚风藏气、趋吉避凶等风水要义和山清水秀、土肥地沃等聚族耕读的要求，集约在'枕山、环水、面屏'的地表模式和结构中"①，以砖、木、石为原料，以木构架为主。梁架多用料硕大，且注重装饰。其横梁中部略微拱起，民间俗称为"冬瓜梁"，两端雕出扁圆形或圆形花纹，中段常雕有多种图案，通体显得恢宏、华丽、壮美。立柱用料也颇粗大，

---

① 刘森林：《徽州朝奉：村落 士商 互动》，清华大学出版社2014年版，第134页。

上部稍细。梁托、叉手、雀替、斜撑等大多雕刻花纹、线脚。梁架一般不施彩漆而髹以桐油，显得格外古朴典雅。墙角、天井、栏杆、照壁、漏窗等用青石、红砂石或花岗岩裁割成石条、石板筑就，且往往利用石料本身的自然纹理组合成图纹。墙体基本使用小青砖砌至马头墙。不论是村镇规划构思，还是平面及空间处理、建筑雕刻艺术的综合运用，以及工艺特征和造型风格，都充分体现了鲜明的地方特色。

在总体布局上，徽派建筑讲究自然情趣和山水灵气，依山就势，重视与周围环境的协调，构思精巧，自然得体；在平面布局上规模灵活，变幻无穷；在空间结构和利用上，造型丰富，讲究韵律美，以马头墙、小青瓦最有特色；它综合运用建筑雕刻艺术，融石雕、砖雕、木雕为一体，使建筑显得富丽堂皇。民居大多依山傍水，山峦、绿树与亭院、台榭、楼阁等建筑交相辉映。如黟县宏村，背靠古木参天的雷岗山，前临风光旖旎的南湖，傍依碧水萦回的浥溪河，一湾溪水沿着每户民居缓缓流淌，景色极为秀丽，有"中国画里的乡村"的美称。

徽州古民居，多为三间、四合等格局的砖木结构楼房，平面有呈口字、凹字、日字、H形等几种类型。三合院式稍少，大多为多进院落式。宅院一般坐北朝南，倚山面水。布局以中轴线对称分列，面阔三间，中为厅堂，两侧为室，厅堂前方称"天井"。院落如有多进，各进皆开天井，充分发挥通风、透光、排水作用。经过天井的二次折光，室内光线较为柔和，给人以静谧之感。雨水通过天井四周的水枧流入阴沟，俗称"四水归堂"，或谓"肥水不外流"，体现了徽商聚财的思想。天井周沿，还设有雕刻精美的栏杆和"美人靠"。民居楼上极为开阔，俗称"跑马楼"。一些大的家族，随着子孙繁衍，房子一进一进地套建，形成所谓"三十六个天井，七十二个槛窗"的豪门深宅。如黟县关麓的"八大家"，据说就是由八个兄弟的20幢民居屋舍相贯、院庭联幢而成。八家相对独立为八个单元，每一单元有风格不一的正屋、偏厅、天井、庭院、花园和厨房，屋楼上下都有门户串结，形成一个整体。打开大门是八家，关起大门是一家。“八大家”中有六处宅名与学塾相关，成为徽州地区重视教育的证据。

古徽州地区，民众往往聚族而居，为敦本敬祖，祠堂是村镇最重要的建筑。其中宗祠规模宏伟，家祠小巧玲珑，形成一个个风格古雅的祠堂群。那些大的祠堂，用料硕大厚实，有的竟采用整块长达六七米、宽一米多、厚八十厘米的大木料作月梁；用整根圆周二三米、高七八米的大木料作厅柱；开凿出整块十米多长、五米多宽的大石板作台阶。祠堂的“享堂”“寝堂”采用一色的名贵木材，如银杏等，称“白果厅”；也有重梁叠架，称“百梁厅”。祠堂大门多作“五凤楼”，高墙翘角。每座祠堂都建得庄严肃穆，体现出家族的神圣威严。

徽州文化昌盛，徽人重视教育，书院是二者相互为用的表征。出仕的官员支持家乡兴办书院，著名学者亲自主持书院，富商大贾也都资助书院，因而徽州各地书院林立。书院选址考究，建筑上乘，藻饰富丽，俨然乡邑的景观。如紫阳书院倚山瞰溪，前为书楼，中为明德堂，后为宸奎阁，旁为风泉云壑轩，斋庑分列两翼①。

在徽州，牌坊与民居、祠堂建筑最为典型，被誉为徽州“古建三绝”，为中外建筑界所重视和叹服，是徽州独具一格的人文景观。牌坊通常用徽州山里特有的花岗岩和青岗岩精雕细琢堆砌而成，仿木结构而建。起初，这里的牌坊只有单排立柱，后来才逐步发展为四柱、六柱，甚至八柱，为门洞式建筑，故有四柱冲天式，八柱式，口字式等造型。特别到明清时，这里居高官者较多，加之徽商财力雄厚，树牌立坊之风日益鼎盛，

① 刘森林：《徽州朝奉：村落 士商 互动》，第 71 页。

使这一地区的造坊工艺变得越来越精美考究。徽州牌坊种类很多，有功名坊、孝义坊、科第坊、百岁坊、贞节坊等，其中又分为御赐、恩荣、圣旨、敕建几个等次。在层层马头墙外，高高耸立的牌坊给徽州民居更增添了历史气息。

马头墙，是徽派建筑的典型特色。“粉墙黛瓦上，巍巍马头墙。明堂开天井，四水俱归堂。”在徽州地区，山岭连绵，平地很少，适合建筑居处的地方有限，民居建筑密度较大，不利于住宅防火。高高的马头墙，能在相邻民居发生火灾的情况下起到隔断火源的作用，故而马头墙又被称为封火墙。马头墙的“马头”，通常是“金印式”或“朝笏式”，显示出主人对“读书做官”这一理想的追求。高大封闭的墙体，因为马头墙的设计而显得错落有致，而静止、呆板的墙体，又因为有了马头墙，显出一种灵动的美感。远望层楼叠屋的村落，高低起伏的马头墙，给人的视觉产生一种“万马奔腾”的视觉冲击，也隐喻着整个宗族生气勃勃，兴旺发达。马头墙始建于明代，史载，明弘治十六年(1503 年)，何歆任徽州知府。鉴于当地火患频繁，殃及近邻，他以每五户人家为一伍，共同出资砌火墙以阻止火势蔓延，一月之内就建造了数千道，效果明显。此后，家家户户开始独立建造，并对封火墙美化造型如高昂的马头，故有此名。

在装饰方面，徽州建筑大都采用雕刻工艺。那具有徽派风格的砖雕、石雕、木雕三种民间雕刻工艺，简称徽派“三雕”。如砖雕的门罩，石雕的漏窗，木雕的窗棂、楹柱等，使整个建筑精美如诗。徽州雕刻艺术善于处理原材料本色，既能融化在建筑物整体之中，又能像水墨画一样清新淡雅。这些雕刻作品，虽然是附属在建筑物上的部件，如门罩中的砖雕，天井四周山水、花鸟题材的石雕，或是窗扇下栏板，屋檐下檐条、雀替，楼层栏板上带有主题性的木雕，都是一幅幅独立的画，一件件完

图 61　马头墙

整独立的艺术品[1]。当地有一种说法，叫“是图必有意，是意必吉祥”。“徽州三雕”在构图上注意变化和透视效果，内容上注重整体性和情景性，处处体现着人们对美好事物的向往。

徽派建筑另一重要特色“粉墙黛瓦”，即雪白的墙壁，青黑的瓦，色彩典雅大方。那远山、绿树下面的民居，青砖、粉墙、黛瓦，平实、质朴、淡雅，不矫饰，却给人一种特别的惊艳。近看房屋，屋盖是青瓦，外墙用砖砌，屋顶、屋檐、空斗墙、观音兜山脊或马头墙，高低错落，有强烈的形体节奏感，与远山近树环境融为一体。徽派建筑深深体现了中和文化的精髓。

作为一个传统建筑流派，徽派建筑融古雅、简洁、富丽为一体，至今保持着独有的艺术风采。而徽式建筑风格自觉地将中和文化蕴涵其中，又注定了它能走向远方，并被吸收到各地的建筑文化之中。

---

① 林清婉儿：《中国徽派建筑的“八大”元素》，华裔网，2014 年 6 月 3 日。

第三节　素朴的黄土高原窑洞

从山洞、地穴、半地穴再到窑洞，历史演进了几千年。黄土高原上的窑洞民居，让人们看到了中国土木建筑的悠远历程。

一、最古老的民居建筑：窑洞

如果要评选一座中国现存最古老的民居样式，那非窑洞民居莫属。早期先民"穴居野处"，这并不是传说，是有史籍记载且为考古发掘实证了的。在西北黄土高原上，窑洞这一"穴居式"民居的历史，至少可以追溯到四千多年前。

《诗经·緜》云："古公亶父，陶复陶穴。未有家室。"（《毛诗·大雅·緜》程译：古公亶父功业创，挖洞筑窑风雨挡，没有宫室没有房。第201页。）这说明，早在周先祖时期，土窑洞就遍布山原谷地。唐宋时期，窑洞种类增多，每个窑洞都有了明确分工。随着建筑技术的进步，数百户、数千口的窑洞村落大量出现。明清时期出现了小城堡，高大的土墙将一组窑洞或地坑院围起来，以防御乱兵和盗贼，俗称为"堡子"。

图62　陕北窑洞

在黄土高原的山西、陕西、河南、河北、内蒙古、甘肃以及宁夏等省区，至今仍广泛分布着各式各样的窑洞民居。这里大部分地区是由厚达50—150米的黄土覆盖，古人创造性地利用高原有利的地形，凿洞而居，有了真正的绿色建筑。可以说，窑洞是黄土高原的产物，也是西北人民的象征。

窑洞在建筑学上属于生土建筑，它建在黄土高原的沿山与地下，体现了人与自然的和睦相处与共生，其最大特点就是简单易修，省材省料，坚固耐用，冬暖夏凉，能防火、防噪音，节能舒适，且不占用良田，不破坏生态。修窑洞一般依山形走向，避湿就干，避低就高，避阴就阳。其传统的空间又渗透着与自然的和谐，朴素的外观在建筑美学上别具匠心。从外观上看，传统的窑洞空间是圆拱形，虽然很普通，但是在以单调的黄土为背景的情况下，圆弧形更显得轻巧而活泼。这种源于自然的形式，体现了传统思想中天圆地方的理念。那门洞处高高的圆拱加上高窗，在冬天可以使阳光进一步深入到窑洞的内侧，从而充分利用太阳光照。拱形加大了内部的竖向空间，使人们感觉开敞舒适。窑洞拱顶式的构筑，符合力学原理，顶部压力分至两侧，重心稳定，分力平衡，具有极强的稳固性。民谣里说："土打的窑洞丈二宽，夏天凉来冬天暖。"窑洞既节省土地，又经济省工，确是因地制宜的完美建筑形式，深刻体现了中道文化的精神内核。此外，窑洞还是养生保健的理想境地。因为土窑中空气湿润，湿度宜人，一年四季变化不大；况且空气新鲜，无任何环境污染；更重要的是能防御放射性元素的侵害。可以说，窑洞是中华民族的重要文化遗产，是中国建筑工艺的伟大创举，是人类居住史的"活化石"，对黄土高原人民的繁衍生息起着极其重要的作用。

窑洞由人们挖掘完成，有着独特的居住价值和文化内涵。一些窑洞有着上百年甚至上千年的历史。有的窑洞历经几代人，栉风沐雨，几易其主，修修补补，仍不失其居住价值。故老相传："有百年不漏的窑洞，没有百年不漏的房厦。"此语直指古老居住风习的特殊价值。

窑洞民居主要有三种形式，一是明庄窑，也叫崖庄窑，它一般是在山畔、沟边，利用崖势，先将崖面削平，然后修庄挖窑。"陶复陶穴"中的"陶复"，指的就是明庄窑。甘肃宁县瓦斜乡有一个千年大窑洞，占地200平方米，一门五窗，窑内可容纳数百人聚会。

二是土坑窑，即下沉式地坑院窑洞。这种窑洞都在平塬大坳上修建。先在平地上挖出一个长方形或正方形的大坑，一般深5至8米，将坑内四面削成崖面，然后在四面崖上挖窑洞，并在一边修一个进通塬面的长坡道或斜洞子。"陶复陶穴"中的"陶穴"即为这种下沉式地坑庄。

图63　延安窑洞

三是箍窑，它一般是用土坯和麦草黄泥浆砌成基墙，拱圈窑顶而成。窑顶上填土呈双面坡形，用麦草泥浆抹光，前后压短椽挑檐，也有的人在上面盖上青瓦，以保护窑顶不被雨淋，使箍窑的寿命更长。

窑洞按用途细分还有很多。如为了防盗，在正面窑上面再打个小窑，名高窑；在窑内一侧再打个能藏东西的小窑叫拐窑；若因窑小，在盘炕的地方再掘一小窑叫炕窑；为了躲避战乱，在庄附近另挖一长道深洞，叫地窨子。住家院落中的窑洞因用途不同，名称也有所不同，如客屋窑、厨窑、畜圈窑、中窑、柴草窑、粮窑、井窑、磨窑、车窑等等。

窑洞也结合了中国木结构技艺，这就是窑洞的门窗。窑洞的门窗，通过造型、色彩、材质等方式，表达出既有功能性又有特定风格的建筑形体。窑洞门窗中间有根横梁，叫作平戗，平戗上部分统称为圆窗，下部分统称为门窗，圆窗弧形边梁叫作圆戗；平戗下部分中间是门，这就是天圆地方的传统理念在窑洞建筑中的体现。圆戗最上面的中间位置留有一个小孔，不贴麻纸，使得室内与室外空气对流，名为天眼。其余的窗格子全部由木条窗棂构成，内部用白色的麻纸贴齐。窑洞建筑的装饰纹样几乎全部集中在窑脸的门窗上，装饰形态变化多端，由此展示出屋主的身份地位，并具有希望子孙后代繁荣昌盛、吉祥如意等寓意。窑洞上圆下方，整体上看，方圆结合，均衡统一，使视觉比例左右适度，这也是中和精神的显现。

除了上述黄土高原地区外，在新疆吐鲁番、喀什，福建龙岩、永定和广东梅州等地区，也有类似的窑洞民居存在。由于在中国革命史上的特殊地位，陕北窑洞最为著名。1935 年 10 月，中央红军经过长征到达陕北，延安窑洞成为中国革命的指挥中心，古老的窑洞焕发出革命的青春。

二、地坑院：建于地表下的四合院

下沉式地坑院窑洞，或名天井院，当地人也称为“地阴坑”“地窑”，号称中国北方的“地下四合院”。这类民居在河南三门峡陕州区、山西运城、甘肃陇东的庆阳及陕西渭北高原有着集中分布。

在黄土高原的一些塬区，黄土层堆积深厚，其主要成分为石英和粉沙，少数地带黄土层里夹杂有很薄的料礓石，是介于典型褐土和黄潮土之间的农耕土壤，土质结构十分紧密，有抗压、抗震、抗碱作用。这里气候干燥，十年九旱，降雨量偏少，很少有大暴雨发生，即使偶遇洪涝，由于平地三面都是沟壑，雨水出路通畅，一般少有渍水。特别是这些地方地下水位较低，一般在地表30米以下。半干旱性气候有利于保持当地土壤的干燥和坚固，使窑洞建筑经久耐用；这里一年四季温差较大，更能体现窑洞“穴居”冬暖夏凉的优势。这些都为地下挖坑、四壁凿挖居室这种民居形式提供了得天独厚的条件。据说，有窑龄200年以上的地坑院，至今仍有人居住。

从经济方面看，黄河流域作为国家的政治中心，几千年来饱受战争的痛苦，环境破坏严重，森林资源相当稀缺，这里的居民生活贫困，建造房屋难度很大。而地坑院结构简单，所用建材少，建筑成本低，只需要农民自己农闲之时挥镢刨挖，就能在一年半载中建成一座窑院，这是地坑院得以存在和发展的现实原因。

地坑院通常选择在平坦的土地上向下挖一个长方形或正方形土坑作为院子，然后在院坑的四壁挖8—14个窑洞，工程量约2000个土方。窑洞高3米左右，进深8—12米，宽4米左右，窑洞两米以下的墙壁为垂直，两米以上至顶端为圆拱形。其中一洞凿成斜坡，形成阶梯状弧形甬道，拐个斜向直角通向地面，是人们出行的通道，称为门洞，是地坑院的入口。在门洞窑一侧挖一个拐窑，再向下挖深二三十米、直径一米的水井，以解决人畜吃水问题。

为了保护窑洞，地坑院的顶部地面要压实平整，不种植任何植物，连杂草也得除尽。收获季节，院顶地面用于打场、晒粮，院内存放粮食的窑洞顶部开有直通地面的小洞，称作“马眼”。晒干的粮食直接从马眼流入屋内放置的粮囤中。茅厕顶部也开有一个“马眼”，一方面可以通气，另一方面可以把晒干垫厕的黄土直接灌入窑内。“地坑院深入大地之中，融合在自然之内。院心通常还栽植几棵梨树、榆树、桐树或石榴树，树冠高出地面，露出树尖。院内花开满院，蜂飞蝶舞，院上‘车马多从屋顶过'，呈现出一派田园之美、自然之美。有的整个村庄建在地下，其自然风格与乡土气息充分体现了敦厚朴实的性格，乡村住宅隐于大自然之中，好像是大自然的延续。"[①]故有民谣称：进村不见人，见树不见村，闻声不见人；人在地上走，树在脚下摇。众多地坑院一同构成了黄土高原最为独特的地下村庄。

地坑院一般为独门洞独院，也有二进院、三进院，就是一个门洞与二至三个地坑院相连。在地坑院顶部四周，须砌一圈青砖青瓦房檐，用于排雨水。房檐上砌高 30—50 厘米的拦马墙（也称女儿墙），拦马墙内侧有的还种些酸枣等灌木，在通往坑底的门洞四周同样也做有这样的拦马墙。拦马墙的功用，一是防止地面雨水灌入院内，二是保护在地面活动的人们特别是儿童的安全，三是在单调的黄土塬上对建筑进行美化装饰。

为了排水和防渗，地坑院内的窑脸（窑洞正立面）除开有窗户外，都要用泥抹壁，基座一般以青砖加固。院内地面四周砌一圈青砖。地坑院院心再向下挖 30 厘米左右，并在其偏角挖一眼 4—6 米深、直径 1 米左右的水坑（井），坑（井）底下垫炉渣，上面用青石板盖上，主要用来积蓄雨水及污水排渗。地坑院的门洞中，通道多用砖砌筑成阶梯形。门楼多用砖瓦精心砌筑，俗称"穷院子，富门楼"。

地坑院内各个窑洞分为主窑、客窑、厨窑、牲口窑、茅厕、门洞窑等，各有其功用。主窑三窗一门为最高，其他窑则是二窗一门。地坑院窑门多为一门双扇，以槐木、椿木为主，多用黑漆带红线的色彩，在门的一侧留有锅腔和土炕的烟火道。窗户是方格状，裱糊白纸或安装玻璃，节庆时贴窗花。木制门窗古朴典雅，向外开启的风门更是奇特，门窗整体

① 王徽等：《窑洞地坑院营造技艺》，第 113 页。

搭配十分自然、素洁、严整。

窑洞民居的特色，体现出人们因地就势充分利用自然地形特点建造宅院的智慧。这种适应自然、顺应自然的绿色建筑具有强大的生命力。有学者指出："地坑院民居建筑是远古穴居文化的直接传承，在中国建筑文化史上自成一体。其建筑本身所蕴含的传统文化品性也是非常独特的，带有华夏民族鲜明的本原气质。从形式上看，它标志着人工创造对自然资源'占有'的同时，又体现着自然对人工创造的亲昵；从观念上看，它反映着原始本原文化'土气'的同时，又彰显着虽古犹新的人类智慧；从价值上说，它既是极其一般的物质文明存在，又是极其特殊的精神文化积淀。"①

地坑院是建筑史上一种逆向思维的产物，它是利用自然地形下沉式地挖掘，建筑与大地融为一体，地面上几乎看不到形迹，这与通常由上竖式材料垒砌，矗立在大地之上的建筑，风格迥然不同。这种一反常规的构造方式，是地坑院最大的价值所在和魅力体现。地坑院是中国古代"天人合一"哲学思想的反映，是人与自然和睦相处、和谐共生的典型范例，更凝聚着中道文化的精髓。保护这种民居形式，也就是保护中华民族从远古到现代不间断的物质记忆。

第四节　西南村寨吊脚楼

从鸟巢到树居、干阑屋，再到吊脚楼，我们了解了中国传统民居建筑的传承。山区的吊脚楼，是先人适应环境的伟大创造。

---

① 王徽等：《窑洞地坑院营造技艺》，第 118 页。

一、吊脚楼的悠久历史

吊脚楼是我国南方干阑式建筑的一个独特的类型，建筑在两级台地或是斜坡上，房屋仅有部分楼板架离地面，通常是由落地建造的座子屋与架空的横屋组成[①]。在我国西南地区，苗族、壮族、布依族、侗族、水族、土家族等少数民族，都以吊脚楼为他们的传统民居；在渝东南及桂北、湘西、鄂西、黔东南地区，吊脚楼特别多，往往形成村寨。

在我国西南地区，高山大川之间，平地极少。这里生活的人们要将少有的平地用来种植水稻，住房就只能建在山间坡地上。于是，干阑式建筑适应山区的吊脚楼就被创造出来了。吊脚楼最基本的特点是正屋建在实地上，厢房除一边靠在实地和正房相连，其余三边都是悬空的，靠柱子支撑。这种民居临水树立、依山修筑，采集青山绿水的灵气，与环境浑然一体，承载着大自然与人类的真挚情感。

吊脚楼一般为三层建筑，上上下下全部用杉木建造。早前，屋顶一般以茅草或杉树皮遮盖，或用石板盖顶，后来大多用青瓦铺盖。屋柱用大杉木，柱与柱之间通过榫卯套连在一起，尽管不用一个铁钉，也十分坚固。房子四壁用杉木板开槽密镶，有些还里里外外涂上桐油，又干净又亮堂。有作者在考察苗家吊脚楼后指出："榫卯衔接展现了苗家吊脚楼的杰出建造水平。一栋房子需要的柱子、屋梁、穿枋等有上千个榫眼，苗家工匠从来不用图纸，仅凭着墨斗、斧头、凿子、锯子和各种成竹在胸的方案，便做到柱柱相连、枋枋相接、梁梁相扣，使一栋栋三层木楼

① 参见张丹等：《吊脚楼特征及其生态技术初探》，《低温建筑技术》，2010年第8期。

巍然屹立于斜坡陡坎上，足见苗族民居建筑工匠的工艺水平。”[①]

修建吊脚木楼的地基时，必须把斜坡挖成上下两层；每层进深各为6尺多，各层面积约100平方米。上下两层相差约4尺多，层与层之间的山壁和外层山体用石头砌成保坎。建房时，将前排落地房柱搁置在下层地基上，与上层外伸出地基的楼板持平，形成悬空吊脚，上下地基之间的空间就成为吊脚楼的底层，故人称“天平地不平”。吊脚楼采用穿斗式结构，每排房柱为5至7根不等，在柱子之间用瓜或枋穿连，组成牢固的网络结构。楼的板壁用刨光的杉木板封装。每间的窗棂子用木条拼成形状不同的图案。各间的房门为独扇，但堂屋大门为两扇。富裕人家还在大门上刻有龙凤浮雕。

大多数吊脚楼在二楼地基外架上悬空的走廊，作为进大门的通道。悬空走廊上安装有独特的S形曲栏靠椅，这是一家人休闲小憩、纳凉观景、讲述传承神话故事与本族迁徙历史，以及演唱、对歌的多功能凉台。正中间为堂屋，设有火塘，由于有窗，所以明亮，光线充足，通风也好。堂屋两侧的立柱排扇往往要加柱，楼板加厚，因为这是家庭的主要活动空间，也是宴会宾客笙歌舞蹈的场所。一般情况下，左右侧房作为卧室和客房使用。三楼透风干燥，十分宽敞，除作居室外，多用来存放粮食和种子，是一家人的仓库。厨房安置在偏厦里。底层不宜住人，通常用来饲养家禽、牲畜，放置农具。

在那种陡峭的山岭上建立人们生活的居室，那些没有在历史上留下姓名的建筑师充分发挥了他们的聪明才智。有作者将吊脚楼与人体作比：房屋如人体，立于崎岖的山地，底层下部的木栏支柱就如人的双脚一样稳稳地踏在地上。因为吊脚楼基址多选在30度以上的大坡度

---

① 蒲肖依：《建筑里的中国》，外文出版社2016年版，第241页。

地段,半边楼便发挥了极大的作用,仿佛人可以弓步跨行,它可以架立在几乎垂直的陡坎上,也能在不规则不完整的复杂地段上建造。开间小、进深浅,占地不多,适应性灵活,几乎不受地基条件的限制。[①] 作为一种传统建筑形制,吊脚楼尽管与现代生活方式之间存在着矛盾,但其从结合地形、节约用地、适应气候条件、节约能源、运用地方材料以及注重环境生态等各方面体现出与自然的和谐共生,昭示了自身顽强的生命力,使之成为中国民居领域的杰出代表[②]。

与中原建筑讲究直线布局、中轴统一、左右对称不同,吊脚楼依托自然,完全按照山体山势来布局,以住房为中心,连同它所辐射的外部空间环境,共同构成一个完整的居住综合体。这种建筑群看似毫无秩序,实际上是自然美与人工美的巧妙结合,处处表现了人类和大自然的和谐相处。

二、吊脚楼的多种类型

吊脚楼的形式多种多样,其类型主要有单吊式、双吊式、四合水式、二屋吊式、平地起吊式等。

在苗乡,令人惊叹的吊脚楼随处可见。它依山傍水,鳞次栉比,层叠而上。比如在凤凰古城东南,前临古官道,后悬沱江上,是凤凰古城具有浓郁苗族建筑特色的古建筑群之一,属于五柱六挂或五柱八挂的穿斗式木结构,上层宽大,工艺复杂,做工精细;下层随地势地形而建,很不规则。屋顶歇山起翘,有雕花栏杆及门窗。这种建筑楼上住人,楼下架空,通风防潮,避暑御寒,体现了苗族独特的建筑工艺,具有很高的

---

① 蒲肖依:《建筑里的中国》,第 239 页。

② 张丹等:《吊脚楼特征及其生态技术初探》,《低温建筑技术》,2010 年第 8 期。

实用价值和观赏价值，被现代建筑学家认为是最佳的生态建筑形式，深得中和精神的韵律。

瑶族人多居住在山区，他们选择坡度较为平缓的地方，一半平整土地，另一半依据山势，用长短不一的杉木柱头支撑，架木铺板，与挖平的屋场地合为一个平坦的整体，再在此整体上建房。根据实用性和环境特性，他们会选择取水方便、风光优美的地势，以数十棵杉木撑起为基脚，建起被称为“千脚落地”的木楼。整座木楼以杉木为柱、为梁、为壁、为门窗、为地板，以杉皮为盖顶，不油不漆，一切顺其本色，自然天成。这些藏在深山中的吊脚楼，有的独立于山脊，有的连片成寨于坡前，形成了一幅幅美丽的民族风情画。

侗族吊脚楼也极富特色，它多为外廊式二三层小楼房，楼下安置石碓，堆放柴草杂物，饲养牲畜，楼上住人。一般情况下侗家是独居房，但也有的村寨，如广西三江县的苗江、八江、林溪一带，多聚族而居，同一房族的房子都连在一起，廊檐相接，可以互通，喜庆佳节则聚集于此，设宴接待宾客。侗族人喜欢把环境打扮得十分美丽，如房屋的柱头，都雕成竹子的形式，木楼也配上走廊和雕花栏杆。寨里的水井，也用雕花的青石板砌个小屋盖起来，井内还要放些红、白、黑相间的花鱼。寨前寨后都有古树遮阴。就连寨里的道路也以青石或卵石铺砌出各种图案，十分美观，俗称“花街”。外人进入侗乡，就像走进了一个巨大的画廊之中。

1993 年，抗战中曾在湖北恩施学习与生活过的中国古建筑学家、华中科技大学教授张良皋重返鄂西，在游历西南少数民族地区之后，向恩施州人民政府及相关单位郑重推荐龙潭河沿线彭家寨、板栗坪、曾家寨、罗家寨、龙潭、白果坝等处的吊脚楼群，称其为“龙潭河上的一串明珠”，建议对其进行保护。其中尤其是彭家寨，楼阁峥嵘、层次丰富、背景优美，寨内整齐清洁，在建筑文化上有重要地位。他甚至认为，保护土家建筑的代表作品，其重要性不在保护西藏布达拉宫之下。

彭家寨位于鄂西宣恩县沙道沟镇两河口村，地处鄂西武陵山区中。龙潭河自东北向西南流过寨前，与寨两边的山间小溪将村寨环抱。它以公共用地的院坝、风雨桥为中心展开。吊脚楼群依托观音山，建于山脚斜坡上，寨前是一排稻田，面向龙潭河，河上架有铁索桥。寨后山峦起伏，奇峰秀美，山坡上修竹林立，在四个不同的季节，展现出风格迥异的神采。这里的吊脚楼群处于不间断的沿用中，房屋建筑年代跨度大，至今保存完好的四十余栋，每栋自成体系，面积从百余到几百平方米不等，多为穿斗式，单檐悬山灰瓦顶，由正屋和吊脚楼（楼子）组成，正屋建于平地，二至五间不等，采三柱五骑或五柱八骑。以龛子屋作厢房，厢房吊脚，台阶、院坝、道路都铺有青石板。

据考证，土家吊脚楼的正屋来自中原建筑，干阑式的龛子来自西南少数民族，正屋与横屋围合趋势来自黄土高原的“井院式”窑洞。正屋与横屋相接处为厨房，是一扇形的空间——土家转角楼，俗称“马屁股”或“骡子屁股”，这是土家独创。他们在建筑手法上采用减柱法，用不落地的骑筒承托数根梁枋，像伞一样密集，在屋面正屋与横屋交接处做成龙脊，将屋顶水面进行分合处理。骑柱骑于同时止于厨房的楼枕枋上，为厨房腾出开阔的空间。厨房四面开门，通前后檐和火塘屋及吊脚楼的厢房。正屋的前后排扇用挑枋挑出，做成“板凳挑”，这也是土家建筑的特色之一，受到了张良皋先生的高度赞扬。

有作者在谈到苗家吊脚楼时，说起这种民居的中和意境：“苗族建筑创造出了一种美的意境，这种意境不是简单的情与景的交融，它有着深刻的内涵，折射和反映了苗族在处理人与自然关系上的中和、互补、协调、平衡，在获得淡泊、安详、静谧的美感的同时，享受着这种关系上的相融、相亲、相和的美好生活。"[①]其实,不仅是在苗家,西南村寨吊脚楼与环境融为一体,正是对建筑文化的中和精神的最好解读。

第五节 土楼:客家建筑的奇葩

战乱让中原人迁徙到完全陌生的环境里。远涉蛮荒之地的人们,很快就适应了这块新的土地,并热爱这新的家乡。土楼,这一民居建筑中的奇葩,既有对祖先之地的怀念,更是对新开发地的贡献。

一、源自中原的客家人与客家土楼

据说,在 20 世纪 60 年代,美国中央情报局的间谍卫星在中国闽西山间拍摄到一组类似于核反应堆的奇怪建筑物,一时风声鹤唳,甚至曾专门派人潜入调查。直到 80 年代改革开放后,旅游者才发现,它们只不过是中国的一种民居而已。事件是否属实已不重要,但这一传说还是让福建土楼一下声名远播。

土楼的主人多为客家人。早在两晋至唐宋时期,由于战乱饥荒等原因,黄河流域的中原汉人被迫长途跋涉,先后南迁,来到了现在的江西、福建及广东北部。在南方,平坦地区早已有人居住,这些后来者只好安家于山区或丘陵地带,当地官员为这些移民登记户籍时,将其立为"客籍",称"客户""客家",从此有了"客家人"称谓。多数客家人聚族而居,一座土楼就是一个家族的凝聚中心。土楼属于集体性建筑,因其大

① 蒲肖依:《建筑里的中国》,第 232 页。

多数为客家人所建，故又称“客家土楼”。土楼就是客家建筑文化的集中体现。

战乱在客家先民心中留下了难以磨灭的阴影，在当地举目无亲的客家人，深深认识到团结的重要性。为了应对自然与社会的压力，分散在群山中的客家人开始聚集起来，将各家单一的小屋建成连屋大楼，希望能够联合全楼的力量共同获得生存的机会。从中原带来的夯土版筑技术，被他们加以充分发展，土楼就这样诞生，成为当地的特色民居。离开遥远的中原祖居地，这同一个祖先的子孙们，或同一祖地的乡亲们，在一幢土楼里形成一个独立的社会，共存共荣，形成了后来的土楼社会。

客家土楼或依山就势，或沿循溪流，古朴粗犷，造型奇特，高大沉稳，与青山、绿水、田园风光相依偎，被誉为“东方文明的一颗璀璨明珠”。

客家土楼分布的主要区域是博平岭南脉西东两侧的闽西南和粤东北以及赣西南的一些地方，特别是客家话和闽南话这两大方言区交界地带，如龙岩、南靖、平和、诏安、大埔、饶平。历史上，自宋代以来，这里是汀、漳、梅、潮四州分界线。特别是汀、梅二州境内，居民多为客家人，而漳、潮二州边境有客家人渗透现象。

土楼的形状主要有方形楼、圆形楼、五凤形楼，另外还有椭圆形、八卦形、半月形、交椅形、三角形、卍字形等。方、圆、五凤三种典型土楼中，五凤楼主要分布在永定高陂、坎市、湖雷三乡，这里自然条件好，有大面积平川，耕地多且交通便利，自古就是客家地区中盛产粮、烟、煤的地方，与一般“八山一水一分田”的贫瘠景象大不相同。发达的经济条件提供了建造五凤楼的经济基础和社会地位。同时因为距离边境冲突地区较远，生存环境相对安宁，住宅更强调尊卑秩序而无须专注于防御。不过，五凤楼在土楼中数量不多。方楼在土楼中数量最多，如永定一县三层以上的方楼总数就超过 4500 座。方楼分布于平川向山脊过渡的区域，这里耕地较少，经济较差，交通不太便利，历史上匪患械斗多发。因而方楼同五凤楼比，秩序感显然减弱而防御性增强。而圆楼是土楼群中最具特色的建筑，它以一个圆心出发，依不同的半径，一层层向外展开，如同湖中的水波，环环相套，非常壮观。古人以圆和方代表天和地，崇拜有加，尤其认为圆具有无穷的神力，可让万事和合、子孙团圆。这体现了中国人“天人合一”的观点，千年之后，仍令人叹为观止。

土楼产生于宋元，成熟于明清，它以土、木、石、竹为主要建筑材料，其外墙利用未经烧焙的沙质黏土拌合，用夹墙板夯筑，其内部则多以木构架建成。土楼的最大特点在于其造型大，无论是远观还是近看，土楼都以其庞大的单体式建筑令人震惊，堪称民居之最。土楼的主要建筑材料黄土和杉木，在客家人聚居区取之不尽。特别是黄土，它取自山坡，因而不存在破坏耕地问题。旧楼若需拆除重建，那墙土可以重复使用，或用于农田肥料，不会像现代砖石或混凝土房屋那样产生大量的建筑垃圾。一般来说，由于屋架通风较畅，木构件受白蚁侵袭或受潮湿润糟朽的情形并不严重，旧料可以二次使用。土楼的施工技术较易掌握，可以完全人力操作，无需特殊设备。建楼时间通常安排在干燥少雨的冬季，此时正当农闲，族人可以大量参与工程，大大降低建筑费用。当然仍有一些技术问题，如修筑土楼前，需要将挖好的黄泥堆放三个月，经过特殊的发酵过程，形成“熟泥”，再将煮至融化的糯米浆加入黑糖或蜂蜜，再倒入熟泥中一起搅动和匀，方能使用。

据说，永定湖雷镇下寨村馥馨楼建于唐大历四年(769 年)，为三层方楼，没有石基，墙体全部以土夯成。永定洪坑土楼群中的如升楼，位于溪岸边。楼体直径 17 米，为三层圆楼，是楼主亲自挑土修筑成的。因它在巨大的土楼群中显得小巧玲珑，如量米之升，故名“如升”，是永定县最小的土楼。“如升”也象征了楼主对未来生活如日东升的寄望。出现于乾隆年间的阜安楼、清晏楼等卍字形土楼，其四角均突出了一个半圆形，或四分之一圆形的角。

二、多以“中”“和”命名的客家土楼

“每一座土楼都有一个名字，大都取自族谱里的祖训，或者用祖宗的名字命名，用以励志、纪念，同时表达一种吉祥如意的心愿。”[①]而在众多名号中，以“中”“和”命名的土楼相当多，这也说明了土楼建筑中，中和文化由隐性到显性的充分表达。

田螺坑土楼群位于福建省漳州市南靖县西部的书洋镇上坂村田螺坑自然村，是传统民居建筑的杰作，为黄氏家族聚居地。土楼群坐落在海拔 787.8 米的狐崇山半坡上，距南靖县城 60 公里，由方形的步云楼（始建于清嘉庆元年，即 1796 年）和圆形的和昌楼（同期兴建）、振昌楼（建于 1930 年）、瑞云楼（建于 1936 年）、椭圆形的文昌楼（建于 1966 年）组成，均保存完好。村落东、北、西三面环山，南面为大片梯田。五座土楼依山势起伏、高低错落，其他一些房屋散布在周围，构成人与自然环境和谐共存的绝景。一方四圆的土楼在建造时参照了《考工记图》中的“明堂五室”进行规划布局，按照“金木水火土”五行相生次序进行建造，是独具特色的建筑形体组合，是人文与自然的巧妙结合，给人以强烈的视觉冲击，令人叹为观止。

在田螺坑土楼群中，和昌楼在“四菜一汤”中处于最高位置，也比较大，位于步云楼的东侧，是在步云楼兴建过程中开工建造的。原为方

① 何葆国：《土楼秘境》，清华大学出版社 2014 年版，第 4 页。

楼,20 世纪 30 年代被土匪烧毁,1953 年黄氏族人在原址上重建,改为土木结构的圆楼。它坐东北朝西南,高 3 层,内为通廊式,设两部楼梯,有 1 个大门,1 口水井。楼梯为木质,比较陡。楼顶层有 4 个射击口。基墙厚 1.2 米,内院以鹅卵石铺地。黄家认为,家人和睦相处,才能繁荣昌盛,故将此楼取名为"和昌楼"。

南靖和贵楼,又称山脚楼,位于南靖县梅林镇璞山村,离南靖县城 53 公里。它建于清雍正十年(1732 年),由简次屏建造,共投资一万五千两银子,占地 1547 平方米,五层方楼,高 21.5 米,远观近看都是庞然大物。土楼一层土墙厚 1.34 米,由下而上逐层缩小,到第五层墙厚仅 65 厘米。土楼内部土木结构规整,每层有 28 个房间,共有 140 个房间。楼正中开一个大门,东西南北四方各有楼梯上下,庭院地面由石块铺就。和贵楼每一层栏板上都有护檐瓦,这也是其与众不同之处。早在 200 多年前,和贵楼已经把中国传统的夯土技术水平推到了巅峰。为解决沼泽下陷问题,建造者综合运用椿基、筏基,充分体现了力学平衡原理,使和贵楼安然度过了两百多个春秋。该楼有四奇:和贵楼是已知的所有福建土楼中个头最高的,此为一奇。据说当初选址建楼时,并未发现这是块沼泽地,楼建了一层,忽然整层楼像沉船一样,慢慢下沉到了烂泥里,建楼的简姓族人无可奈何,只好在下沉的楼墙上打了 100 多立方米的排桩。由于松木木质的特殊性,和贵楼经历过数次地震,仍然纹丝不动。院子中的空地,踩上去软绵绵的,竹竿插进泥土会出水,此为第二奇。楼中两口水井,相距 18 米,井水水位均高出地面,左边那口井,清亮如镜,水质甜美,井中几条红鲤鱼翩翩游动,有如精灵;而右边那口井却混浊发黄,污秽不堪,完全不能饮用。这是由两口井材料构造的不同造成的奇特景观。由于沼泽地浅层是腐烂的沼泽水,而深层是可饮用的地下水,所以在设计时将两口井都打到了地下水层。但是,清水井是由水泥砌成，而浊水井是由小圆石堆砌而成。这就导致了清水井壁缝隙较少，而浊水井壁缝隙较大。两口井在通过沼泽水层时，大量沼泽水渗入浊水井导致其浑浊有毒，而清水井却没有太多渗入，所以可以饮用，此为第三奇。土楼前面有凹字形平房，即 15 间护厝，楼中又有一座“三间一堂”式私塾，形成厝包楼、楼包厝的平面布局。楼中有楼，楼外有厝，格外壮观，此即第四奇。和贵楼，顾名思义，是劝世人弘扬以和为贵的中华民族传统美德。楼如其名，在高速变化的时代潮流中，它显得异常地祥和、安宁、沉稳。

南靖县梅林镇是闽西南著名的革命老区。在革命战争年代里，谭震林、邓子恢、张鼎丞、伍洪祥等人都曾在这里生活和战斗过，为闽西南的革命斗争史写下了光辉的一页。梅林村古时因遍植梅树而得名，为客家人世代聚居地。唐代名相魏征第十八代裔孙魏进兴携家到此落户，繁衍至今已有 600 多年。后来，魏姓族人相继在此建起 46 座形态各异的土楼。

梅林和胜楼因外墙用石灰粉刷，故称“白楼”，又叫“大楼”，旧时因楼前立有十几根石旗杆，又称“旗杆楼”。该楼约建于清代康熙二十八年(1689 年)，为梅林魏氏十二世祖魏映云所建。该楼坐南朝北，为四层方形土楼，从第二层起，一层比一层高，含“步步高升”之意。四层楼上原放有若干棺材，含“升官发财”之意。该楼有如宫殿式的六个大门成一直线：天井门、主楼门、大门、平房中厅的两个门、外大门，既合八卦的六爻，又合“六六大顺”的吉数，这在土楼中是绝无仅有的，被称为“土楼第一门”。除主楼外，大楼东西两边建有厢房，西边紧靠厢房的是学堂。第三大门前是约 1000 平方米的长方形石砌的石坪，石坪边与第三大门旁立有十几根石旗杆。石坪前面是由三个院落式组成的一排单层平房，平房西面建有并排六座院落式二层书房。它有三口清甜的水井：主楼一口、旧学堂一口、平房一口。这座楼背靠青山，面向田野与溪流，一派田园风光。东向还有两座大型圆土楼，构成一方二圆的土楼景观。

与和胜楼相邻的保和楼为圆楼，建于1929年，建筑面积达5100平方米。土楼有四层，高13.9米，每层有30个房间。宽敞明亮的天井里，是一个用鹅卵石铺成的八卦图，这在土楼里十分少见。居住在保和楼里的魏氏族人，把八卦视为一种可以避邪的符号，以此祈求平安吉祥。另一土楼鼎和楼则表达了鼎盛祥和之意。

据传，在永定古竹乡黄竹烟村，也有一座鼎和楼，是当地魏家五兄弟前几年新建的。他们原来也住土楼，这些年在外挣得一份家业，于是搬出原来的土楼，共同出资盖了一栋六层楼的宅院。宅院一楼是五兄弟会客、喝茶、聚餐的公共场所，设有两个会客厅、一个厨房、一个餐厅，大圆桌能坐30来人。二楼以上为住宅区，每层面积在300平方米左右。一个兄弟一层，每层也都有客厅、厨房。宅院占地近5亩，装修和设计都比较精致。台湾顶新集团的创始人“魏氏四兄弟”与他们是未出服的本家，其中的老三魏应充为他们题写了楼名。

龙岩市适中镇是闽西土楼之乡，适中的土楼建筑年代久远，历经了宋朝、元朝、明朝、清朝的发展，形成了很独特的土楼文化，其数量多、规模大、楼层高，而且各有各的特色。

适中和春楼为布局严谨的外联府第式土楼。主楼面积约2000平方米，多窗多厅多楼梯，全楼共有42个厅、84间房、156个窗。其屋面分布的屋脊翘体在适中土楼中也是最多的，共有16个翘体。大楼建筑前部为三层，后部为四层，但高程相差无几。大厅正面开三个大门，左右大门是两边住户出入的，中大门平时关闭，每逢春节或办喜事时，主人即开中门迎宾接客。中大厅两侧有墙、门相隔，客人与住户互不干扰。两边住户又相隔成六个单元户院落，每户有两房一厅一梯直通三楼，同住一楼又有各户独立的私密天地，有如当今的套房和楼中楼。

适中祥和楼位于保丰村中圩自然村 11 组，建于清朝乾隆年间，距今约 250 年。该楼前有二层后有三层，占地面积 806 平方米，为谢姓民居。

适中保和楼俗称翼西楼，位于保丰村中圩自然村 8 组，建于明朝末期，距今 300 多年。它是单独空井式三层大楼，占地面积 470 平方米。原为谢姓民居，现原住户已全部乔迁新居。

适中镇最大的土楼是和致楼，位于中心村上亲自然村，为谢姓民居，建于乾隆年间，是规模特大的方形土楼，有“九门十八厅”之称。该楼为外联内包式土楼，整体布局如“H”形，占地面积 5400 多平方米。土楼沿中心轴线于庭院内前后设置两座中堂，两侧设廊屋。中前厅如四合院形式，厢房带前廊，堂屋开敞。后中厅虽也似四合院形式，但均无门朝向内院。堂屋是五间的形式，两侧院墙狭长，用矮墙均匀分成四部分。内有水井四口，主楼设楼梯八部。大门前为灰坪，灰坪前为院墙，两端各设侧房，并有二侧门和二侧房门。大门前面的内围墙与外围墙之间有个半月形水池，其中竖有旌表八根，现剩八个基座。横楼后楼原有两座书斋，可惜毁于兵灾。

近年来，未能列入“世遗”名单的平和县土楼，同样得到了当地政府与民间人士的认真保护，其崎岭乡的中庆楼也得到了一定的修缮和维护。

三、赣粤土楼也争艳

福建土楼“申遗”成功，带动了赣粤两省对土楼的重视。媒体推波助澜，不断报道各地的土楼奇观，民间人士也不落后，纷纷将当地的土楼建筑展示出来。

赣西南围屋是当地集祠、家、堡于一体的民居建筑，具有坚固的防御功能和宗族群居的亲和性。围屋面积有大有小，小的五六十平方米，只有三开间，名叫“猫柜”，大的万余平方米，如龙南栗园围占地面积高达 37000 平方米。围屋从平面上可分“口”字形和“国”字形两大类，其形制多是方围，也有部分圆形、半圆形和不规则形的。既有用三合土、河卵石构筑的，也有用青砖、条石砌垒的。方围四周都是简单的围屋，一般都有两三层，也有多至四层的，为悬挑外廊结构。较大围子内部还建有祖厅；更大的则是多层的套围。内部粮仓、水井、排污道等等一应俱全。

目前，潮州境内遗存的土楼有近千座，其中可考的建造年代最早为明中叶，最晚为 1967 年。如全国文物保护单位道韵楼已有 400 多年的历史，凤凰山附近的缵美楼也有近 300 年历史。

潮州市湘桥区意溪寨内村，有一座建于明代的圆形土楼建筑，古寨大门口是宽敞的水泥地，而水泥地的前面又是半月形的水池。古寨以黄泥土夯成，分为内外两围。内围中央是圆形的天井，直径约十八步，上面填满了各种卵石。天井里有一口古井，还有一个洗衣的大石臼。内围与外围之间是一条环形的内巷，宽约 3 米。据说，内围原先居住 28 户人家，外围居民也曾有 40 家左右。

潮州官塘长远楼是一八卦型古寨，建于清康熙年间，依山面水，占地面积 12090 平方米。当年人们依据“天、地、雷、风、水、火、山、泽”的八卦理念，设计建成这三层土木结构古寨，寨周长 193 米，直径 62 米，高 10.5 米，还有走马楼一圈。寨门两边墙上有炮眼，门载有水孔等防卫设施。与其他古寨相比最具特点的是，寨埕中心建有公厅一座，作为族人长辈议事之用。寨内东西各有龙凤井一口，井水清澈，从未干涸。寨外围筑造 52 间平房，构成马蹄形防范设施。寨内外共 108 间房，具有防盗、防震、防乡间械斗的三大功能。

四、土楼：说不完道不尽的内涵

土楼是客家人在南迁过程中，吸收南方土著“干阑式”民居的优点，创造性地运用中原先进的夯土技术构筑而成的，它能适应山区的复杂地形和多雨潮湿的气候，且简单易建、省工省料。土楼的设计与建造，融科学性、实用性、观赏性于一体，显示出客家先人的出色才华与高超技艺。

土楼是以生土夯筑作墙而建造起来的民居建筑，体现了客家人聚族而居的民俗风情。在外有倭寇入侵，内有年年征伐的情势之下，举族迁移的客家人不远千里来到他乡，选择一种既有利于家族团聚，又能保持家族安全的建筑方式是易于理解的。恶劣的生存环境迫使客家人极其重视防御，他们将住宅建造成一座易守难攻的设防城堡。土楼内水井、粮仓、畜圈等生活设施一应俱全。厚厚的土墙，其底层和二层均不辟外窗，三层开一条窄缝，到第四层才开大窗，有时四层加设挑台。土墙的薄弱点是入口，人们在硬木厚门上包贴铁皮，门后用横杠顶住，门上置防火水柜。在冷兵器时代，土楼使客家人获得了足够的安全保障。而在土楼内部，窗台、门廊、檐角等却做得华丽精巧，是落后生产力和高度文明两者奇特的结合，在中国民居建筑中独树一帜。

土楼建筑文化反映了拓荒者吃苦耐劳的进取精神。那些千里跋涉来到异乡的中原人，仍秉承了中原人坚忍不拔、团结互助、和睦相处的传统美德，他们在与大自然作斗争的过程中，创造出既环保又经济的土楼民居。土楼根植于山区，布局合理，既讲求中国的建筑风水理念，同时也适应了客家人独特的群体生活居住模式。在这里，客家文化慢慢地、不断地与本土的闽粤赣边文化碰撞，逐渐形成了色彩浓厚的双重文化烙印。当人们站在高处,俯瞰山坡上这些圆形和方形的土楼,无形中便产生了一种天圆地方的感念。

在闽、粤、赣三省交界地区,年降雨量多达1800毫米,并且往往骤晴骤雨,室外干湿度变化太大。客家土楼能够适应这种气候变化,表现出奇妙的物理性。土楼的墙体厚达1.5米左右,冷天可以隔绝寒风侵袭,热天可以防止酷暑进入,楼内形成一个冬暖夏凉的小气候。这厚实的土墙还具有其他任何墙体无法相匹的含蓄作用,可以保持适宜人体的湿度:环境太干时,它能够自然释放水分;环境太湿时,则吸收水分。这种调节作用显然十分有益于居民的健康。由于强烈的内向性,客家土楼,特别是圆寨,容易产生噪音聚焦效应。这在其他建筑内部会被看成不适宜的噪声,而在过去荒山寂野的客家人生存环境中,此类声音对居民来说却是安慰人心的生命气息。

总之,土楼是客家人适应环境的产物,是中和建筑文化在南方的创造。

第五章　文明社会礼赞——城邑、宫苑、园林

第一节　城市发展的多元取向

城市的形成与发展,代表了文明的演进。而另一方面,城市的发展也显示着城市设计理念与住宅建筑的变化与进步。从远古的居民聚集区到现代政治商业城市,其中凝聚了劳动人民无尽的智慧与血汗。

一、从陶寺遗址到二里头遗址

人是群体性动物。人从出生的那天起就过着群居生活,形成社会群体,并逐渐有了社会组织,共同应对自然的挑战。当人类群体在各地形成后,生存竞争也由于环境的逼迫而产生。社会群体的自我保护意识逐渐增强,于是,居住建筑渐渐有了明确的保护性设施。与此相适应,商品交换的出现,使城市具有了更大的活力。历史在缓慢前进,从单个人的产生到社会组织逐渐强大,从简单的居住建筑到社会性聚落形成,再到城镇的出现,历经上万年。社会组织与城市的形成与发展,是一个历史的过程。而当广域王权国家冲出地平线时,作为这一“国

家”表征的都城就以前所未有的雄伟壮丽呈现在人们的面前。

城市是人类社会发展的高级阶段的产物，“其本质特征是，较大规模的聚居、居民构成复杂化、往往是区域或社会组织的中心”。[①] 我国远古时代人类活动遗址考古揭示了大量被历史文献遗忘的古代城市。

20 世纪 50 年代，考古学家徐旭生先生为寻找文献缺失的夏朝的证据，根据文献与传说，将上古三代的活动地域认定在两个地区，一为豫西地区的洛阳平原以及嵩山周围，尤其是颍水河谷的上游登封、禹县一带，二为山西省西南部汾水下游一带。正是在徐先生的指导与亲身实地调查的基础上，我国考古学者在这一广大地区进行了大规模的考古发掘研究，发现了一大批远古人类活动的遗址。其中，陶寺遗址与二里头遗址的发现，对于厘清远古时代历史具有特别重要的意义。

图 64　陶寺遗址宫城南东门址基础

---

① 许宏：《大都无城：中国古都的动态解读》，第 7 页。

陶寺遗址位于山西临汾市襄汾县城东北7.5公里的陶寺镇，总面积约300万平方米，其兴建与使用的时代距今4300—3900年。对陶寺遗址的考古发掘与研究至今已开展近40年。经过多方努力，专家们初步揭示出陶寺遗址是中国史前功能区划最完备的都城，由王宫、外郭城、下层贵族居住区、仓储区、王族墓地（王陵）、观象祭祀台、工官管理的手工业作坊区、庶民居住区构成。

陶寺遗址涌现出了一批特别重要的考古成果，包括：最早的测日影天文观测系统；到遗址发掘为止最早的文字；中国最古老的乐器；中原地区最早的龙图腾；截至遗址发掘时世界上最早的建筑材料板瓦；黄河中游史前最大的墓葬。据此，学者们得出共识：陶寺遗址是史前东亚最早的都城；陶寺遗址与尧都的联系是最为紧密的。

专家和学者认为，经过考古工作者对陶寺遗址的考古发掘，已经能够提出一条比较完整的系列证据链，表明陶寺遗址在年代、地理位置、都城内涵、规模和等级以及它所反映的文明程度等方面，与文献记载的尧都具有相当高的契合度，陶寺遗址及陶寺文化，从物质文明、精神文明到制度文明，是生生不息的中华文明核心的主要源头之一。陶寺遗址的一系列新发现表明，黄河中游地区在这一时期业已进入早期文明社会。根据文献提供的线索和现阶段考古成果，绝大多数专家认为，陶寺遗址是目前发现的最早的国都①，陶寺文明是多元一体中华文明的主脉。

对于国家文明的形成，曾有学者提出一般性的标志，即城市的出现、文字的书写、冶金术和金属器的使用、密集型的农业、宗教的统一力量、礼仪性的建筑。按这样的标准，反过来衡量陶寺：这里有规模巨大

---

① 王珏：《陶寺遗址发掘报告发布佐证五千年中华文明》，人民网，2015年12月15日。

的古城遗址，标示着当时不仅出现了城市，而且很发达；发现的朱书“文、尧”字样证明了文字的使用；出土的铜铃、铜环证明了当时的冶炼浇铸技术；礼乐器、玉（石）器、彩绘木器、彩绘陶器证明了礼乐制度的形成；仓储区以及“仓形器”和耒耜的出现，间接提示了农业的发展情况；祭祀、观象遗址的发现，象征着国家权力的存在；“金字塔”形的墓葬格局，说明当时已经有了“王者”和臣僚，体现了国家管理的职能。特别是宫殿形制、农时节令历法的发明、“天下之中”观念的确立等等，都能在后来的夏、商、周王朝的王国文明中得到体现。考古学家王巍表示：不论是国内还是国外，没有哪一个遗址能像陶寺遗址这样全面地拥有所有的文明要素和标志。[①]

在陶寺古人活动的后期，在其西北部崛起了一座新城，那就是石峁遗址[②]。这一遗址位于陕西省神木县高家堡镇石峁村的秃尾河北侧山峁上，地处陕北黄土高原北部边缘，面积在500万平方米以上，距今4000年左右。

在石峁遗址，考古学者进行了区域系统考古调查，发现了保存较好的石砌城墙，以及城门和疑似“马面”“墩台”“角楼”等城防建筑，确认石峁遗址是由皇城台、内城、外城三座基本完整并相对独立的石构城址组成。考古人员还发现了一批4000年前的房屋遗址和墓葬群。在石峁外城东门附近，有一处规模较大、保存较好的错落有致的院落，这是两座石墙地面式房址和两座窑洞及护坡石墙、院内隔墙构成的一座大型院落。该院落利用南墩台内侧的高阜台地修建，现今地势高出西侧城

---

① 杨珏等：《陶寺考古40年：层层打开的秘密》，《光明日报》，2018年7月15日第10版。

② 《石峁遗址：探寻中华文明起源的窗口》，《中国文化报》，2014年7月16日。

内地面数米，沿院落西缘包砌的护坡石墙可分为上下两道。这座石砌院落，由四处房子组成，包括卧室、起居室和礼仪性的建筑。它的主体建筑是一个方形的石头建筑，在这个建筑门外，有一个非常平整的地坪，地坪的中心位置有绿色石头做成的装饰。房子中有两处窑洞式建筑，规模要比一般人居住的面积大一些，尤其是两个石砌窑门保存完好。这里还出土了一批时代特征鲜明、地域特点明确的陶器和石骨器。在石峁遗址，不仅墓葬中有玉器随葬，连建城都使用了玉器。学者认为，石峁古城的规模和建城所需劳动力数量足以说明，这里不仅是当时河套地区的政治军事文化中心，甚至有可能是整个北方最显赫的聚落中心和区域政权所在，统治者能够在一个较为广大的地域范围内调动和运送玉石，保证玉器的生产和使用，说明石峁很可能同时充当着史前期东玉西传与西玉东输的枢纽。这里发现了目前最大的一块史前壁画，还发现了二十多块石雕人面像。

石峁古城遗址南方约 20 公里处，考古工作者又发现一处相当于龙山文化中晚期的聚落“寨峁梁遗址”，其时代、建筑形制和器物类型等特征跟石峁古城具有明显关联，这构成了石峁古城的“卫星城”①。

石峁遗址所在区域属于低山丘陵区，以黄土梁峁、剥蚀山丘、沙漠滩地为主，地貌沟壑纵横，支离破碎。然而在这样的环境中，古城的城墙、门址、马面、角楼等城防建筑依然清晰可辨，石砌房址、窑洞式房址、窑址、瓮棺葬、石棺葬等遗迹在田间断坎上均有迹可寻，陶片、骨块、骨器、磨制石器、细石叶、细石核等遗物在遗址中心区域俯拾皆是，甚至石雕人像、玉料、压制石镞、磨制石贝等也多有发现。考古结果表明，石峁遗址是中国迄今发现的规模最大的城址，形制完备、结构清晰、保存良

① 《中国史前最大古城遗址发现“卫星城”》，中国新闻网，2015 年 1 月 23 日。

好。遗址的发现对进一步理解“古文化、古城、古国”框架下的中华远古文明具有重要意义。

近年来，考古工作者还在陕、晋、内蒙古等地发现与上述遗址时代相近的多处石城遗址，如陕西府谷县田家寨镇寨山村龙山文化遗址，总面积约 110 万平方米，其城墙保留完整的有近百米，石块砌得很整齐，轮廓清楚，能明显看到东西四个门和望楼，城墙所用的石块都是自然形状，没有人工打磨的痕迹。山西省吕梁市兴县高家村镇碧村遗址，面积约 75 万平方米，遗址所在的蔚汾河流域发现多处存在龙山时期石墙的石城遗址，相邻城址间距在 10 公里左右。遗址发现多处大型石砌房址，房址在建造时，首先是平整地面并夯实，然后进行垫土取平并砌筑石墙，再次垫土后，最终涂抹草拌泥和白灰。

在考古学者发掘的众多远古古城中，二里头遗址特别引人注目。二里头遗址位于河南洛阳盆地东部的偃师市境内，1959 年开始发掘，遗址上最为丰富的文化遗存被命名为二里头文化，其碳 14 测年为公元前 1750—前 1500 年。遗址沿古伊洛河北岸呈西北一东南向分布，东西最长约 2400 米，南北最宽约 1900 米，北部为今洛河冲毁，现存面积约 300 万平方米，其中约 100 万平方米被二里头等村子的现代建筑占压，估计原聚落面积应在 400 万平方米左右。该遗址南临古洛河、北依邙山、背靠黄河，范围包括今二里头、圪垱头和四角楼等自然村。遗址内发现有宫殿、居民区、制陶作坊、铸铜作坊、窖穴、水井、墓葬等遗迹，出土的遗物有石器、陶器、玉器、铜器、骨角器、蚌器等。

考古钻探与发掘结果表明，二里头中心区位于遗址东南部的微高地，这里分布着宫殿区和宫城（晚期）、祭祀区、围垣作坊区，以及若干贵族聚居区等重要遗存；西部地势略低，为一般性居住活动区，常见小型地面式和半地穴式房基，还有小型墓葬，随葬品多为陶器。

二里头遗存可划分为四个时期。从第二期开始，二里头都邑进入了全面兴盛的阶段，其城市规划的大的格局已基本完成。宫殿区的面积不小于12万平方米，其外围有垂直相交的大道，晚期筑有宫城。贵族聚居区位于宫城周围。中小型夯土建筑基址和贵族墓葬主要发现于这些区域。其中宫城东北和北部，是贵族墓葬最为集中的两个区域。官营作坊区位于宫殿区以南，兴建有夯土围墙，生产铜器、绿松石器、石器、骨器等。祭祀活动区位于宫殿区以北和西北一带，东西连绵约二三百米，集中分布着一些可能与宗教祭祀有关的建筑、墓葬和其他遗迹。

遗址的中部发现有30多座夯土建筑基址，是迄今为止中国发现的最早的宫殿建筑基址群。其中，1号宫殿建筑基址平面略呈正方形，面积达1万多平方米。基址中部偏北处，有一长方形台基，其上有一周排列整齐的柱穴，南北各9个，东西各4个，间距3.8米，每个柱穴的前侧还有两个小柱穴，可能用于支撑殿堂的四檐。根据出土的遗迹现象，可以将1号宫殿建筑基址的主殿复原成一个“四阿重屋”式的殿堂。殿前有数百平方米的广庭。基址四周墙基的内侧或内外两侧有一排或二排柱穴，可知基址四周原有一面坡或两面坡的廊庑建筑。大门在基址南墙的中部，宽34米，有柱穴8个，其间有3条通道，通道间均保留有建筑遗迹。东北角有小门两处，大概是所谓的闱门。这座宫殿建于二里头文化第三期，毁于第四期。2号宫殿基址位于1号宫殿基址东北约150米处，平面为长方形，形制与1号宫殿相仿，殿堂建在基址北部的长方形台基上，台基四边有一周柱穴，东西10个，南北4个，柱穴内侧有3间木骨墙房屋。基址四周也有围墙及廊庑建筑。大门位于南墙偏东处，中央为门道，两侧有塾。东廊下还有陶质排水管道。2号宫殿也建于第三期，第四期继续使用。

宫殿区的3号、5号基址代表了大型多进院落宫室建筑群开始营建，其中一座保存很好的早期大型夯土基址，其台基坐北朝南，总面积超过 2100 平方米，由至少三进的院落及东围墙、东庑组成，至少经过三次修建或增建。考古人员推断，其年代距今 3600—3700 年。这样的宫殿建筑，只有掌握了大量劳动力的统治者才能建成，因而展现出统治者强大的政治动员能力。由此也可证明，当时的生产力水平已经达到了相当高的程度。

在宫殿区外围，考古人员还发现了中国最早的城市主干道网，四条大路垂直相交，略呈井字形，显现出方正规矩的布局。垂直相交的四条道路，围出一个面积超过 10 万平方米的范围，这就是二里头遗址的宫城。据考古材料判断，宫城的使用时间从二里头文化二期晚段一直延续到二里头文化四期晚段。① 保存最好的宫殿区东侧大路已知长度近 700 米。大路一般宽 10 余米，最宽处达 20 米，相当于现代的 4 车道公路。大路上发现了中国最早的车辙，这意味着，在殷墟时期使用马车前的数百年，中原地区已有用车传统。已发现的这几条大道的使用时间都比较长，由二里头文化早期沿用至最晚期。这是我国迄今所知最早的城市道路网。

二里头都邑外围的主干道网既连接交通，同时分割出不同的功能区。制造贵族奢侈品的官营手工业作坊区位于宫殿区的近旁；祭祀区、贵族聚居区都拱卫在其周围。在围垣作坊区的北部，一处面积不小于 1000 平方米的区域被用作绿松石器的生产。与此同时，铸铜作坊开始生产作为礼器的青铜容器。除了青铜礼器，贵族墓中也开始随葬大型玉礼器，其奢华程度较二里头文化第二期又上了一个台阶。联系到大

① 孙庆伟：《鼏宅禹迹：夏代信史的考古学重建》，生活·读书·新知三联书店 2018 年版，第 319、321 页。

型宫室的营建，有学者认为，真正的“朝廷”与“宫廷礼仪”在此时已经发端。上述种种，无不显示出该城市特有的气派。

在二里头遗址的宫城中，纵横交错的中心区道路网、方正规矩的宫城和具有中轴线规划的建筑基址群、建筑群中多进院落的布局、坐北朝南的建筑方向以及土木建筑技术的若干侧面等，从形制到结构都保留了早期宫殿的某些特点。就建筑技术而言，作为主体建筑的殿堂，下有基座，上为四阿式屋顶的宫室和回廊，其形制和结构都已经比较完善，说明当时的建筑技术已达到了一定的水平。显然，这是一处经缜密规划、布局严整的大型都邑，是迄今可以确认的最早的具有明确规划，且与后世中国古代都城的营建规制一脉相承的都邑遗址，其布局中的许多形制为后世沿用，开中国古代都城规划制度的先河。由于二里头一到四期连贯发展，中间没有断层，所以有学者认为，四期作为夏商分界点是较合适的，这里可能是夏朝自太康到夏桀的夏邑遗址。

因为考古现场没有文字资料出现，故还不能确证夏代，或者说夏启抑或是夏桀的存在，但考古学上现有的证据可以较为令人信服地证明，二里头的城市建设发展水平已相当高，其建筑的规划性在当时已经具有了某种前瞻性，其对环境的选择与适应都对后世产生了重大影响；而二里头所代表的政体显然已经进入了国家时代。中国社会科学院考古研究所研究员许宏认为：二里头是“最早的中国”，是东亚大陆最早的广域王权国家，这本身已经非常有意义，其重要性不在于它是否为夏都。他进一步指出，通过多学科综合研究，现在我们大致可知，在公元前1800年至前1500年，二里头都邑的气候温暖湿润，二里头人在土质肥沃、滨临伊洛河的阶地上建立居住地，人口最多时有2万多人。当时人的健康状况似乎较好，可能存在人口流动的现象。二里头都邑是中国历史上第一个大型移民城市。

无论是陶寺古城还是二里头古城，它们存在的几百年间，都为中国远古时代文明做出了重大贡献。今天，我们仅从它遗留下来的城市痕迹，即可勾勒出曾经出现的一个生气勃勃的宏伟城邑，一个环境优雅的巨大城邑，一个适合人居的美丽城邑。其选址、规划、设计、修筑，都体现出古人那种自觉或不自觉的中和建筑精神。

二、政治城市与商业都市

远古城市的产生与发展，是人群大规模聚居的结果。在生存条件恶劣的远古时代，个人能力再强也难以独立生活下去。因此，聚族而居，靠集体的力量与智慧寻求生机，几成社会的共识。氏族与部落就是在这样的背景下形成的。而居民的聚落发展为城邑，不仅有经济的因素，更是由其中包含的政治因素所决定的。可以说，古代那些最先形成的城市，是那些政治上较为成熟的都邑。

然而，都邑的选址是有一些要求的。1963 年，在陕西宝鸡发现了距今 3000 年的一件青铜尊。在这件铜器底部，有 12 行 122 字的铭文，铭文记载，一位叫“何”的贵族受到周王的赏赐，因此这件器物被称为“何尊”。何尊的铭文里有一句话：“宅兹中或”（即“宅兹中国”），就是说都城要选在“中”的地方，这个“中”，就是天地之中。而“或”实际指的是地域的“域”，在“或”之外加上“囗”就是“國”（国）。当时周成王为什么要迁都洛邑，即现在的洛阳？因为洛邑为天下之中，选择这里建都城（国）是最适宜的。而建城于“中”，确是出于现实管理的需要。[①]

---

① 刘庆柱：《我国古代都城遗址的“中和”理念》，《光明日报》，2019 年 8 月 17 日。

图 65 何尊

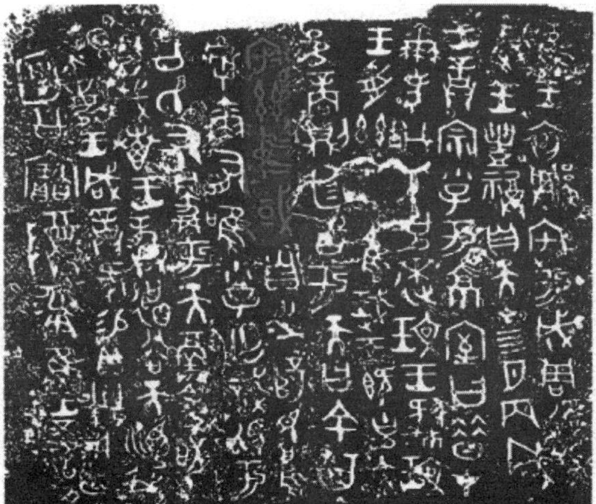

图 66 何尊铭文,阴影部分即为"宅兹中国"

载刘庆柱:《我国古代都城遗址的"中和"理念》。

无论陶寺遗址、石峁遗址，还是二里头遗址，除了大规模的居民居住的痕迹外，还有成规模的宫殿、祭祀设施、大型陶器、青铜器、玉器等。这些东西，是社会发展的产物，同时更是政治发展的产物。甚至此类居民聚集区的不少建筑，也反映了城邑的政治生态。比如，崇屋高台的宫殿，当然是要显示统治者的威权；城中大道，其主要作用也不完全是方便居民，而包含了统治管理的需要；宫城，目的是将上层与下层居民隔离开来，保护统治者的安全；中轴线同时也是对政治的宣示。总之，城市的目的，主要是加强对地方的控制，当然在控制中也包含着文明的引领。

商朝王室内部不太稳定，致使外患不断，导致商朝国都频繁迁移，直到后来盘庚迁殷（今安阳）后国都才稳定下来，在殷建都达 273 年，因此商朝又被后世称为"殷"或"殷商"。殷墟，就是商朝后期的都城遗址，位于河南安阳市，甲骨卜辞中称为"商邑""大邑商"。殷墟是目前中国历史上第一个有文献可考，并为考古学和甲骨文材料所证实的都城遗址，占地面积约 24 平方公里，大致分为宫殿区、王陵区、一般墓葬区、手工业作坊区、平民居住区等。整个城市布局严谨合理，主要建筑规模庞大、结构繁复、互相连属；多重院落组合有序，左右对称，反映出中国古代宫殿建筑特有的均衡感、秩序感和审美意趣，开创了中国古代厅堂建筑的独特风格。殷墟中的宫殿宗庙建筑，采用黄土、木料等作为主要建筑材料，台基高大厚实，房基置柱础，房架用木柱支撑，墙用夯土版筑，屋顶覆以茅草，造型庄重肃穆、质朴典雅，被中国古代典籍称为"茅茨土阶，四阿重屋"，对中国古代早期建筑的发展产生了深远的影响。

历史上最早称为"京"的城市，是西周的都城丰京和镐京，它们也被并称为"丰镐"，又称宗周，位于陕西省西安市长安区，作为西周首都沿用近 350 年，现存遗址面积总计约 17 平方公里，是一个巨型都城遗址。

当年周文王在沣水西岸营建丰京，周武王又在沣水东岸建立了镐京，丰京是周的宗庙和园囿的所在地，镐京为周王居住和理政的中心，二京由一桥相通，处于山水环绕的密闭地形之中，以有利的自然地理环境作为天然屏障。镐京外围南有洨水，东界潏水，西至沣水，沣水在马王村处折向东流，构成镐京的北界。三水源于秦岭终南，河水流量丰富且稳定，形成了护卫镐京外围的天然界河和堑沟。丰京外围也是三面靠河，南面有秦岭作为屏障。除街道、祖庙、社稷坛、王宫、鱼猎区和游乐区、市场外，居民区为方形的小区，可能以"里"相称。丰镐是中国历史上第一座规模宏大、布局整齐的城市，开创了中国城市平面布局方整、宽畅、宏伟的先河，成为后来城市总体布局的典范。

西周亡后，周平王东迁洛邑，建都于东周王城，将其作为都城 310 年。东周王城遗址位于今河南省洛阳市王城公园一带，其北依邙山，南临洛河，平面大体呈正方形，中有伊、洛、瀍、涧四水。整个王城周长约 15 公里，北城墙宽 8—10 米，东、西城墙宽 15 米左右，直到今天，地面上仍能看到残存的东周王城城墙。王城核心建筑的宫殿群落位于城内的西南隅，其东侧是王城仓窖区。城西北部有烧制陶器的场所，有制骨、制玉、制石器的作坊，还发现了制造铜器的陶范，可能是手工业作坊区；城外有大型的礼制或者馆驿性质的建筑遗迹。近几年在王城东部发现了包括"天子驾六"在内的大型车马坑，以及亚字形、甲字形等多处王陵和附葬中小型墓，揭开了东周王城陵区之谜，为了解东周王城的全貌提供了新的珍贵资料。尽管这一时期诸侯称霸，王室衰微，但东周王城作为天子之都，远非列国都城所能比拟。在三个多世纪的历史时期内，它一直处于全国政治、经济、文化、交通的中心。

春秋战国，是我国古代历史上一个特殊时期，政治上列国分立，经济上手工业与贸易兴盛，思想文化上百家争鸣，而军事上则兼并战争频繁，这使得在城市规划兴建的过程中，军事护卫的性质被凸显出来。在列国所建城市中，城墙建筑显得特别醒目。这在中国历史上是非常特殊的。

秦一统天下前已建都咸阳，到秦灭，前后大约 140 年，其宫殿建筑持续不断，并且由渭河北岸的咸阳原逐渐向渭河南岸发展扩张。从前期的咸阳宫，到后期的阿房宫，不仅规模宏大，而且城市规划取开放之势，到最后也未完成。特别在居民方面，除皇家成员、朝廷官员、驻防军队、当地居民外，统治者还“徙天下豪富于咸阳十二万户”①，使咸阳在战国结束后成为当时中国城市面积最大、人口最多的巨型城市。

汉长安城占地面积 34.4 平方公里，先前建筑有长乐宫、未央宫、武库、太仓等，后建城垣，随河流走向，自然曲折。以后又建北宫、明光宫、桂宫、建章宫以及上林苑等，宫室建筑面积近 17 平方公里。一般居民则集中在城内东北部，约占城市的三分之一。长安城最初的建设规划以东向为正方向，后来，南郊的礼制建筑逐渐完备，祭祀制度与宗庙制度备受重视，于是，长安城由东向转而南向，西安门—未央宫前殿—横门大街—横门一线及其南向延长线成为城市的中轴线。此后的城市取向，除特殊地理环境外，多以南向为尊，应是长安城后期的流韵。

东汉洛阳城与战国以来的城市类似的地方在于，宫苑区占地大，约为整个城市的一半以上，而对居民里闾及商业市场的安排仅处于从属的地位，寺庙、宫观则点缀在城里城外，成为城市新的景点。同时，它继承西汉长安城后期的特点，坐北朝南，只是城市规划性不足。

三国时期曹魏都城邺北城，由于建设者的规划，城市呈方正布局，特别是由外朝前殿文昌殿向南延伸的南北向通衢大道，经宫城南门，直

---

①《史记·秦始皇本纪》。

通中央城门中阳门，形成全城的中轴线。邺北城的这种平面规划，对后世中国城市的建设与发展产生了深远的影响。邺北城是真正实现了《周礼·考工记》设计理念的城市。

北魏的洛阳城，除了其中轴线的设计更加突出外，还在外郭城内规划了320个坊，每坊一里，四围筑墙，开四门，用坊制对坊内居民实行封闭式管理。同时外郭城中设有工商业市场三个。

隋朝的大兴城与唐朝的长安城，都是经严格规划兴建的。特别是长安城，被后世称为世界上最雄伟的都城。而且，在盛唐时期，长安也是对外交往最开放的城市，所谓胡人满长安，极为后世所赞赏。然而，长安也只是一座政治性城市。全城以对准宫城、皇城与外郭城正南门的朱雀大街为中轴线，辉煌壮丽。而在外郭城范围内，25条纵横交错的大街将全城划分为109个坊和东、西两市。这种方格网式的规划，使整座城市的平面如同棋盘。这种整齐方正的里坊布局的建城方式，在当时就成为城市建设的模板。这种模式便于管理，却未必有利于经济发展。所以说到底，政治上开放的长安，只是政治城市，而非经济城市。那“胡人满长安”，除一些胡人担任了唐政府官职，以及朝贡贸易繁荣外，并未真正形成开放的经济，农业经济仍占据中国经济的主体地位。

真正使城市成为经济城市是宋代及以后的事。[①] 北宋都城汴梁与南宋都城临安都是在古代原有旧城的基础上改建扩建而成的，但比之前代，城市面貌有了大的变化，这主要表现在里坊墙被拆除，临街出现居住房、店铺、娱乐场所等，当局不再对城市居民进行封闭式管理。显然，这样的城市布局更科学、更合理，对于城市的经济发展更加有利。

---

① 许宏：《大都无城：中国古都的动态解读》，第7页。

图 67　张择端所画《清明上河图》局部

元大都是在一片平地上兴建的，其建筑布局有更大的自由性。元大都的建筑师对中轴线的规划非常明确，其城市设计吸取了以往各代的城市建设经验，总体布局完全符合《周礼·考工记》中规定的“营国”制度，其开放式街巷制度为以后的城市建设树立了楷模。

明北京城是在元大都的基础上改建而成的。其中轴线保留元大都旧迹，并加以延长，所有城内宫殿和其他重要建筑都沿着这条南北向的中轴线展开。皇城和宫城占据全城的中央部分，以帝王为中心的“建中立极”的都城规划思想在这里得到了最充分的体现。清朝统治者定都北京后，基本沿袭了原有城市布局，没做什么改造。这使北京城在元至20世纪的600余年间保持了它的基本形态。

从古代城市遗址的现状，以及古人对城市问题的思考探讨，我们可以看出，一座城市之所以在某个地方出现，而不在另一地方出现，环境的适宜、生活的方便、安全的保障等，是主持者必须考虑的问题。可以说，最初的城邑，建设者可能只是在朦胧中感觉到中道思想的重要性。

而到后来,他们可能就感受到了中和之境与城市建筑的不可分离性。因此,城市的发展历程,也是人们对中和建筑文化由不自觉到自觉的认识过程。

第二节　宫苑建筑:宫殿、林苑、陵园

统治者与富裕阶层的住宅,与普通老百姓的住宅明显不同,除了规模巨大外,在形式上也有变化。而且,为了满足其穷奢极欲的要求,楼台、宫殿、园囿、陵园也纷纷出现,这进一步丰富了中国古代建筑的内容。

一、多少楼台烟雨中

与西方建筑以宗教建筑为主不同,中国建筑成就最高、规模最大的就是宫殿。在中国,普通民众尊崇上天,统治者往往自称上天之子。为显示天子之尊,统治者会将宫殿建得异常高大气派,形象壮丽,格局严谨,以建筑艺术手段烘托出皇权至高无上的威势,给人以强烈的精神冲击。这个传统,从远古时代即已开始。史前考古遗址,如陶寺、二里头,其中最宏伟的建筑就是宫殿。历代史书,都会专门记载宫殿建筑的时代、规划、规模、特征等内容。

中国古代宫殿,依循“前朝后寝”的原则安排各部分的使用。“前朝”是帝王上朝治政、举行大典的地方,通称为“殿”;“后寝”是帝王与后妃们居住生活的所在,通称为“宫”。

殿是中国古代规模最大的一类单体建筑,一般称为“大殿”,又因建

造在建筑群中轴线上，又名“正殿”（相应还有“偏殿”等名称）。北京故宫“太和殿”、山东曲阜孔庙中的“大成殿”和泰山岱庙里的“天贶殿”，是中国现存最著名的三大殿。其中太和殿是明、清两朝皇帝举行大典、颁发重要诏书等活动的场所，是中国古建筑中最华丽的大殿，面阔 11 间，进深 5 间，共 55 间，采用传统的重檐庑殿大屋顶，全用金黄色的琉璃瓦铺设。当然，寺庙里的大建筑也称为“殿”，如“大雄宝殿”。

一般皇家宫苑规模巨大，且与居民区相区隔，如同独立的小城，故又称宫城。这里的“宫”，就是指整个皇宫。皇宫之内，布置有不同的建筑。如清故宫内的乾清宫、坤宁宫，就分别为皇帝、皇后的居所。其他各处，如颐和园为避暑之地，被称为“夏宫”；西安华清池、承德避暑山庄等，是帝王游乐场所，故称为“行宫”。还有，帝王祭祀所用的建筑群，称为“斋宫”；帝王死后的埋葬处，被称为“地宫”。

图 68　宫殿屋顶

当然，“宫”也在皇家居处之外被应用：藏传佛教的建筑，如拉萨的布达拉宫、北京的雍和宫；道教建筑，如“三清宫”等。可见，“殿”“宫”在古代社会几乎都被皇家和宗教占有。

与宫殿类似，但位居下一个等级的是“堂”。汉代以后，堂一般是指衙署和第宅中的主要建筑，但宫殿、寺观中的次要建筑也可称堂，如南北朝宫殿中的“东西堂”，佛教寺庙中的讲堂、斋堂等。

秦汉以降，宫殿规模更为宏大，如秦始皇的阿房宫，汉武帝的未央、长乐、建章诸宫，唐代的大明宫，明朝的南京故宫。这些宫殿也给文学史留下了众多鸿篇巨制：《甘泉宫赋》《殿赋》《阿房宫赋》《上阳宫赋》《咸阳宫赋》……在那瑰丽奇谲的文字铺陈中，我们仿佛看到一座座富丽堂皇、高入云霄的宫殿耸立在面前。

然而被历代文学家赞颂不已的那些宏伟的皇家建筑，大多已灰飞烟灭，绝大多数连断垣残壁都不可见了。现存皇家宫殿仅有北京明清紫禁城（故宫）和沈阳故宫（明末清初）两座，其中以紫禁城最大也最完整，可让今天的人们感受到历史上皇家宫殿的模样。当然，宗教建筑中的宫、殿还留存着不少，也给了那些饱含思古幽情的人们一丝慰藉。

据载，项羽入咸阳，一把火点燃阿房宫，大火延烧三月，阿房宫成为焦土。后人在谈论今已不存的古代宫殿时，都将项羽斥为罪魁祸首。然而在中国历史上，论及隳城焚宫，项羽既不是第一人，也不是最后一个。

前面我们曾谈到，中国古人从新陈代谢的角度出发，从来不认为一座建筑能永古千秋，木结构建筑的目的就是惠及当代，至于它能存在多久，尽管主人会竭尽全力加以保护、修缮，但也明白它总会有零落成尘的那一刻。这是自然之化。另一方面，一个朝代终会结束，而这个朝代的结束，其原因尽管是多方面的，但奢靡之风总是最突出的一个。宫室修造是奢靡之风的重点和表征，改朝换代，也包括去掉前朝的一切奢糜之物。于是在“政治正确”的口号中，建筑工匠与千千万万劳动者的辛勤创造毁于一旦。正是在翻天覆地的变化过程中，一座座壮观的宫城、一座座富丽的殿堂，消失于历史的风雨之中。于是，今天的我们只能面对历史，来凭吊那千年前的古迹；或者借助考古学家的帮助，去瞻仰那遥远年代的遗存。文献、遗址，让我们神飞千年，魂游万里，跨越时代，重新认识古人的创造能力、艺术造化。古代的宫殿建筑，给中国古代建筑文明留下了最精彩的一笔，也为我们今天重新认识中和建筑文化保存了丰富的史料。

二、宫苑建筑的中和意境追求

从殷商到清末，历代宫殿或有文献记载，或有遗址，或有实物留存，其形制和沿革关系大致可考。

商周时代的宫殿我们当然看不到了，但其建造主旨与精神留在了大约成于战国的一本书中，这就是《考工记》。按该书记述，周代宫殿分前朝、后寝两部分。前部有外朝、内朝、燕朝三朝（又称大朝、日朝、常朝）和皋门、应门、路门三门。但是由于该书直到郑玄之前都没有在社会上广泛流传，所以《考工记》所载宫室制度在秦汉宫殿中并无多少反映。由于郑玄的推崇，尤其是儒家思想在汉初以后已成为社会上（特别是朝廷）占主导地位的思想，《考工记》对汉以后各代的宫室建设产生了极大的影响。这些宫室大都要依照《考工记》，把宫室严格区分为外朝和内廷两部分，并有明确的中轴线。不过，《考工记》中所述的三门，经郑玄引用郑众的说法，扩大成了五门，故以后各代宫殿外朝部分都是“三朝五门”。

从春秋战国时代的宫殿遗址可知，当时的宫殿通常是在高七八米至十余米的阶梯形夯土台上逐层构筑木构架殿宇，形成建筑群，外有围墙和门。这种高台建筑既有利于防卫和观察周围动静，更可显示权力的威严。也有一些宫殿，如邯郸赵国宫殿遗址，已经开始形成一条明显的南北轴线。

秦统一全国前后，在咸阳建造了大批宫殿。据《史记》所载，共有关(指函谷关)内 300 处，关外 400 处。至迟到秦昭王时，咸阳宫已建成。其他如信宫、甘泉宫、北宫等也先后落成。这些宫殿和周围 200 里内的大批宫观之间，有阁道或甬道相连。后来，又在渭水南另建宏伟的朝宫，即阿房宫，作为主要朝会之所，只是工程尚未完成，秦祚已绝。

西汉初期利用秦朝残留的离宫兴乐宫修筑成长乐宫，随后又在其西面建未央宫，作为正式宫殿。武帝时，在城内北部兴建桂宫、明光宫，并在城西上林苑内营造建章宫。各宫占地大而建筑物布局稀疏，每殿自成一区。建章宫是离宫，是宫与苑结合，兼有朝会、居住、游乐、观赏等多种功能的新宫殿类型。

唐高宗时在长安城东北外侧御苑内建大明宫。前部中轴线上建三组宫殿，以含元殿为大朝，宣政殿为日朝(又称“正衙”)，紫宸殿为常朝(又称“内衙”)。内廷殿宇则自由布置，并和太液池、蓬莱山的风景区结合，这是汉、魏以来宫与苑结合的传统布局。

垂拱四年(668 年)，武则天在乾元殿旧址上建造明堂，号“万象神宫”；火灾后重建，名“通天宫”。明堂建成不久，为了安放大佛像，武则天下令在明堂旁修筑“天堂”。天堂、明堂的落成，构成了洛阳城最恢弘壮丽的天际线，其建筑的规模和复杂程度超过唐两京所有宫殿，其设计与施工能力已接近或达到古代社会的最高水平，反映了大唐建筑技术无与伦比的杰出成就。

北宋汴京宫殿是在原汴州府治的基础上改建而成。宫城面积仅及唐大明宫的1/10左右，官府衙署大部分在宫城外同居民住宅杂处，园囿也散布城外。宫廷前朝部分仍有三朝，但三朝不在一条轴线上。宫城正门宣德楼，下部砖石甃砌，开有五门，金钉朱漆，雕刻龙凤飞云，上列门楼，左右有垛楼和阙，都覆以琉璃瓦，可见北宋宫殿器局虽小，但绚丽华美超过唐代。

金中都宫殿在传统汉式殿宇内用毛皮或丝织品作壁障、地衣，不显露墙面、地面和木构架，保持了游牧民族的毡包生活习尚；琉璃瓦当时已有黄、绿、青、白等多种色彩，又喜用红地金龙装饰；还有畏吾儿殿、棕毛殿和砖石结构建筑，显示了汉、藏、中亚等多民族建筑因素的影响。

明南京故宫始建于元至正二十六年(1366年)。洪武八年(1375年)，朱元璋正式集中力量修建南京宫殿，1392年大体竣工。整个宫城占地面积达到101.25万平方米，修建时特别注意了风水的问题，以紫金山的富贵山为靠山，迁来三山填满燕雀湖，显示了宫殿的宏大气魄。明北京宫殿建于永乐十五年至十八年(1417—1420年)，在元大都基础上，以南京故宫为蓝本。清代时虽屡加改建、重建，但基本格局未变，直到今天仍有许多殿宇属于明代遗构，是中国现存最宏伟壮丽的古代建筑群。

秦皇汉武所开创的离宫制度，特别在皇家苑囿中得到了充分的发展。而离宫多建在风景秀丽的地方，比之建于城市中的皇宫，环境更加美好。而在园囿中，还可能修建宏伟的宫殿，如汉代上林苑的建章宫、唐代御苑内的大明宫，外围优美的环境，更映衬出宫殿的宏伟气势。而如果位置逼仄，建造者也会因势就利，建造出适合环境的宏伟殿堂来，如宋朝的皇宫。当然，在设计宫殿时，除了依据山水走向等环境因素，更离不开建造者的设计改造。宫殿群的排列组合、宫殿的朝向、宫城道路的设置、排水系统的筹划等，无不体现着中和建筑文化的精神。

三、北京故宫:中国古建的绝响

在现代化建筑鳞次栉比的北京城中心,至今仍耸立着世界上最大的木构建筑群北京故宫。特别是经过近代以来一百多年的内忧外患、天灾人祸,作为中国现存最大、也是世界上现存规模最大、保存最完整的古建筑群故宫,能以如此完美的形象呈现在世人面前,可以说是真正的奇迹。

北京故宫于明永乐年间在元大都宫殿的基础上开始建设,永乐十八年(1420 年)基本建成。以后明清两代都有增修、改建,但基本格局并没有太多的变化。依照中国古代星象学说,紫微垣(即北极星)位于中天,是天帝的居所,天人对应,是以故宫旧称紫禁城,为明清两朝 24 位皇帝办公居住之所。1911 年辛亥革命后,按照那时拟定的《清室优待条件》,逊帝爱新觉罗·溥仪被允许"暂居宫禁",即紫禁城的"后寝"部分。外朝三大殿设古物陈列所,开始对外开放。"北京政变"后,"清室善后委员会"接管了整座故宫。1925 年 10 月 10 日,故宫博物院正式成立,并全部统一开放。

故宫的设计思想从《周礼·考工记》中"左祖右社,前朝后市"的帝都营建原则得来。整个故宫,在建筑布置上,用形体变化、高低起伏的手法,组合成一个整体,在功能上符合专制社会的等级制度,同时达到左右均衡和形体变化的艺术效果。故宫建造时,曾征召全国著名的工匠及二三十万民夫和部分卫军参与,此后几百年间复建新修,也常常聚集数万民夫。但这么多人付出了巨大的劳动,在历史书上留下名字的却少得可怜。据单士元先生考证,明清两代大约有以下数人先后参与了北京城的设计建造:瓦工杨青、木工蒯福、木工蒯祥、工艺蔡信、木工蒯义、木工蒯纲、石工陆祥、木工徐杲、木工郭文英、木工赵德秀、木工冯巧、木工梁九等。[①] 据故宫博物院古建部高级工程师于倬云先生推测，故宫真正的规划、设计人应该是那位工艺师蔡信。而曾经参加建造南京宫殿的蒯祥，永乐十五年随朱棣从南京来到北京后，开始主持宫殿的施工。

故宫南北长 961 米，东西宽 753 米，总面积约为 72 万平方米，建筑面积约 15.5 万平方米。相传故宫一共有房 9999 间半，据专家 1973 年现场测量统计，故宫有大小院落 90 多座，房屋有 980 座，共计 8707 间（此处“间”，指四根房柱所形成的空间）。宫城周围环绕着高 12 米、长 3400 米的宫墙，形成一长方形城池，墙外有 52 米宽的护城河环绕。一条中轴贯通着整个故宫，这条中轴又在北京城的中轴线上。太和殿、中和殿、保和殿三大殿，乾清宫、交泰殿、坤宁宫后三宫，以及御花园都位于这条中轴线上。在中轴宫殿两旁，还对称分布着许多殿宇，其平面布局、立体效果，都堪称无与伦比的杰作。这些宫殿可分为外朝和内廷两大部分。外朝以三大殿为中心，文华、武英殿为两翼。内廷以后三宫为中心，东西六宫为两翼，布局严谨有序。故宫的四个城角都有建造精巧美观的角楼。角楼高 27.5 米，十字屋脊，三重檐叠出，四面亮山，多角交错，号称“九梁十八柱”，是结构奇丽的建筑。贯通紫禁城的那条中轴线两头延伸，南达永定门，北到鼓楼、钟楼，托起了整个城市，气魄宏伟，蔚为壮观。

故宫宫殿建筑都是木结构、黄琉璃顶、青白石底座，饰以金碧辉煌的彩画。中国建筑的屋顶形式是丰富多彩的，在故宫建筑中，不同形式的屋顶就有 10 种以上。故宫建筑屋顶满铺各色琉璃瓦件。主要殿座

① 单士元：《故宫营造》，中华书局 2015 年版，第 40 页。

以黄色为主。绿色用于皇子居住区的建筑。其他蓝、紫、黑、翠以及孔雀绿、宝石蓝等五色缤纷的琉璃，多用在花园或琉璃壁上。太和殿屋顶当中正脊的两端各有琉璃吻兽，稳重有力地吞住大脊。吻兽造型优美，既是构件又是装饰物。一部分瓦件塑造出龙凤、狮子、海马等立体动物形象，象征吉祥和威严，这些构件在建筑上起着装饰作用。

故宫有 4 个门，正门名午门；东西分别为东华门、西华门；北门叫神武门。走出神武门，就是用土、石筑成的景山，山上青松翠柏。在整体布局上，景山这座人工山就是故宫建筑群的屏障。

故宫前部宫殿是紫禁城的中心，建筑造型宏伟壮丽，庭院明朗开阔，象征专制政权的至高无上。三大殿都建在汉白玉砌成的 8 米高的台基上，远望犹如神话中的琼宫仙阙，建筑形象庄严、壮丽、雄伟，内部装饰金碧辉煌。太和殿，俗称"金銮殿"，坐落在紫禁城对角线的中心，是现存中国古代建筑中最高大的建筑。殿中有直径达 1 米的大柱 92 根，其中 6 根围绕御座的是沥粉金漆的蟠龙柱。这里是明清两代皇帝举行大典的场所。中和殿是皇帝在太和殿举行典礼前的休息与接受官员礼敬之地，也是皇家祭祀活动前的准备之地。保和殿是除夕时皇帝宴请少数民族王公大臣的地方，后来则是举行科举殿试的场所。

故宫建筑的后半部叫内廷，内廷宫殿的大门乾清门左右有琉璃照壁，门里是后三宫，即乾清宫、交泰殿、坤宁宫。东西两翼有东六宫和西六宫，是皇帝处理日常政务之处，也是皇帝与后妃居住生活的地方。

从午门到三大殿，故宫前半部建筑形象是严肃、庄重，以象征皇帝的至高无上。为烘托意境，三大殿院内是不种树的。后半部内廷则富有生活气息，有花园、书斋、馆榭、林木、山石等。庭院深邃，建筑紧凑，相对排列，秩序井然，再配以宫灯联对，绣榻几床，都是体现及适应豪华生活需要的布置。内廷之后是宫后苑，即御花园，占地 11000 多平方米，有建筑 20 余处。以钦安殿为中心，园林建筑采用主次相辅、左右对称的格局，古典富丽。殿东北的堆秀山，为太湖石叠砌而成，上筑御景亭，名为万春亭和千秋亭的两座亭子，是现今保存的古亭中最为华丽的花园古亭。这里环境幽美而恬静，奇花异草，苍松翠柏，还有秀石叠砌的玲珑假山，亭、台、楼、阁掩映其间，犹如一部乐曲由雄壮高亢逐步进入舒缓的节奏。

故宫建筑坐北朝南，天安门之前，立有雕饰石柱，名为华表，就是指示整座紫禁城的建筑方向的。在紫禁城的各种建筑上，装饰着千姿百态的“龙”。无论殿堂、桥梁、丹陛，还是帝后宝玺、服饰、御用品等，都以栩栩如生的龙作为纹饰。据估计，故宫有龙近 4 万条，如果加上所有建筑装饰和一切御用品上的龙，那就数不胜数了。这种万龙朝圣的装潢设计，构成了一种威严神秘的氛围。

整座故宫在一条中轴线的统率下，布局严整；从午门到三大殿、后三宫，再到御花园，建筑高潮迭起，收放自然。宫内既有雄伟的大殿，也有幽深的园林；既显示皇家的威严气派，也营造出生活的温馨气息。这正是中和建筑文化的极好体现。

不可讳言，皇家建筑紫禁城，其目的就是满足专制统治者的穷奢极欲。比如，故宫“宫殿的木料，都是由四川、贵州、广西、湖南、云南等省的大山上采伐来的。当时运输条件很差，据说大树砍倒以后，要等待雨季利用山洪从山上冲下来，然后由江河水路运到北京。……石料，更是笨重，大都是从北京附近的房山、盘山等山上开采来的，运输就更困难了。工人和农民们，冬季严寒时节，在通往北京的道路上泼上水，铺成一条冰道；夏季酷热时节，在路面上铺上滚木，造成一条轮道，这样来运石料。运一块大石头，往往要用好几百个人。据说当日为了供应运料冰道用水，就在沿路大道边上每隔一里左右凿一口井”[①]。劳动人民血汗垒成宫殿，却成了专制统治者自身享乐和对人民进行统治的处所。只是到了 20 世纪，这皇家禁宫才回到人民手中。

四、陵园墓地：移植来的等级秩序

建筑不仅是为活人服务，也被应用于逝去的人们。当然，这个过程也是历史演变的结果。

据《周易》记载：“古之葬者，厚衣之以薪，葬之中野，不封不树，丧期无数。后世圣人易之以棺椁，盖取诸大过。”[②]也就是说，远古之时，人们生存艰难，因而对死去的人们，只是用茅草裹尸、弃置于荒野了事，并不会挖墓穴埋藏，也可能根本没工具挖掘。后来有了工具，人们可能不忍心看到亲人遗体被禽兽所食，开始掩埋尸体，于是就出现了专门放置尸体的墓穴。随着祖先崇拜的产生，人们有了“事死如生”的观念，后来又有了“慎终追远，民德归厚”[③]的认识，丧葬得到了一定程度的重视，逐渐有了埋葬习俗和墓葬制度，而这也一定程度上反映出社会政治、经济、生产、生活、风俗、宗教、观念等方面的演化。这种埋葬死人的地方，就称为“墓”。在古人那里，挖个坑将尸体（棺材）放入后，盖土，与地面平，不植树者称“墓”，葬后起土堆成的称“坟”，但后者的名称要比“墓”稍晚些。这两个称谓都为普通老百姓用词。“冢”则是比坟更高些，《说文》称：“冢，高坟也。”它是贵族、有身份的人的死后居所。“陵”是更高的土

---

① 单士元：《故宫营造》，第 40—41 页。

② 《周易·系辞下》。

③ 《论语·学而》。

山，是皇家专用的名称，如秦始皇陵、十三陵等。也有称“林”的，其面积较大，一般是圣人的墓地所在，如孔子的墓称为“孔林”，关羽的墓称为“关林”等。

据考古学资料，在旧石器时代，人类常利用天然的洞穴或岩棚作为墓地安置尸体。新石器时期，人们掘坑埋尸较为流行，出现了氏族公共墓地及多种葬式。到新石器时代晚期，已出现墓坑内沿四壁用天然木材垒筑，上部用天然木材铺盖的形式。进入阶级社会后，贫富分化悬殊，墓葬中出现了等级的差别，统治阶层陵墓的规模越来越大。大约从殷末周初，在墓上开始出现了封土坟头。春秋战国以后，坟头封土越来越大，形状好似山丘。在这一时期就出现了称为“黄肠题凑”的高等级葬式。“黄肠题凑”是木椁玄宫的发展，是用黄心柏木按向心方式致累而成的厚木墙。“黄肠”强调的是材料和颜色，就是黄心的柏木；“题凑”强调的是木头摆放的形式和结构，就是木头的端头向内排列。至汉时，其榫头已脱离椁木，在椁室周围堆放，成为“题凑”，若从内侧看，四壁都只见枋木的端头。这种葬制起源于何时尚有争议，但在西汉盛极一时。它一般用于帝王，也会用于由帝王赐予的王公重臣，如陕西凤翔秦雍城出土的秦景公一号大墓。在北京大葆台，西汉中期的汉墓一号墓，内有用 15000 多根柏木椽叠垒成的宏大题凑，高达 3 米，直抵墓室顶部，其中设有回廊及前后室，为黄肠题凑的成熟形式。

从汉代起，由于采用砖石构筑墓室地宫，木椁墓室逐渐被取代。西汉晚期开始出现石室墓，墓室中雕刻着画像，故称“画像石墓”。墓室的结构和布局，也是仿照现实生活中的住宅。而在北方黄土富集地区，基于土层厚、黏性强、质地均一和降水少的特点，有了土洞土宫，其壁面有精美雕刻和壁画，如西安乾陵的陪葬墓。

在中国古代墓葬中，规模最大的是国家最高统治者的陵园或称皇陵。通常，皇帝在登基后就开始筹划建设自己的陵墓，直到皇帝死去，有些甚至死后多年还在建造，故皇陵一建就是几十年甚至上百年。如秦始皇陵始由丞相李斯设计，少府令章邯监工，共征集了72万人力，最多时近于80万。从秦王政元年（前247年），到秦二世二年（前208年），历时39年；汉武帝刘彻16岁继位，第二年（建元二年，前139年）就开始修建茂陵，后元二年（前87年）汉武帝寿终，葬于营建了53年之久的茂陵。唐太宗贞观十年（636年），文德皇后长孙氏病危，临终之时遗言薄葬。唐太宗遵照长孙皇后的遗言，当皇后亡故后，在九嵕山凿了一石窟，临时安厝，陵名昭陵，并决定这昭陵也是自己的归宿之地，等他驾崩后与皇后合葬，更号召文武大臣及皇亲国戚甚至其后人死后陪葬昭陵。此后，文武大臣和皇亲国戚都以陪葬昭陵为荣，有数百位显赫人物陪葬昭陵，从而形成了一个庞大的帝王陵园。昭陵大规模的营建工程持续到开元二十九年（741年），长达105年。明孝陵历时30余年建设，先后调用军工十余万。慈禧的墓葬于清同治十二年（1873年）由同治皇帝亲自勘察风水，由第七世样式雷雷廷昌主持设计开工修建，于光绪五年（1879年）六月完工，耗时六年，与慈安墓共耗银500多万两。但墓建好后，慈禧未死，不满陵墓设施，于光绪二十一年（1895年）重修，其中三大殿竟拆了重建，大殿所用叶子金就达4592两，工程历时13年，直到慈禧死了（光绪三十四年，1908年）才不得不完工。工期长，耗费巨大，这几乎是皇陵建筑的通例。国家财赋、民众血汗，只为掩埋那一副枯骨。

皇帝后妃生前生活在环境优雅的宫苑之中，也希望死后继续享有这样的条件。所以皇陵建筑首先就是选择环境清幽之地，其次就是将现实的宫苑复制到墓地上以及地下。我们看到，秦始皇陵位于陕西省西安市临潼区城东5公里处的骊山北麓，南面背山，东西两侧和北面形成三面环水之势。以当时的实用角度和后代的风水观念来看，都是设置陵园的理想之地。唐昭陵所在九嵕山，山势突兀，流泉飞布，众山环绕，海拔 1888 米；地处泾、渭二河之间，南隔关中平原，与太白、终南诸峰遥相对峙；东西两侧，层峦起伏，亘及平野。主峰周围均匀地分布着九道山梁，因而得名。这里物产丰富，林地绿地众多，覆盖率达 90%。堪舆家普遍认为，昭陵的风水在中国历代帝陵中为最佳。南京明孝陵处于山清水秀的环境之中，周围山势跌宕起伏，山环水绕，人文与自然景观浑然天成。陵寝设计者将整座钟山以及部分水面作为重要的“风水”景观，一齐纳入孝陵的建筑规划中，从而实现了“因山为陵”“天人合一”的中国帝陵建筑传统和文化理念。钟山有东、中、西三峰，在风水上称“华盖三峰”，而以中峰最尊，孝陵选址于中峰之南的玩珠峰下。从明孝陵墓穴所在的独龙阜向北看，作为祖山龙脉的钟山中脉呈弧形，弧口朝南，山势缓缓下降至独龙阜；独龙阜东北山中有水流出，分为三支御河，分别自方城明楼前、文武方门前、石像路起首处的御河桥下流过，蜿蜒盘旋，都汇入独龙阜西南的前湖之中；独龙阜之东，钟山山脉往南延伸为多座小山，绵延不断；独龙阜之西，有一条山脊，俗称“小虎山”，地势低于独龙阜。前面直对孝陵陵宫的有“梅花山”。明孝陵四象俱全，前后有序，可谓藏风聚气，是名副其实的风水宝地。后又在钟山背面建陪葬功臣墓，南北对应，尊卑昭然，十分得体。

陵园建筑，是陵中的重头。与城市宫阙不同，这里既有地面建筑宫苑亭台，更有地下建筑即地下寝宫。如秦始皇陵中建有各式宫殿，四周分布着大量形制不同、内涵各异的陪葬坑和墓葬，其中包括 1974 年 1 月 29 日发现的举世闻名的兵马俑坑。整个陵园的核心是地宫，相当于秦始皇生前的“宫城”，主体和墓室均呈矩形状。墓室位于地宫中央，大小相当于一个标准足球场。其次是内城，内城垣内的地面地下设施最多，尤其是内城的南半部较为密集。内城北半部的西区是便殿附属建筑区，东区是后宫人员的陪葬墓区。再次是外城，即内外城垣之间的外廓城部分，其西区的地面和地下设施最为密集，象征京城内的厩苑、囿苑及园寺吏舍。最后是外城垣之外的地区。有修陵人员的墓地、砖瓦窑址和打石场等，还有陵园督造人员的官署及郦邑建筑遗址。秦始皇陵共发现 10 座城门，南北城门与内垣南门在同一中轴线上。考古工作者在陵园的内城西北部勘探发现了一处长方形的十进式院落的庞大建筑群，犹如紫禁城，总面积达 17 万平方米，为北京紫禁城 1/4。皇陵雄伟的布局，高大的墙垣，华丽的寝殿，坚固的坟丘，丰富的陪葬，成为后来王者陵墓的样板。

唐太宗李世民的昭陵工程是由出身于工程世家，先后担任唐朝将作大匠的著名画家阎立德、阎立本兄弟精心设计的。其平面布局是仿照唐长安城的建制设计。昭陵的玄宫凿建于九嵕山主峰南坡的山腰间，在山峰底部建有地下宫殿，相当于长安的宫城，可比拟太极宫。从墓道至墓室约 75 丈，前后安置了 5 道石门，中室为寝，是停放棺椁的地方。墓室内富丽堂皇，如同长安城的九重宫阙。除主陵墓道地宫以外，还在陵山周围建起了规模宏大的建筑群。据史料记载，昭陵有垣墙围绕，陵山上有房舍、游殿。因地宫四周山势陡峭凸凹不平，缘山凿石架有栈道，栈道绕山腰 400 多米，盘曲而上，直达玄宫门。墙四隅建有角楼，正中各开一门，南朱雀，北玄武，东青龙，西白虎。昭陵陵园遍布丰富的古迹和文物。祭坛东西两庑房内置有六匹石刻骏马浮雕像，即著名的“昭陵六骏”。司马门内列置了十四国君长的石刻像，这些石像刻立于高宗初年，反映了贞观时期国内各民族大团结、唐对西域的开拓以及与邻邦关系的盛况。历经千年风雨，昭陵的地面建筑今已毁坏无遗，但游殿、最初安厝长孙皇后的石窟以及栈道遗迹仍清晰可辨。昭陵是中国乃至世界上体量最大的帝王陵墓，也是唯一架有栈道的帝王陵墓。

明太祖朱元璋对陵寝制度做了重大改革。他将地上的封土堆由以前的覆斗式方形改为圆形或长圆形,又取消寝宫,并扩大了祭殿建筑。他和皇后马氏合葬的孝陵总体布局分两部分:一是导引建筑的神道,二是陵寝主体建筑。经历了600多年的沧桑,孝陵内许多建筑物的木结构已不存在,但陵寝的格局仍保留了原先恢弘的气派,地下墓宫完好如初。明孝陵的"前朝后寝"和前后三进院落的陵寝制,不仅反映了礼制,更突出了皇权和政治。明孝陵主体建筑外筑有围墙,陵寝建筑都是按中轴线配制,代表了明初建筑和石刻艺术的最高成就,其建设规制,一直规范着明清两代500余年20多座帝陵的建筑格局,在中国帝陵发展史上有着特殊的地位。

图69　朱元璋第六子朱桢被封为楚王,即楚昭王,死后葬武昌龙泉山。图为其墓地上建筑。

明十三陵与清东陵、清西陵,虽然也受到一些人为破坏,但其地上宫殿与地下寝宫基本保存较完好。而且,通过已发掘的陵墓,我们更能直接了解地宫中的秘密。2004年7月,明清皇家陵寝被列入《世界遗产目录》。世界遗产委员会评价称：明清皇家陵寝依照风水理论，精心选址，将数量众多的建筑物巧妙地安置于地下。据世界遗产委员会评价：它是人类改变自然的产物，体现了传统的建筑和装饰思想，阐释了古代中国持续五千余年的世界观与权力观。

规模宏大、气势雄伟、结构特殊、内涵丰富的帝王陵墓，重视自然环境的优美，移植现实宫城的精华，注重陵园与周围山川形胜的结合，尽可能地实现环境与地上地下建筑的协调，表明建筑师对深沉的中和建筑意境的了解与应用，充分表现了2000多年来中国古代劳动人民的建筑艺术才华，是中华民族的宝贵财富。

最后可以简要介绍一下雄伟庄严的南京紫金山中山陵，它是伟大的民主革命先行者孙中山先生的陵墓及其附属纪念建筑群。陵墓坐北朝南，东近灵谷寺，西邻明孝陵，陵寝及其附属纪念建筑群面积共8万多平方米，主要建筑有牌坊、墓道、陵门、石阶、碑亭、祭堂和墓室等。紫金山共有三座东西并列的山峰。主峰为北高峰，其余分别为西边的天堡山和东边的茅山。整个建筑群依山势而建，由南往北沿中轴线逐渐升高，布局严谨，规模宏大。

早在民国元年(1912年)，孙中山就已看中紫金山作为将来的长眠之地。1925年3月12日，孙中山先生病逝于北京。1926年1月，在总设计师吕彦直主持下，中山陵开始兴建，1929年春落成，6月1日孙中山灵柩入中山陵。

中山陵入口处有高大的花岗石牌坊，上有孙中山先生手书的“博爱”两个金字。石坊后是长达375米、宽40米的墓道。前行为陵门，它以青色的琉璃瓦为顶，门额上为孙中山的手迹“天下为公”。再进为碑亭，上刻“中国国民党葬总理孙先生于此中华民国十八年六月一日”的鎏金大字，无碑文。孙中山先生的丰功伟绩无法用文字来表述，所以立为无字碑。从牌坊开始上达祭堂,共有石阶392级,象征当年中国三亿九千二百万国民。台阶用苏州花岗石砌成。最高的平台有华表两座,后为祭堂。祭堂是中国传统的重檐歇山式,上盖蓝色琉璃瓦。祭堂建有三道拱门,门额上刻有"民族民权民生"横额。祭堂的门楣上刻有孙中山手书"天地正气"四字。堂中有孙中山先生大理石坐像,是世界著名雕刻家保罗·朗特斯基在法国巴黎用意大利白色大理石雕刻的。像座东西四周有反映孙中山先生革命事迹的浮雕。祭堂的东西护壁大理石刻着孙中山先生手书的遗著《建国大纲》全文,穹顶上绘有中国国民党党徽。堂后有墓门两重,门框以黑色大理石砌成,上有孙中山先生手书"浩气长存"横额。二重门上镌有"孙中山先生之墓"石刻。进门为圆形墓室,此地在海拔165米处,与起点平面距离700米,上下落差73米。顶部用彩色马赛克镶嵌成国民党党徽,地面用白色大理石铺砌。中央是长形墓穴,上面是中山先生汉白玉卧像,此像是日本雕刻家高崎按遗体形象雕刻的。下面安葬着孙中山先生的遗体,用一具美国制造的铜棺盛殓,外用钢筋混凝土密封。瞻仰者可在圆形墓室内围绕汉白玉栏杆俯视灵柩上的卧像。音乐台在中山广场南面,台后建有弧形大照壁,具有汇聚声音的功能。台前有弯月状莲花池。池前依坡而建扇形观众席,可容纳观众3000多人。中山陵两侧,长眠着近代民主革命时期的一些风云人物,如孙中山先生的亲密战友和国民党政要等。中山陵东侧的灵谷寺址建有国民革命军阵亡将士公墓、牌坊、纪念堂及纪念塔。钟山北麓有航空烈士公墓,墓碑上刻着3306位为抗日捐躯的中、苏、美等国烈士姓名。

中山陵的建设是1926年开始的。它通过国际招标的形式,向全世界公开征求设计方案,最终由上海的吕彦直中标。吕先生的方案设计平面布局呈铎(中国古代铜制打击乐器,形制略近于甬钟)形,含有"木铎警世”之意。也就是说，陵园看上去是一个警钟形，墓的上面是一座钟，下面是一个钟锤，寓意为牢记革命尚未成功，要警钟长鸣。

中山陵背屏巍峨的紫金山，面朝开阔的平原，结合山峦地势，突出天然屏障，建筑风格中西合璧，庄严简朴，别创新格。雄浑的钟山与各个牌坊、陵门、碑亭、祭堂和墓室，通过大片绿地和宽广的通天台阶，连成一个大的整体，在中和、肃穆中，显得十分庄严、宏伟，是中国现代陵园中最有气势的经典之作，也是展现孙中山先生思想精神的不朽之作。

第三节　写意山水——园林的梦幻景观

山水园林，是中国古代建筑为世界建筑史做出的重大贡献之一，它所展示的是古人精神世界的超凡追求。

一、从宫苑园林到私家园林

在远古洪荒时代，古人生存艰难，居住环境恶劣。直到进入文明时代，他们才逐渐注意到村落环境的改造，如环境的绿化，在房屋周围栽树植花，但此时并没有升华为园林的主动修造。传说在五帝时期，为了祭祀上苍，统治者修筑高台，用于与神相接。祭祀活动慢慢形成了祭祀宴乐活动，尔后逐渐向欢娱热闹发展，娱乐空间也就成为必需的设施。那祭祀中摆放贡品的神台，也逐渐向登高望远和观赏风景的方向发展，其原始的用途趋于淡化。而远古时代的狩猎活动，到了殷商时代，成了达官贵人的游戏。为了防止打猎大面积损害百姓的利益，造成不必要的官民矛盾，专门的猎场应运而生，将特定区域围了起来，这就是“囿”。可以说，这种帝王通神的“台”和狩猎的“囿”，是统治者们专门的玩乐场所，也就是古典园林最早的形式，因为这里已经包含着风景式园林的物质因素。《史记》中记载，商纣王修筑了鹿台，便于他在那里宴饮玩乐；《诗经·大雅·灵台》中则记载，周文王建有一个方圆几十里的灵囿，它是专供帝王官员游乐的场所。到了春秋战国时期，政治上诸侯割据称霸，社会经济也有了充分发展，各地诸侯出于享受与炫耀的目的，纷纷营建宫室台池，出现了一大批园囿，如周灵王的昆昭台、齐景公的路寝台、楚庄王的层台、楚灵王的章华台、吴王夫差的姑苏台和海灵馆等。这时的园林营造，既有土筑的台，又有池，山水主题开始萌芽。

秦统一中国后，为了巩固皇帝的地位，制定了与之相适应的制度，并在前代基础上大建离宫别苑。在秦代短短的十多年时间里，所建离宫竟有五六百处，每一构筑，极其宏大。如上林苑的兰池宫，引渭水为池，水中筑岛，摹拟海上仙山蓬莱、方丈、瀛洲，刻巨石为鲸，营建出人间天堂的园林艺术空间。汉武帝时经济繁荣、国力强大，在秦代的基础上构筑苑囿离宫，确立了秦汉园林“体象天地，经纬阴阳”的格调，对后世园林产生了深远的影响。如当时在秦基础上扩大增修的上林苑，有渭、泾、沣、涝、潏、滈、浐、灞八水出入其中。上林苑既有优美的自然景物，又有华丽的宫室组群分布其中，是包罗多种多样生活内容的园林总体，可以说是我国最早的植物园动物园。上林苑中的昆明池，周长 40 里，既是游玩之所，也是训练水军之处。这一时期，伴随皇家园林的大肆修筑，私家园林也逐渐兴起。汉武帝时期富民袁广汉所筑园林，是史料记载最早最有名的一座民间园林，尽管其园林建设是采取“构石为山”“激流水注其中”的手法，但其山“连延数里”，园内豢养珍禽奇兽，是对此时皇家园林的模仿，与后世私家园林精神有着本质的区别。严格来说，从先秦到两汉，园林虽规模巨大，但“在园林里面所进行的审美的经营毕竟尚处在低级的水平上，造园活动并未完全达到艺术创作的境地”①。

魏晋时期名士们纵情于大自然，山水诗文大量涌现，加上独立的山水画出现，使人们对大自然的审美鉴赏能力迅速提高，园林筑造由此向山水园林发展。帝王宫苑从布局到内容上继承了秦汉苑囿的某些特点，规模较秦汉苑囿小，增加了更多的自然色彩和写意成分。私家园林以城市山林和庄园化园林等形式出现，前者精致高雅，后者淳朴自然。南北朝时，除了皇家园林和私家园林外，还出现了寺观园林。由于占有优美的自然环境，加上玄学思想渗透其间，人们追求世外桃源，于是出现了山林风景区。一定意义上说，寺观园林，使一些过去默默无闻的荒僻山岳成为人们流连忘返之地。另外还有一些祭祀性、纪念性的园林和在天然山水基础上构建的自然景观园林。这类园林与以往围墙封闭的园林不同，它们对外开放，具有公共游览用地的性质。如苏州虎丘上的拥翠山庄、嘉兴南湖烟雨楼、绍兴兰亭、扬州瘦西湖、山西晋祠等。

隋唐是中国经济、文化高度发达的时期，皇家园林规模庞大，显示出所谓皇家气派；私家园林较之魏晋时代更加兴盛，普及面更广，艺术水平大为提高。当然，那些皇亲贵族、世家官僚的园林偏于豪华绮丽，而一般文人官吏则重在清新雅致。文人对园林建造的参与，提高了造园与游园者的品味，使文人园林与公共娱乐园林都得到很大的发展。如宏大的曲江池、如画卷般的辋川别业等。盛唐园林的非凡气度，正是当时社会的生动写照。

宋代城乡经济高度发达，建筑技术更为进步，其园林修造在前代基

① 周维权：《中国古典园林史》，清华大学出版社2010年版，第37页。

础上已精致成熟，风格深受绘画的影响。园林建筑不仅限于园林的整体布局，也表现在其细部和局部，如叠山、置石，以及建筑小品、植物配置等，刻画细致入微，如沧浪亭、石湖别墅、小隐堂等就是那时的杰作。皇家园林金明池、艮狱，都是以山水画为立意而构筑的，且受私家园林影响较大，与汉代正相反。这一时期，山水画大家频出，文人画异军突起，这使得园林艺术有了进一步发展的基础。比如流传于世的王希孟长卷《千里江山图》，在这幅山水画中，就表现了个体建筑的各种平面：一字形、曲尺形、折带形、丁字形、十字形、工字形；各种造型：单层、二层、架空、游廊、复道、两坡顶、歇山顶、庑殿项、攒尖顶、平顶，平桥、廊桥、亭桥、十字桥、拱桥、九曲桥等；还表现了以院落为基本模式的各种建筑群体组合的形象，及其倚山、临水、架岩跨涧结合于局部地形地物的情况。建筑充分发挥着点缀风景的作用，使园林更显得人气和融。由于重视园林中石头的点景作用，当时皇家园林修筑中就成立了专门机构大量收罗太湖奇石，也即《水浒传》中讲的花石纲。

明代商业发达，富商巨贾大多钟情于园林建筑。他们附庸风雅，往往延聘文人为之设计，提高其园林的文化品位。而文人画此时已完全成熟并占据画坛主体地位。影响所及，文人园林得到充分发展。用园林来抒写性情是此时文人的重要手段。因此这一时期的私家园林文人气息异常浓重。而简朴随性、体现自然之美，成为这一时期私家园林的发展趋势，如苏州的拙政园、留园，无锡的寄畅园、北京的勺园等。文人园林的发展，更深深影响了皇家园林与寺观园林的发展。

清代是中国园林的集大成时期，北方皇家园林在康熙乾隆时期引进江南造园技艺，将宫廷造园艺术推向高峰，西苑、南苑、圆明园、颐和园、避暑山庄等就是其代表。私家造园活动遍及全国各地，在一些少数民族地区也有相当数量的私家园林建成，从而出现各地不同的地方风格。私家园林长期发展，推动形成了江南、北方、岭南三大地方风格鼎峙的百花争艳的局面。这三大地方风格集中地反映了成熟后期民间造园艺术所取得的巨大成就，也是这个时期的私家园林的精华所在。在江南园林中，杭州以湖山胜，苏州以肆市胜，扬州以亭园胜。北方园林主要集中在北京，紧邻皇家苑囿，王公贵族、高官巨贾，各擅所长，在京城内外建造出大量园林，其中相当部分与府邸结合在一起，将他们的居住环境装点一新。岭南园林既有北方与江南园林的特点，更兼有海外风习，特色鲜明。应该说，有清一代，园林已成为集观赏、游乐、休憩、居住等多种功能于一体的综合性场所，不仅涌现出大量新的园林，之前的许多园林也得到不同程度的扩建与修筑。

明末清初，园林界出现了造园名家张南垣、张然父子。东南名园大多为张南垣所构筑，北京诸王公园林则多出自张然之手，这个事实很有意思。当康熙游玩江南时，对这里的园林之美深感羡慕。他将张南垣之子、全国首屈一指的造园叠山艺术家张然延聘到北京，让他供奉内廷，负责皇家花园工程。张然主持了南海瀛台、玉泉山静明园和畅春苑等的修筑，这在我国的造园叠山史上具有重要的意义。在我国长达两三千年的造园叠山艺术发展史上，最早的造园，只有最高统治者的苑囿，后来才出现了王公贵族乃至官僚士大夫以至富裕商农的私家园林。一开始，汉、魏、两晋时代的那些私家园林，都是摹仿皇家的“上苑”。自南北朝以降，士大夫们又先后标榜所谓“中园”“小园”，以与皇家的“上苑”比拼，两者平行发展，互相渗透。最后是士大夫和文人、画师们的私家园林有长足的进步，渐渐地占了上风。到了明、清，特别是清代康熙、乾隆时期，便完全反过来，是皇家的上苑竟然要追仿私家的小园了。这在当时相继完成的所谓“三山五园”中表现得最为充分。张然原是民间的造园叠山艺术家，被召来京主持宫廷林苑以前，一直都是在从事私人园林的设计建造。张然是第一个由民间造园叠山大师被征召来主持宫苑建造的。因为皇家园林要追仿私家园林，所以才征召私家园林的名手来主持工程；因为征召来自私家园林的名手，所以皇家园林也就必然要受私家园林的影响，这为皇家园林注入了新鲜血液，使园林的皇家气派中又添上了几分雅逸清沁的韵味。这是二而一、一而二的辩证统一关系。总而言之，清代康熙以来，由于张然等开始参与实践，皇家苑囿逐渐主动追仿私家园林，给园林发展带来了新气象[①]。这样一来，皇家园林拥有了北方的浑厚，也具备了南方的柔媚。

二、文人园林的趣味

私家园林小型化并与皇家园林分道扬镳，是与文人的参与直接相关的。随着山水画的独立，以及文人画的兴起，文人园林逐渐进入园林修筑的主流。

唐朝诗人白居易在长庆四年(824 年)秋，购得了原散骑常侍杨凭洛阳履道里旧宅，这里竹木池馆，有林泉之致，时年 53 岁的白氏十分喜爱。次年，白开始修葺新居，油漆朱色门窗，建造池上桥，植花草树木。过了几年，他修葺池上旧亭，将得之于苏州的太湖石置于园中，并亲建了池东粟廪、池北书库、池西琴亭、西平桥、环池路、中高桥、三岛径等。大和三年(829 年)，白居易写《池上篇》，全面记述了园的规模和景物。又过了两年，他在园北第宅之西开挖了水池，堆了岛，并叠置了石峡，在池边建了水榭。接下来，又先后在园西墙处建筑了小楼，岛上筑了小草

---

① 曹汛：《清代造园叠山艺术家张然和北京的“山子张”》，《建筑历史与理论》第 2 辑，第 121—122 页。

亭，还建了新涧亭和新小滩，在园中放置了新的湖石。这池上家园断断续续修筑了十六七年。

白居易的《池上篇》前有序文，称“地方十七亩，屋室三之一，水五之一，竹九之一，而岛树桥道间之”，叙述其修筑此园的所思所作过程，并铺陈自己在园中“优哉游哉”的生活。诗云：“十亩之宅，五亩之园；有水一池，有竹千竿。勿谓土狭，勿谓地偏；足以容膝，足以息肩。有堂有亭，有桥有船；有书有酒，有歌有弦。有叟在中，白须飘然；识分知足，外无求焉。如鸟择木，姑务巢安；如龟居坎，不知海宽。灵鹤怪石，紫菱白莲；皆吾所好，尽在我前。时引一杯，或吟一篇。妻孥熙熙，鸡犬闲闲。优哉游哉！吾将终老乎其间。”①

可以说，白居易的《池上篇》，较直观地描绘了“文人园”的特征。

镇江焦山是长江中唯一一座四面环水的小岛，它以山水天成、古朴幽雅而闻名于世。半山腰有座方形四合院，名别峰庵，庵内北侧有小斋三间，天井中有一花坛，桂花树两株，修竹数竿，四周绿树翠竹相映。这清雅幽绝之地，曾是雍正年间世称诗、书、画“三绝”的清代著名书画家“扬州八怪”之一郑板桥的读书处。门旁至今仍挂着郑氏手书的楹联：“室雅无须大，花香不在多。”在郑板桥看来，好的居住环境并不在于大和多，而是要有诗意，唯其如此，才能做到以雅胜大，以少胜多。这“雅”和“小”，是诗人“朴素清白”的高尚品格和理想抱负的写照，也是文人园林的主要特点。

当然，文人园之小，是相对而言的。江苏如皋县城东北隅的水绘园，早为唐宋八大家之一的曾巩之父在此地为官时的居址，曾巩曾在此读书。到明万历年间，该园为名士冒辟疆曾祖所有。冒家匠心独运，聘

① 白居易：《池上篇》，载《全唐诗》(下)，第1172页。

请名师，利用江南水乡的天然环境，将环绕如皋的水系引入园中，蜿蜒流过，环行大半周再流出。园中以洗钵池为中心，池水四方分流，将整个园子隔成大小不一的八个区域。再加上水中洲，顺着回环的水道，疏疏落落地修筑亭台楼阁，垒起假山，遍植花草树木。整个园林直到冒辟疆这一代才完成。园中构筑"妙隐香林""壹默斋""枕烟亭""寒碧堂""洗钵池""小浯溪""波烟玉亭""湘中阁""镜阁""碧落庐"等十多处景观，大多依水而起，结构精巧。造园大师张南垣所垒悬溜峰，仿自湖南衡岳72峰之一，虽不似衡岳那样石蹬垂接，摩霄插云，但也悬崖巨壑，森奇列戟。冒氏营造的水绘园环以碧水，没有墙垣。园中凭借水流于地面，自然地形成了一幅幽美的画卷。整个园林芙蕖夹岸，杨柳成荫；以漏窗引景，以林木为界；透风漏月，藏景不露。又借九曲回廊的沟通往来，花墙与回廊间各自成院，围而不隔，界而不分。再缀以湖石、梅竹，有步移景移之妙。园中以水为主，倒影衬托，既秀且雅，正好显出了地处长江三角洲水网平原上的造园特色。而其以园言志，并融诗、文、琴、棋、书、画、博古、曲艺等于一园的特色，又足以说明它是一座饶有书卷气的"文人园"。

中国的造园艺术，以追求自然精神境界为最终和最高目的，以达到"虽由人作，宛自天开"的宗旨。而文人园一直就是朝着这一宗旨演进的。文人园林熔传统建筑、文学、书画、雕刻和工艺等艺术于一炉，集诗书画与文学为一体。它所要达到的就是"诗情画意"之境。在造园过程中，注重"立意"，塑造"神似"，是中国古典园林艺术成功的关键所在。可以说，这种追求诗情画意的造园手法是中国古典园林艺术中最独特的艺术风格之一。

文人园林特别讲究"三境"，即生境、画境和意境。造园大师们造园的第一步，就是要创造出一个生意盎然的、"木欣欣以向荣，泉涓涓而始流”的“自然美”境界;同时园主人又能在这个富于自然美的小天地之中,设置若干个挡风雨、避寒暑、防蛇虫的建筑物,形成一个具有浓厚生活气息的、“悦亲戚之情话,乐琴书以消忧”的“生活美”环境。此即“生境”,是中国文人园林来自自然、来自生活的现实主义创造方法的反映。第二步是把从自然和生活中发现和体验到的美,通过取舍、概括、熔裁和拔高,使之成为一个有主次、有烘托、有呼应的多样统一的完整布局,即把自然和生活中的美的素材,通过艺术加工,上升到“人工美”和“艺术美”的境界。在创造园林的静态空间布局和动态序列布局时,常常融入某个山水画家的笔意和个人艺术风格。这就是“画境”。第三步是从生境、画境“触景生情”,产生浪漫主义的激情,进入情景交融的“高潮”,是为“意境”。中国园林就是这样通过艺术加工过的高山流水、清风明月、鸟语花香,来激发游人的“美的感情”“美的意愿”“美的理想”。当游人进入这种美的感情、意愿和理想的境界时,才能与造园艺术家达到感情上的共鸣。这种境界,是园林艺术的最高境界,是“理想美的境界”。[①]

观赏中国园林,需要不同的视角。小亭、桥梁、回廊,以及隔开景观系统的不同部分的门窗、楼梯等,都让身处其中的观者需要不断改变视角。这种空间观念的背后,有着更深层的文化原因。在中国,受天人合一思想的影响,人被融入于这个世界,成为它的一部分,与“道”合一。在园林中,人融入自然,成为整个景观的一部分。很多园林,周边以山石花木为主题,以四围高低变化的白墙为背景。面积不大,但布局巧妙,以水池为中心,周围绕以厅堂、船厅、亭、廊,采用封闭式布局和环形路线,景致丰富而多层次。身处其中,感受“蝉噪林逾静,鸟鸣山更幽”,

① 孙晓翔:《生境·画境·意境——文人写意山水园林的艺术境界及其表现手法》,载宗白华等著、江溶等编:《中国园林艺术概观》,江苏人民出版社 1987 年版。

体会园林中的古、秀、精、雅。那临池漏窗和花墙，可见池水、小船、池岸，让你深深感觉“人在舟中，舟行水上”的妙境。石桥横跨，清渠悠然，竹木扶疏，小桥流水，碧波柳荫，亭台楼阁，尽收眼底，令人心旷神怡。人们甚至还会用形容中国古典戏曲的联语“三五步，行遍天下；六七人，雄会万师”来表明文人园林的表现手法，一拳代山、一勺代水。园林既然要在小范围内表现出大千世界的美景，就需要运用“以一当十”的艺术原则。园中各景，无论是假山水池，还是庭院一隅的一树一石，都经过仔细推敲锤炼，注入文心诗意，以收到笔少气壮、景简意浓的艺术效果。

“中式园林的形态是中国哲学的必然推演，道教与佛教传统使得人们追寻一个与现实社会保持距离的精神处所，园林便承担起这一职责，这也就必然要求了它要呈现出‘自然’的面貌（虽然这种自然部分地借由人工而达到），而非是规整的人工景象。”[①]园林通常被认为是“出世”的地方。读陶渊明诗“采菊东篱下”时，我们看到的是一位特立独行的文人。他追寻的“悠然”，是远离红尘的洁净自然。虽然这极其困难，但园林得以让人们保持与现实和政治的距离。园林也是文人贵族们的小圈子进行社交活动和享乐的地方。中国文人在园林中雅集，同时也举办各种节庆。在远离社会的园林中，不同的空间都有它不同的味道和适宜的娱乐方式，有的适于赏月，有的适于对弈，有的听曲思古，有的观梅品茶，不少人更是将这里作为修身养性之地。

中国传统文化，包含了儒道释的精华。文人士子奉行“达则兼济天下，穷则独善其身”的立身准则。当他们胸怀兼济天下之心走向世界时，往往一往无前，这是儒家思想的张扬。但当士人遭遇坎坷，或年老

---

① 刘周岩：《中西园林的“出世”与“入世”》，《三联生活周刊》，2016 年 10 月 2 日。

日暮时，他们会希图独善其身，怀想出世，道家或释家思想就流露出来。园林这个小世界就是很多士人的梦想与归宿。陶渊明、郑板桥看破了红尘，毅然挂冠而去；白居易虽说官场还算顺利，可看多了“观刈麦”“卖炭翁”故事，也早做了准备。而冒辟疆面对明亡的时代大变局，不愿改服易色，他利用自家水绘园的特殊位置，接待南下北上的文人墨客，并拒绝征招出仕，既想“兼济”，又坚持“独善”。文人本身的性格特点在他们身上表露无遗。他们对时代的应对，不可能太过锋芒毕露，因此，其造园也就是营造一个小小的安谧的自然环境，能够放置他们尚未破碎的心灵。所以，自然飘逸的文人园林，更能表达出建筑与人的精神的中和之境。

三、写意的山水园景

山水之所以成为园林主人的爱好，这是中国传统文化深沉积淀的结果。智者何以乐水，仁者何以乐山呢？因为水的清澈象征人的明智，而山的稳重高大象征人的敦厚。

中国古典园林是山水风景式园林的典型，是人们在一定空间内，经过精心设计，运用各种造园手法，将山、水、植物、建筑等加以艺术配置而组合成的有机整体，它源于自然，又高于自然，将人工美和自然美巧妙地结合起来。这种“师法自然”的造园艺术，体现了人的自然化和自然的人化，亦即中和意境。陈从周先生在谈到皇家园林与私家园林的建造心得时指出：“无过无不及，得于其中。须割爱者能忍痛，须添补者无吝惜。”①

自然风景以山、水地貌为基础，植被做装点。中国古典园林绝非简

① 陈从周：《中国园林》，广东旅游出版社 2004 年版，第 28—29 页。

单地摹仿这些构成景观的要素，而是有意识地加以改造、调整、加工、提炼，从而表现一个精练概括浓缩的自然。这种空间组合形式会使用某些建筑如亭、榭等来配景，使风景与建筑巧妙地融糅到一起。与中国古典诗词、绘画、音乐一样，园林重在写意。人们用山水、岩壑、花木、建筑表现某一艺术境界。虽然园中处处有建筑，却处处洋溢着大自然的盎然生机，故中国古典园林有写意山水园林之称。

受儒家礼制观念的影响，中国古代殿堂居室建筑讲究规则、中轴对称、直线条等，等级森严、条理分明，重视与强调传统形制。可能是看多了这种严整的形式，物极必反，园林的设计、构筑表现出不规则、非对称、曲线型、起伏和曲折的形状。为求得天然野趣，园林或随地形起伏变化，或依山傍水，点景建筑顺应自然，与周围环境协调；整体布局上，注意远近高低、前后左右的关系，做到主次分明，疏密相宜。即便规模不大，也要追求对原始自然的联想，以塑造园林的风格，避免笔直的、一览无遗的园林路径和视线。如堆垒假山和营造起伏的地形，放置石块以及引入流水等。

园林的设计建造与主人的文化喜好直接相关。园林中的山水空间，一湾碧水、一桥烟柳、一叶扁舟、一檐小亭，不加修饰，有着出水芙蓉的清丽；而不筑墙垣的园林空间更体现了它的大度与包容。很多园林的设计者把文学中追求的意境融入到园林设计中，希望将诗情画意变成具体的现实；同时园林本身又成为后来文人吟诗作画的素材。中国的园林建筑是凝固了的中国绘画和文学，它比一般建筑蕴藏着更大、更多的艺术目的。

儒学思想在皇家苑囿中有着清晰的反映。如圆明园四十景中约有一半属于修齐治平的思路，几乎包含了儒学的哲学、政治、经济、道德、伦理的全部内容。追求涅槃与成仙的佛、道两教，也在皇家园林与寺庙园林中有所反映，如圆明园的蓬岛瑶台、方壶胜境，青城山古常道观的会仙桥，武当山南岩宫的飞升岩等。

皇家园林规模浩大、典雅华贵，常常选址于地形变化极其陡峻的山林地带，这就为群体组合的高低错落创造了有利的条件。它模拟天下名山大川，收千里于咫尺之内，创造出丰富多样的意境。颐和园是中国现存规模最大、保存最完整的皇家园林，它利用昆明湖、万寿山为基址，以杭州西湖风景为蓝本，汲取江南园林的某些设计手法和意境，建成为一座大型天然山水园，被誉为皇家园林博物馆。

苏州园林的美，是一种参差的美，自由的美，自然生动的美。苏州园林建筑极少使用彩绘。梁和柱子以及门窗栏杆大多漆广漆，色彩平和，不刺眼。墙壁则为白色。有些室内墙壁下半截铺水磨方砖，淡灰色和白色相衬。屋瓦和檐漏一律淡灰色。这些颜色与草木的绿色配合，使人感到安静闲适。花开时节，更显得各种花明艳照眼。正如陈从周先生所述："江南园林在装修、选石、陈列上极为讲究，而用色则以淡雅为主。它与北方皇家园林的金碧辉煌适成对比。江南住宅建筑所施色彩，在梁枋柱头皆用栗色，挂落用墨绿，有时柱头用黑色退光，都是一些冷色调，与白色墙面起了强烈的对比，而花影扶疏，又适当地调和了颜色的对比。且苏州园林皆与住宅相连，为养性读书之所，更应以清静为主。南宗山水画，水墨浅绛，略施淡彩，秀逸天成，早已印在士大夫及文人画家的脑海中。在这种影响下设计出来的园林，当然不会用重彩贴金了。加以江南炎热，朱红等暖色亦在所非宜。这样，园林的轻巧外观，秀茂的花木，玲珑的山石，柔媚的流水，和灰白的江南天色，都能相配合调和，于人的感觉是淡雅幽静。"①

① 陈从周：《中国园林》，第 86—87 页。

中国四大名园之首、全国重点文物保护单位、全国特殊游览参观点之一、世界文化遗产，迄今为止同时具备这四项桂冠的全国仅拙政园一家。拙政园当年由江南四大才子之一的文徵明设计。文徵明考察了园中的情况，绘制了《拙政园图》。他发现，这里土质松软，水体众多，认为不适合修造过多的建筑，便以水景为主体设计园林，并种植大量植物，因地制宜设计出了各个景点。文本人是吴门画派的代表人物，在设计园林时特别注意强调山水画般的情趣与境界。经过十六年的苦心经营，水景为主、花木为辅、庭院错落、自然典雅的拙政园才最终建成。其布局的山岛、竹坞、松岗、曲水之趣，被誉为“天下园林之典范”。

岭南园林是中国传统造园艺术的三大流派之一，以广东园林为代表，既有北方园林的稳重、堂皇和逸丽，也融汇了江南园林的素雅与潇洒，还吸收了国外造园的手法，因而形成了轻巧、通透、明快的风格。如位于广州番禺南村镇的余荫山房，为广东四大名园之一。深柳堂、临池别馆、浣红跨绿桥桥廊等景致，体现了岭南园林以水居中、环水建园的造园特色。桥廊把园林分成大小两部分，各自以一大一小两水池作为中心景观。浓郁的岭南地域特色也在屋顶、墙壁、花池等处的灰塑技艺上体现得淋漓尽致。

总体上看，中国园林，从先秦及两汉时的大型宫苑林囿，到晚近的私家园林，一个极重要的特点，就是追求“妙极自然，宛自天开”的意境，选址贴近自然环境，手法上塑山造水，因地制宜，以中和之境，建造源自现实、高于自然的山水园林，为人们提供一种观赏、游玩、交友、读书、休憩等的特殊的生活环境，形成一种有别于世俗居住建筑的写意山水、梦幻林苑形式。

第六章　文明社会礼赞——寺观、长城、运河、拱桥

第一节　人神之间——宗教建筑的滥觞

中国的宗教建筑，说到底来自民居建筑，因此总带有民居的痕迹，在神性与人性之间，也更多地倾向于人性。

一、深山藏古寺：宗教建筑的缘起

在中国的远古时代，人们缺少对自然的科学认识，面对大自然的神秘，便产生了原始的宗教意识，有了敬天崇地的思想，也有了祭祀的活动。然而这时，除了统治者建筑祭祀高台外，并没有普遍的宗教建筑。到秦皇汉武时代，人们虽然迷信方士之术，但他们“迷”的是能永远不死的神仙之体，“信”的是人间天堂穷奢极欲的生活。此时还未能出现真正的宗教以及宗教性的寺庙宫观建筑。直到汉朝时，宗教教派出现，宗教建筑才出现在四川与河南等地，这包括早期道教与佛教的活动场所。

在中国古代建筑中，宫殿及宗法礼制建筑，都体现出鲜明的祖宗崇

拜。中国古代的宗教信仰其实是很复杂的,有土生土长的道教,有印度传来的佛教,唐代以后传入的伊斯兰教,明代末期传入的基督教等等,但是他们举行祈祷活动和仪式的庙堂,基本上沿用中国传统建筑的布局方式,以及带有大屋顶的木结构房屋体系。因此从整体上看,中国各种宗教的宫观庙宇,较少表现出各自信仰上的特殊性,它们同其他类型的古建筑一样,较多地受到祖宗崇拜带来的宗法礼制思想的制约和影响。

任何建筑,总是处于一定的环境之中,并与环境保持着某种联系,在受到环境包容和制约的同时,又成为其不可分割的部分,形成新的环境景观。环境的好坏对于建筑的影响很大,特别是影响着建筑的平面布局、外观造型、立面装饰等。俗话说,"天下名山僧占多"。多数情况下,宗教徒在修行时总是寻求清静之地,远离尘嚣的深山往往成为其首选。然而,随着清修者人数的增多,其宫观寺庙也会逐渐扩大。特别是随着该僧道团体社会影响力的增强,在统治集团的提倡和信徒们的崇奉下,出资建寺者也会增多。于是,山由僧道的影响而成为名山。这是一个良性发展的过程。可以说,不是名山由僧所占,而是山由僧占而出名。中国历 2000 年久盛不衰的建筑宫观寺庙之风,成就了遍布全国的名山大川。这些风景名胜之地千姿百态,风格各异,气象庄严,与其周围的自然山水协调一致,创造了以宫观梵刹为中心的整体的艺术环境,影响了人们的宗教信仰,陶冶了人们的审美情趣,是我国历史、文化遗产宝贵财富的组成部分,是劳动人民丰富智慧和惊人创造力的结晶。

宗教正式出现,就需要有活动场所,于是有了宗教建筑。道教一开始就是在信徒居室中进行活动,后来的发展只是将活动场地建得富丽堂皇而已。佛教建筑中,最初的白马寺是按照印度式样建造的,但很快，中国帝王就开始为进口神灵安排住所，就是人间天堂的宫殿。而历代的佛寺，很多是王公显贵和公卿豪门所施舍的住宅，“舍宅为寺”，寺庙就被纳入传统建筑艺术的范畴。伊斯兰教的教规教义严明，其礼拜寺有自己特殊的规定和要求。但是自传入我国之后，中原大部分地区的礼拜寺都属于中国传统建筑文化体系，而没有使用伊斯兰教建筑的大穹窿顶和拜克楼形式。保留迄今的西安化觉巷大寺是全国布局最完整、规模最宏大的伊斯兰教寺院之一，其前后四进的院落式布局和建筑形式完全是中国传统的，仅朝向按伊斯兰教教义，处理成坐西朝东。中国古代道观寺院的神殿，并不是孤立于世俗的生活环境之外、超越人间的出世的宗教建筑，而是在世俗生活环境之中，如佛像的雕塑，在魏晋六朝时的形象是秀骨清癯的，带着深意的微笑，还有一种超凡绝尘、洞悉哲理的智慧和精神。唐代则体态丰满，方额广颐，密智而慈祥。据说，洛阳龙门奉先寺石窟的本尊大卢舍那佛，为美丽而慈祥的中年妇女形象，与武则天的相貌颇为吻合。到宋代，神像已不再是思辨的神（魏晋）或主宰的神（唐），而完全是人化的世俗的神，如重庆大足北山的那些观音、文殊、普贤菩萨造像，都是秀媚动人的妇女写照。特别是晋祠圣母殿的著名彩塑，优美俊秀的少女形象栩栩如生，十分动人，已经没有多少宗教的意味了。建于自然山水中的道观寺庙，为招徕信徒和游人，多选择风景优美之处，实际上起了将自然山水园林化的作用。而宫观寺院中的园林，与城市里的宅园并没有本质的区别。这表明，我国绝大多数宗教建筑，就是在中国传统建筑的大框架下，做某些局部的改动，加入一些宗教语汇而形成的。从这里我们可以看出中国古代建筑具有的兼容性和中国建筑文化的强大同化力。

中国古代建筑讲究中和之境，这种建筑文化思想，在宫观寺庙建筑中更得到充分的体现。中国的风水之学在宫观寺庙建设中也得到充分应用。背靠大山，面迎溪谷，山水环伺，古柏苍松夹道，芝兰桂梅缠绕，加上清丽悠扬的钟声，袅袅飘荡的香烟，营建出的世外境界，给人们特别是宗教徒带来一种特殊的无法言明的心理感受。即使是平原地带、城镇环境里，宫观寺庙建筑也能别出心裁，营造出一种特别的心境，使其与民居、商业环境区别开来。建筑本身是与自然环境共生、共荣、共雅的，建筑环境的自然化，自然环境的人为化，是建筑创造的永恒主题。中国古代宫观寺庙建筑在其创制的过程中，深深打上了中国传统文化的烙印。其选址、设计、营建等，都通盘考虑地理环境、建筑功能等多方面因素，使寺观建筑既充满宗教氛围，也充满人文气息。寺观建筑与环境之间相互顾盼、有条不紊，形成层次丰富多样的空间形式。它在布局上一般不单纯追求整齐统一的比例关系，更不盲目地对原有的自然景观进行彻底改造，而是运用各种精湛的技艺和独特的手法，顺应自然，巧妙借景，通过概括与提炼，再现美的内在秩序。因而，寺观建筑庄重典雅的特性，通过空间上的巧妙安排，将建筑与环境协调组织，创造出优雅有序的寺观建筑空间环境。中国特色的风景园林设计，本就追求着一种中和恬静、顺应自然的人生哲学，将人工美与自然美融合在一起，形成飘逸且质朴的独特风格。

为使宫观寺庙建筑空间更趋近自然，寺观尽量营造出优美的四季景象，高大古朴的常绿乔木，四季常青的灌木、花草，使寺观能让人有如入仙境的感受，更增强人们的出世感。在那里，流动的水与静止的建筑、山石形成的对比，增加了景物的层次和变幻效果，给环境赋予生机。在春和景明、微风拂面的水边读经学习或休闲漫步，春花流水绿树蓝天相伴；在皓月千里、蝉鸣蛙叫的秋夜，独坐庭前树下，明月、花影，都让人为之沉醉。那清淡优雅的意境，让人的心追寻宗教的思绪，探求宗教的真谛，也领略美的风致和韵律，这正是宫观寺庙建筑环境设计所要达到的目的。历史上大批道家佛家大德，大都认同宫观寺庙文化氛围对他们的直接影响。山清水秀，肃然雅静，正是适合修行场所的宫观寺庙建筑内涵的最高境界。

二、佛家寺庙建筑

中国佛教源于印度。一般认为，佛教于西汉末年开始传入我国。陆路上传入的线路，大体与丝绸之路一致，先经中亚传入我国新疆地区，再深入内地。海路稍晚些，是经斯里兰卡、爪哇、马来半岛、越南传到我国西南各地。

中国汉传佛教寺院发端于汉代，风靡于六朝，繁盛于隋唐，延续到明清。其间经历了漫长的岁月，承受了历史变迁的时代沧桑，从而成为佛教文化与中国传统文化互渗交融的最好说明和最生动的例子。

佛教徒是出家人。虽然他们也可以在野外生存、生活与修行，如在印度被称为“阿兰若”的那部分信徒中，就有一部分人，他们不造房屋，只栖息在大树之下，但多数人还是有一个遮风避雨的建筑物，这就是寺庙。佛教徒在那里修行生活，研习佛经，因此，寺庙本就是一学习的场所。

印度的佛教寺庙被称为“僧伽蓝摩”，即指僧众共住的园林，也简称“伽蓝”。汉语译作“僧园”或“僧院”。伽蓝也可以称为“丛林”，借喻草木生长有序，用以象征僧众有完整的法度和严格的规矩。伽蓝又有所谓“精舍”和“支提”之分。精舍是精进修行者的居住处，最初是讲道的场所，后来用于指称僧众的住所。支提本意为“积聚”，指僧侣修行住的石窟，汉语译为“石窟寺”。印度还有一种供僧人修道、居住的处所叫“阿兰若”，意为“空闲处”“寂静处”，指僧人修行的林外空隙清净的地方。由于梵文 buddha(佛)的音译为“浮陀”“浮屠”，所以早期也有仿照中国原始宗教寺庙的称呼，称其为“浮屠祠”的。另外，也有用“刹”来称呼来自印度的佛教寺院的。刹本来是佛寺前的幡杆，后来成为寺庙的代称。

中国的“寺”，在古代是官署名，如“大理寺”“太常寺”“鸿胪寺”等。而庙则是一般祭祀神灵的场所。因玄奘大师翻译佛经，唐政府特设译经院（类似于翰林院等的政府机构）于寺庙，于是“院”也成为寺庙的名称之一，即所谓寺院。至于“庵”的称呼，本意是指比较简陋的“小草舍”，起初是作为出家人聚集的小寺庙，和尚、尼姑均可居住。到后来，则专称比丘尼所居的佛寺为“尼姑庵”“尼庵”了。中国的佛教寺庙有名称记载大约从东汉开始，这命名受到汉代官署称呼的影响。

在佛教流传到中国内地的过程中，迦叶摩腾和竺法兰两位高僧从西域来到洛阳传法译经是最著名的事。相传这两位西域高僧初到中原时，被招待住进掌管宾客朝会礼仪的机关鸿胪寺。次年，汉明帝敕命在洛阳城西雍门外三里御道之北修建僧院，以驮经像的白马和鸿胪寺的“寺”字命名，供两位西来僧人居住。迦叶摩腾和竺法兰在这里翻译出了我国现存最早的汉译佛典《四十二章经》。这所寺庙的建成，标志着我国出现了官方规制最早的佛教寺院。因此，白马寺有“中国第一古刹”之称。

佛教传进中国，其佛寺建筑立即受到中国古代建筑艺术的影响，而且由于中国自然环境、地理形势的特色，从印度传来的“伽蓝”很快就有了变化发展，有中国特色的佛寺建筑依次出现了。

按历史记载，白马寺是按照印度佛寺样式建造的，时人称之为“浮图”。《三国志》则记载了笮融在徐州建造浮屠祠的事：“祠以铜为人，黄金涂身，衣以锦采，垂铜槃九重，下为重楼阁道，可容三千余人，悉课读佛经，令界内及旁郡人有好佛者听受道，复其他役以招致之，由此远近前后至者五千余人户。”[①]这已经有了中国楼阁式木塔的雏形，加上利用官署改建佛寺，塔与木构楼相结合，印度“塔庙”的寺塔形制自传入中国，就开始悄然改变。而石窟寺基本仿照印度佛教的“支提窟”模式而建，依山开凿。如大同云冈石窟、洛阳龙门石窟和敦煌莫高窟等。由于石窟寺费时费财，从宋以后，石窟寺的建凿就直走下坡路，也失去了“支提”最初的含义，它已不是僧人供佛、坐禅苦修之地，而成为中华民族的珍宝，是一种展示、保护、欣赏、研究文化遗产的地方。另外，约自元代起，我国喇嘛教日益兴盛，喇嘛教寺庙，尤其是黄教寺庙的建筑，在明清时代达到了高峰。

早期所建寺庙称为塔庙。因为按印度规制，庙中有塔，用塔藏舍利，供信徒们供奉、礼拜，所以整座寺院以塔为中心建造。此后，塔的重要性逐渐减弱。从东汉起，舍宅为寺之风盛行，寺庙逐渐采取中国宫殿官署的院落式格局，院落重重，讲堂、佛殿、方丈室等主要建筑构成的多重对称院落成为寺院的核心。如要建塔，只好将之建于佛殿之后，或在寺前、寺后或寺两侧，有的则干脆不建塔。大多数的塔需要另盖塔院，只能作为整座佛寺的陪衬，“塔庙”一词也就不适用了。

舍宅为寺使寺院与住宅有了脱离不开的关系。其中最著名的就是玉华宫。

唐武德七年(624 年)，唐高祖李渊在长安北的今铜川市印台区玉华镇修建仁智宫，作为他的避暑行宫。贞观二十一年(647 年)，唐太宗李世民扩建仁智宫，改称玉华宫，专供皇室贵胄消夏避暑。玄奘法师曾应邀来玉华宫消暑。永徽二年(651 年)，唐高宗废玉华宫，改名玉华寺。显庆四年(659 年)，唐高宗应玄奘法师之请，将玉华寺赐供玄奘法师翻

---

① 《三国志·吴志传四·刘繇传》。

译佛经。玄奘法师一生共译经论 75 部，共计 1335 卷，在玉华寺的四年共译经 682 卷，其中《大般若经》是大师在玉华寺坐化前翻译完成的最后一部佛经，也是玄奘法师在玉华寺所译 14 部经卷中最大的一部。麟德元年(664 年)二月五日，玄奘法师圆寂于玉华寺肃成院。

从东汉末年起，随着佛教传播的展开，我国开始出现规模宏大的佛教寺庙。三国以来，长安、洛阳和长江中下游建寺渐多。而南北朝时期，是佛教发展的一个高峰期，不但翻译了大量的佛经，形成南方注重义理修心、北方注重静坐修持的不同学风，而且修建起大量寺庙，造寺建塔成为佛徒的喜好。北魏杨衒之写作的《洛阳伽蓝记》就为我们留下了当时历史的清晰记录。六朝佛学隆盛，寺宇众多。据说，西晋时以长安和洛阳两京为中心，修建有佛寺 180 所，拥有僧尼 3700 余人。北魏时有寺庙 3 万余所，僧尼多达 200 余万，仅洛阳城内外就有寺庙 1367 所。“南朝四百八十寺，多少楼台烟雨中。”晚唐诗人杜牧的《江南春绝句》这一名句，不仅写出了南朝佛寺的繁盛，而且点出了寺院环境的优美。大江南北的山水名胜之地，几乎被佛堂伽蓝占尽。今天已经成为旅游胜地的全国各大小名山，几乎山山有古刹，有人曾用“园包寺，寺裹园”来形容这些寺园美丽的风景。实际上何止“四百八十寺”，仅梁武帝时就有寺院 500 余所。梁代佛教最兴盛时，佛寺多达 2846 所，拥有僧尼 8 万余人。隋唐是中国佛教的鼎盛期，更是寺宇林立。大量人口遁入空门，大量财物用于建筑寺庙，寺院拥有大片土地，当然也就有大量依附于寺庙的农民。寺院经济迅速膨胀，让统治者感到头疼。唐武宗灭佛时，就拆毁大寺 4600 余所、小寺 4 万余所，令 26 万余僧尼还俗。唐宋以后，创建寺院要向政府申请，得到许可方准兴建。寺院的名称也由政府颁定。尽管许许多多的寺庙在经历雷火地震、风霜雨雪等大自然因素的侵蚀损坏和人为破坏后，或毁损惨重，仅剩残垣断壁，或灰飞烟灭，无影无踪，但仍然留下了大量的佛教寺院。关于中国佛教寺院建筑曾经达到的最高纪录，今天当然已无法考证，但统计材料告诉我们，到 1949 年前后，我国的佛教寺院仍有 5 万处之多。

汉传佛教寺庙布局，往往采用中国传统世俗建筑的院落格局。中轴线上排列主要建筑，东西两侧附属设施对称布局，院落重重，多者至数十院，层层深入。回廊周匝，廊内绘佛教故事壁画，与环境紧密相关。在寺庙中，供奉佛像借以瞻仰礼拜的称“殿”，如天王殿、大雄宝殿等；僧侣说法修道和日常起居的房舍称“堂”，如法堂、念佛堂、斋堂等。人们习惯上总称其为“殿堂”。此外还有塔、钟鼓楼等。佛殿主要是供奉佛像，是寺庙最重要的建筑，为了在殿内突出佛像位置，建筑师们在佛殿中部将结构上的梁、柱、斗栱做了精密的安排，在殿中形成一个较大的空间来放置佛像，并在佛像正面或背面适当的位置布置进光口，在佛像周围形成一种奇妙的佛光。功能、结构、艺术三者创造性地结合，让佛殿达到宗教建筑要求的那种神秘崇高的效果。

唐中叶以后，佛像体型愈来愈高大，因而佛殿也逐渐向多层发展，其他附设建筑也相应增高，例如河北正定县隆兴寺的佛香阁，就有三层，高达 33 米，阁中供有 24 米高的 42 手观音，号称千手观音。宋代以降，禅宗寺院兴盛，禅寺盛行“伽蓝七堂”的制度，七堂为：山门、佛殿、法堂、僧堂、厨房、浴室、西净（厕所）。到明代后，中国佛教的“伽蓝”制度已有基本定式，佛寺格局也基本一致了。寺院多坐北朝南，自南往北首先是山门殿，其左右为钟鼓楼，山门殿往北是天王殿，再后则为大雄宝殿、法堂，再后为藏经楼，两侧建廊庑，在正殿前后与两侧的是配殿、配屋，有伽蓝殿、祖师殿、观音殿、药师殿、斋堂（食堂）、禅堂等。有些大寺院设有五百罗汉堂。寺院的东侧（左侧）为僧人生活区，有僧房、职事堂（库房）、香积厨（厨房）、斋堂、茶堂（接待室）等建筑。西侧（右侧）有云会堂，以接待云游四海的僧人而得名，这里是接待区。当然，这只是就一般的建筑格局而言，具体到某一座寺院，其建筑则比较灵活。而几乎所有寺庙的建筑排列都是左右对称的。除院内建筑外，有些寺庙还有两座建在寺院外的建筑，即塔院和放生池。

图 70　大理崇圣寺

就其建筑风格而言，佛教寺院的主要殿堂实际是依照我国传统宫殿府第的布局兴建，而一般建筑如斋堂、僧房等，又参照了我国民用住宅的格式兴建。从整体上讲，寺庙基本上采用的是庭院式建筑布局，即以"间"为单位构成单座建筑，再以多座建筑组成庭院，比较大的寺院还由各个庭院组成建筑群。

寺庙建筑象征佛国世界的神圣不可侵犯，但中国的寺庙有更亲民的地方。在庙堂，除掉隔间，房子即为单一空间的厅堂。在庙宇建筑中，由于自长向正面进入，大殿的神像与参拜者的距离是非常接近的，因此并没有神秘的空间感。庙宇的气氛是用香烟缭绕与法相庄严等因素造成的，因此即使在宗教建筑中，宁静肃穆有之，香火繁盛有之，却没有激发宗教情绪的空间。

今天仍幸存于世的中国最古老的寺庙之一，在五台山西麓，名叫佛光寺。它尽管不像五台山诸多佛寺那样香火鼎盛，却有着中国建筑史上屈指可数的唐代木构建筑之一：东大殿。它优美的屋檐曲线，像一只展翅欲飞的大鸟。敦煌壁画中保留有《五台山图》，其中的大佛光之寺，应该是该寺的写真。该画创作于五代，是最接近唐朝原貌的留影。画中楼宇轩昂，曲折的回廊圈出一所寂静的寺院，寺院的高台上一栋两层殿堂高阁坐东朝西，角楼、门楼也都是楼阁建筑。大殿的外形基座较矮，屋顶比例特别大，约占整座大殿高度的一半，使每个开间形似一个正方形，屋檐挑檐很大，突出了斗栱的结构形象，充分反映了唐代建筑敦厚稳健的特色。现存的原构东大殿中，暗含着一个令人拍手叫绝之处：一个高 1.6 米的人立于佛殿门槛处，看到佛背光顶部的仰角是 30°；待进入殿内站在内槽前部柱列处时，他看到佛顶肉髻的角度仍然是 30°。也就是说，从人进入殿内到拜佛处，其视角无须改变即可看到佛坛全貌。佛光寺东大殿构架由柱网、铺作层、屋架三层上下叠加而成：柱网和铺作层共同构成屋身，铺作层还兼有保持结构稳定、向外挑出屋檐、向内承托天花的作用；屋架则构成庑殿形的屋顶，整体结构复杂而稳定。建筑学家梁思成曾在佛光寺东大殿发现了 7 种不同形式的斗栱。在佛座背后，还有一幅珍贵的唐代壁画《镇妖图》，因曾被人用土坯砖封护而色泽如新。画中，勇猛的毗沙门天王头戴金盔、身披甲胄、手持宝剑，脚下踩着两只面目狰狞的鬼怪。一位双髻高耸的天女伫立一旁。天王法力无边的英雄气概跃然于画上。

佛教在中国广为流传、深深植根，并与中国传统文化相结合。寺庙是宗教文化背景影响下的物质产物，在一定程度上凝结了宗教文化的精髓。它们吸取了中国古代传统建筑的精华，集建筑、雕刻、绘画、书法、文学等多种艺术为一体，精美华丽，既是古代文化活动中心之一，也是人们休憩、游览的重要场所。它庄严雄伟，与周围自然山水协调一致，创造了以它为中心的整体艺术环境，在一定程度上影响了人们的审美情趣和信仰。

三、道家宫观建筑

道教是由民间产生和发展起来的，最早它曾被政府镇压，但后来政府改变策略，开始扶植、提倡，从而使之成为正式的宗教。

道教信徒最初的兴趣，在于寻求道教宣扬的神仙世界。因而在道教建立之初，由于经济或政权的原因，道教建筑追求雕琢玉砌的神仙府第的奢望不是非常浓烈，而是利用一般民间的建筑形式，取名“治”与“静（或靖）”。

学术界一般认为，道教形成于东汉末年，以张陵在蜀中建立“二十四治”为其正式建立的主要标志。当时设有二十四治，十九静庐，传授正一道。其中“治”为早期道教主要传教的地方，也是道教信徒膜拜信奉的神灵之所，很多置于大山之上，道教宫观就源于此。“治”有一定的管辖范围，涵盖一个区域，“二十四治”实际为道教最早的 24 个传教区域，或基层军政管理机构。所以“治”既指道教建筑本身，也指一个道教传教的地区与管理机构。

据《云笈七签》载，“天师治”为张衡所亲创，是道家最具代表性的建筑布局，据猜测是一个正方形用地。在建筑形式上，有面阔“五间”“六间”“七间”之制，虽然有一定的规模，但建筑形式完全是随意的民间瓦屋作法，远不能与官式的皇宫殿堂相比，同时也反映出汉代建筑面阔仍然存在用偶数制的特殊型制。其堂、台等房间的命名，宣扬的是道教神仙思想，建筑形式并无特殊，格局也没有几进的套院，显示道教最初建筑的世俗化的一面。

“静”比“治”更加民间化，指修道者的静修之所。“静室”只是在形式上与居室隔绝，保持清洁，多属于神堂、祖堂之类的建筑。

在道教建筑里，以建筑形式、规格为标准，大体上可分宫、观、庙、院、楼、府、祠、阁八类，也还有殿、台、洞、堂之别。[①] 如台，它实际上是早期原始宗教特别是原始道教的建筑。古代的很多高台建筑，充分满足了古人敬天地、观星望气、会神仙的宗教需求，也不乏一些高道讲经说法之处被后人作为纪念。而“宫”的本义是古代对房屋的统称，秦汉时渐渐演变为帝王离宫别馆的专称，为帝王游乐场所。出于对长生的追求，“宫”尽可能模拟先秦观念中的仙山神府，其建筑往往富丽堂皇，表现的是帝王所住宫殿好似神仙居所，追求精神上的满足，有些兼具祭神的功能。“观”即大门两边供眺望的楼阁，古人又称之为“阙”，汉代祠庙、陵墓门外多立双阙，即“观”的象征，是祭拜祖先神灵的入口建筑，以此通神。显然，“观”与祖先崇拜的关系十分密切。道教将宫观作为活动场所的名称，就是借用了这一象征符号。

图 71　福建湄州岛天后宫

① 止水：《高台之上：道教的建筑形式之一》，腾讯道学，2018 年 3 月 26 日。

两晋时期，道人修行之所大都称为馆、庐或者精舍等。随着道教的发展，官方设立道馆、道观之事日益增多，道教建筑由民间修道场所逐渐发展成官办的修道祀神的斋醮馆观。南北朝时，道教发展迅速，成为全国性宗教，治、静这种中小型道教建筑早不适应道教活动与发展的需要，因而道教“宫观”出现了。开始是帝王建道馆、道观等，如北魏太武帝为寇谦之建五层重坛道场、庐山招真馆和衡山九真馆等。北周帝王改馆为观，敕建通道观、玄都观。可见当时道教建筑已达到相当的规模，道教宫观制度及名称也逐渐确定下来。只是这时的道教宫观内容繁多，布局形式灵活。

唐朝时，李氏皇家认道家老子为祖，道教盛极一时，道教建筑规格进一步提高。祭祀老子的建筑直接称为“宫”，供祀“天尊”“帝君”的称为宫观。部分主祀民俗神的规模较小的也称“庙”。唐时全国建有宫观一千六百多处，两京建有规模宏大的太清宫、太微宫与玉芝观等。宋代，道教“十大洞天”“三十六小洞”“七十二福地”都建有宫观建筑群。元时，全真教兴起，又建立了严格的制度，道教宫观更为兴盛。

“从总体上讲，宫观的布局吸收了我国古代的阴阳五行学说，根据乾南坤北、天南地北之方位，以子午线为中轴，坐南朝北，讲究对称，两侧日东月西，取坎离对称之意。其选址重视风水，以便于‘聚气迎神’。其结构为土木建筑。宫观建筑群一般由神殿、膳堂、宿舍、园林四部分组成，整体的格局采用了传统宫殿和民用住宅相结合的方式，而每座建筑的分布设置又吸收了佛教寺院的一些特点。”①道教建筑布局方式，主要有两种：一种是园林式建筑，它将宫观与自然环境中的河水、山石、树木互相结合在一起。这在道教建筑中占主要部分，也可以说大部分道

① 张映勤：《寺院·宫观·神佛》，天津社会科学院出版社1991年版，第132页。

教的宫观都采取这个方式。凡是名山中大规模的道教建筑群，其亭台楼阁、殿宇回廊，高低错落、大小不等，桥廊碑石布局自然，依山石径，登道蜿蜒，河谷深邃，溪水洄流，鲜花野草，古树藤蔓，身临其境，犹如神仙境界。但与佛寺相比，道教建筑的殿宇规模一般都比较小，当然它也会通过许多小型殿宇组合成为一个大的建筑群。另一种是依礼制布局，以中轴线贯穿，主要殿阁都建在中轴线上，井然有序，严格按对称式布局。这种布局一般出现在城镇平坦的地方。

比较正规且有一定规模的道教宫观，其布局包括以下建筑：山门，为宫观的正式出入处；供奉护法神王灵官的灵官殿；供奉天官、地官、水官大帝的三官殿；灵霄宝殿，这是供奉玉皇大帝或四御大帝的地方，它与三清殿在整个宫观建筑群中规模最大；三清殿中供奉元始、灵宝、道德三天尊；再就是大罗宝殿；藏经楼建在最后。有的道教宫观供有王重阳、全真七子（邱处机等七位真人）、真武大帝、吕洞宾等神像。还有一些道教的宫观中，所供奉的是各个地方千差万别的信仰对象，如关帝庙的关羽、天妃庙的妈祖、城隍庙内地方城隍，以及水、火、财神等等。宫观前后大多建有影壁，用以表示藏风聚气或避邪。宫观门前多建有华表、幡杆，华表多为八角柱体，浮雕多为祥云或八卦图案。很多宫观院内还建有突出清修成仙意味的园林。中国古典园林中的“一池三山”布局即源于此。这种文化渊源表明，道家的自然观映射到中国古典园林的创作上，便是崇尚自然、师法自然、追求自然仙境。于是，以自然仙境为造园艺术题材的园林便应运而生。[①]

道教是多神教，有着庞大的神团体系，神仙中的长幼尊卑区别也是十分严格的。南朝梁时著名道教学者陶弘景撰写的《真灵位业图》，就

---

① 道艺：《道家神仙思想影响中国传统园林建筑》，腾讯道学，2014 年 2 月 26 日。

专门记述了道教神仙的排列次序。道教认为这些等级不同的神仙居处，也与人间帝王将相居住在不同等级的宫殿、王府、官邸是一样的，故道教宫观的建筑也有等级差别。在世俗世界中，中国古代建筑可分为殿式建筑、大式建筑和小式建筑三个等级。殿式建筑即宫殿式样，是帝王后妃起居之处；大式建筑低于殿式建筑，不许用琉璃瓦，不许描龙画凤，其斗栱、屋顶、基座的使用也有一定的限制；小式建筑即普通民房建筑。奉祀道教的天神、帝君，或受到帝王敕封的庙宇多为殿式或大式建筑，一般供奉地方神或专用于修行的小庙，除少数庙宇为大式建筑外，多为小式建筑。例如奉祀东岳泰山神的岱庙，“秦时作畤”“汉时起宫”，唐时增建，至北宋宣和年间，其规模已是“殿、寝、堂、阁、门、亭、库、馆、楼、观、廊、庑合八百一十有三楹”，主殿黄瓦朱甍，回廊环绕，古柏参天，碑碣林立[①]。宫观建筑对皇家气象还是有所规避的，如山西省芮城永乐宫坐北朝南，但它刻意偏开正子午向，体现其等级不敢逾越天子居中的中轴原则。线上主体建筑五座，宫门、龙虎殿、三清殿、纯阳殿、重阳殿沿南北向垂直布置，主殿三清殿位于宫区中央，单檐庑殿，为宫殿的最高型制，轴线两侧不设廊庑与配殿，体现元代宫廷建筑型制的特点。

“宫观”之制的形成，对于规范道教建筑形制，提高道教建筑等级，弘扬道教文化，起到了极为重要的作用。其实说到底，宫观建筑仍是人居建筑，尽管这里已打上了等级的烙印，但仍是人的居所。而且由于其宗教的追求，它更多地成为自然山水人居，为中国的中和建筑文化增添了丰富的内容。

---

① 道艺:《道教宫观建筑的规制》，中国道教协会，2013 年 12 月 26 日。

四、"逾制"的文庙

儒学是中国传统文化的主体内容，它未必是宗教，但与儒学相关的文庙（孔庙）建筑在一定程度上具有宗教的含义。

文庙即孔庙，是古代纪念孔子的建筑。孔子是中华文化思想的集大成者，儒家学说的创始人。鲁哀公十六年（前 479 年），孔子逝世，包括鲁哀公在内的弟子们非常伤心，他们将孔子葬在鲁城北的泗水畔，自愿为其守墓。第二年，鲁哀公在鲁国陬邑的孔子生前居所立庙三间，陈列孔子生前日常的生活用品，比如琴、冠、车等，作为后人祭祀孔子的场所，岁时奉祀。这是第一所祭孔的专庙。

司马迁在《史记》中写道："鲁世世相传，以岁时奉祠孔子冢，而诸儒亦讲礼、乡饮、大射于孔子冢。孔子冢大一顷。故所居堂弟子内，后世因庙藏孔子衣冠、琴、车、书，至于汉二百余年不绝。高皇帝过鲁，以太牢祠焉。诸侯卿相至，常先谒然后从政。"①

显然，在此前以学生为主的祭孔行为，还属于家族、师门内部纪念祖先、先师的范畴。汉高祖刘邦去世前一年（前 195 年），他从淮南回来，经过鲁地时，准备了太牢祭祀孔子。这就把祭孔变成了天子行为，也就是公祭。东汉时期，光武帝途经鲁地，派大司空祭孔；汉明帝、汉章帝和汉安帝东巡经过鲁地时，盛祭孔子和他的弟子们。其中，汉明帝还提倡，祭孔不必专程去曲阜，在各地学校进行就可以。

唐太宗在贞观元年（627 年）下了一道诏书，诏书中说"天下学皆各立周孔庙"。不久以后，他又接受房玄龄的建议，不祭周公，而专门祭孔

---

① 《史记·孔子世家》。

子，并追认孔子为“先圣”，颜回以“先师”配享。

后周太祖郭威不仅专程前往曲阜阙里祭祀孔子，且一改前代视孔圣为“臣下”的理念，下诏称孔子为“文宣王，百代帝王师也”。孔子从此成为先圣先师，帝王祭孔须以弟子礼拜祭。

宋仁宗至和二年（1055 年）改文宣公为衍圣公，孔子的后代此后相沿袭爵八百多年。元世祖忽必烈于大德十年（1307 年）在大都建了“圣庙”作为皇帝祭孔的专庙，加封孔子为“大成至圣文宣王”。明清两代尊孔祀孔进一步得到发展，孔子被加封为“大成至圣文宣先师”，孔庙也被统一称为“文庙”。

沿着历史的轨迹，文庙成为每座城市的“标配”建筑。山东曲阜的孔庙和北京的国子监，是文庙中知名度最高的。这些至今完好的孔庙建筑，是那个时代的见证，承担着家国伦理信仰与历代形成的仁爱信义价值观。

从宋代起，文庙建筑中已经出现泮池、泮桥。明清时期，孔庙则形成了自己的建筑群落。中轴线上，依次有万仞宫墙、棂星门、泮池、戟门、大成殿、崇圣祠等主要建筑，还有两庑分列东西两侧。而孔庙的建筑开间、屋顶形式、斗栱踩数、屋瓦的颜色质地都受到礼制的规范和约束。

春秋至今两千五百多年间，孔子与儒学成为中华民族最广泛而深刻的文化认同、族群认同与国家认同的象征。辛亥革命后的战争纷乱年代，中原地区不少孔庙毁于战火，然而当时中国沿边沿海文化危机感深重的地区，保留下来的文庙反而较多，尤其是台湾省，在日据时期，孔庙、书院、学宫随处可见。

与当年处处有文庙不同，今天，保存文庙的地方不多了。但如果某地方存在文庙，那一定是当地最富丽、最具人文气息的地方。笔者去过甘肃武威，那里离中原已相当遥远，但当地的文庙规模宏大，气势雄伟，建筑布局对称，结构严谨，在明清之际被誉为“陇右学宫之冠”，是目前西北地区建筑规模最大、保存最完整的孔庙。它始建于明正统二至四年(1437—1439 年)，占地面积 30000 多平方米。整个古建筑群由东、中、西三部分组成。东为文昌宫，中为文庙，西为凉州府儒学。文昌宫以桂籍殿为中心，前有山门、过殿，后有崇圣祠，中有东、西二门和戏楼，左右有三贤祠、牛公祠、刘公祠、恪亭和东西二庑。孔庙以大成殿为主，殿前依次有泮池、状元桥、棂星门、戟门，后有尊经阁，左右有名宦、乡贤二祠及东西二庑。凉州府儒学，仅存忠烈祠和节孝祠两组建筑，其余建筑毁于 1927 年大地震。大成殿是文庙的主殿，建在宽阔的石筑台基上，保留着明清建筑风格。殿宽三间，进深三间，重檐歇山顶，顶置九脊，鸱吻螭兽俱全，脊都以缠枝莲纹砖砌筑。正脊中设桥形小珠。屋面尽覆琉璃筒板瓦。檐下为五铺作双抄双平昂。柱头、补间铺作华丽，棂格隔扇、腰华板、裙板等都有简单雕饰。周围绕以回廊、高台基。殿内迎门原供奉着大成至圣先师孔子的画像，旁立着孔子七十二弟子的牌位。大成殿之后的尊经阁，是两层土木结构楼，重檐歇山顶，坐落在高达 2 米的砖包台基上，是武威现存最高大的古代重楼建筑。院内碑匾林立，形式独特，透露出深深的淳和古意。

西南边陲的小城云南建水，不但有很多古老的石桥、城楼、古民居、古街道，更有一座南方规模最大的文庙。建水为旧临安府所在地，元、明、清三代曾是滇南的政治、经济和文化的中心，所以建造的文庙规模宏大，建筑精巧。这里的整个建筑坐北朝南，其整体布局基本按照山东曲阜孔庙样式建造，原有一池(泮池，文庙之学海)、一坛(杏坛)、一圃(射圃)、二殿(大成殿、崇圣殿)、二庑(东庑、西庑)、二堂(东明伦堂、西明伦堂)、三阁(尊经阁、文星阁、柱香阁)、四门(棂星门、大成门、金声门、玉振门)、五亭(敬一亭、思乐亭、斋宿亭、东碑亭、西碑亭)、六祠

(寄贤祠、仓圣祠、名宦祠、乡贤祠、节教祠、忠义孝悌祠)、八坊(太和元气坊、洙泗渊源坊、礼门坊、义路坊、道冠古今坊、德配天地坊、圣域由兹坊、贤关近仰坊)。碑文有载:此庙"殿堂门庑,圣贤肖像,刻雕藻绘,金碧辉煌","遂成一观焉"。数百年来,经过不断维修,现在除杏坛、射圃、尊经阁、文星阁、敬一亭和斋宿亭不存外,其他建筑仍然保存完好。

文庙是各地方政府按要求修建的,是制度的安排,因此也有一些建筑规制。但是曲阜的孔庙有着它的特殊性,甚至可以说是"逾制"的。孔子死后第二年(前478年),他的居宅就被当时的地方当局改建为庙。以后,随着孔子地位的上升,孔子本人也被不断偶像化、神圣化,其庙的规模越来越大,装修越来越富丽堂皇。以至于帝王专用的"龙"、数字"九",都出现在了这座建筑里:大殿九开间,十根浮雕龙柱,以及其他只能用于皇宫的建筑装饰。这正是为了表现统治者对孔子的崇敬,对儒家学说的尊崇。

今天,充满肃穆、中和氛围的孔庙,更多是一种象征意义和符号。①

五、塔的演化

在古印度,佛祖释迦牟尼圆寂后,他的遗体被弟子阿难等火化,由内脏结石所结晶成的各种颜色的球体颗粒,就是所谓的舍利子。舍利子被当时释迦族等八个国王分得,他们分别在各自的国家建塔安奉,这就是塔的最早来源。塔是晋代翻译佛经时梵文的音译,梵语

① 王茜:《从家庙到文庙:回看孔庙的千年之变》,《华西都市报》,2015年12月26日。

原为“窣堵坡”，又称“塔波”“浮图”，意思为“高显”或“坟”。最早的塔形建筑是用来埋藏佛舍利和遗物的，作用相当于我国的坟，所以又称为舍利塔。

两汉时期，塔这种建筑形式随同佛教一起被传入我国，并保留了印度佛教中塔的原始含义。塔是佛祖遗体的象征，信徒们以此为中心，在四周建造殿堂，作为礼拜祈祷和说法行道的场所，这些建筑就是最早的寺院。所以，早期的佛教寺院中，塔位居佛寺的中心，是整座寺院的主体。

此后，人们建佛殿以供奉佛像，塔的重要性有所减弱。杨衒之的《洛阳伽蓝记》中记载，北魏的洛阳永宁寺前有寺门，门内建塔，其后建佛殿。塔、殿均设置在寺院的中轴线上，为寺内的主体建筑。居中的永宁寺大塔，平面方形，四面平门，为九级楼阁式木塔，高四十余丈，堪称这一时期佛寺布局的典型。它已经逐渐采取中国官署宫殿的沿中轴线布局的院落式格局，佛殿、佛塔并重，建筑以木结构为主。这表明，塔与中国的建筑结合起来，特别是与中国传统的木构楼、台或石阙等高层建筑结合起来，充分体现出了民族趣味。

唐代的大寺动辄十数院之多，且以二、三层楼阁为全寺的中心，原来居于中心地位的木塔被重重叠叠的楼阁包围并逐渐取而代之。由于崇拜的对象逐渐从舍利转为佛像，建筑群也逐渐从以塔为主转变为以佛殿为主。塔成了寺院的附属建筑设施。

最初的塔由台座、覆体、宝匣和相轮四部分组成，之后又将台座覆体扩大，里面可设置佛像，供信徒们顶礼膜拜。因为佛祖的舍利子有限，不可能每个信仰佛教的地区都能分得，于是，各地的信徒为了纪念佛祖，便纷纷仿照塔的样式建造类似的建筑物。受建筑材料特别是中国传统建筑技艺的影响，塔的形式也出现诸多变化，并完全中国化。当

图 72 杭州雷峰塔，现代仿古建筑

然，塔在佛教中的功能仍得到保留，如寺院外较多的塔式建筑物一般称为“塔林”或“塔院”，主要用来埋藏一些高僧的骨灰及珍贵的佛经、法物等。

塔的修筑，受实用功能的限制不大，形式比较自由，又多是由信徒集资或国家和地方资助建造的，常常不惜重金，以表示虔诚，其结构方式多种多样，样式也十分丰富。匠师们既自由驰骋他们的聪明才智，更充分利用地方的环境进行布局，在中和建筑文化的指导下，成就了中国建筑的一个个艺术精品。据不完全统计，中国现存塔近万座，其中有一百多座塔的历史在700—800年以上。仅河南省现存的古塔就多达600多座。规模比较大的塔分为实体和空体两种类型，空体塔内中空，可以直接登到塔顶，主要用来藏置佛经，而实体塔则无法入内攀登。塔身一般用砖木石等材料建成，外观多呈方形和八角形，个别的也有六角形或圆形的。塔的整体自下而上逐层减窄减低，层数一般为单数。塔的种类非常多，按结构和造型可分为楼阁式塔、密檐塔、单层塔、喇嘛塔等。以建筑材料来区别，则有砖塔、木塔、石塔、玉塔、沙塔、泥塔、土塔、粪塔、铁塔、铜塔、金塔、银塔、水晶塔、玻璃塔、琉璃塔、香塔。著名的佛塔嵩岳寺塔，位于河南省登封市，它建于北魏孝明帝正光年间(520—525年)，是我国现存最早的砖塔。佛宫寺释迦塔，又称“应县木塔”，位于山西省应县城内，它建于辽道宗清宁二年(1056年)，塔高67.3米，是我国现存最早的一座木塔。还有开封铁塔、洪洞广胜寺飞虹塔、山东历城的四门塔、西安慈恩寺塔(俗称大雁塔)、苏州云岩寺塔(俗称虎丘塔)、北京妙应寺白塔等等。这些塔与古寺古城、山光水色交相辉映，成就了中国各地的风景名胜。

在我国还有一类与佛教没有关系却与风水紧密相连的塔，叫文昌塔，又称文风塔、文峰塔、文笔塔。它一般修得细长，似毛笔插入云霄，象征提笔书写的文曲星。塔有七层的，有九层的，最大的有十三层。据说，层数越多，高度越高，催文催贵的威力更大。凡是有文昌塔的城市，在过去都是出过很多文人墨客的。明朝初期，受风水学说盛行影响，一批风水塔应运而生，几乎每个县城甚至每个乡镇一座，蔚为壮观。风水塔主要用于堪山理水，补地势，镇水患，引瑞气，塔的建立被视为“地脉兴”而“人文焕”的大事，极受重视。最初，风水宝塔的作用在于镇妖避邪，其中主要镇压河妖。古人靠山吃山靠水吃水，一旦风雨失调，家园被毁，就认为兴风作浪的河妖是罪魁祸首。为了求得风调雨顺，不受水患困扰，便在河岸建塔镇住河妖。也有些塔是为了弥补地形缺陷而建。安徽旌德县的地形像乌龟出洞，当地人认为如果让龟走了，文运和才气就会被带走；又因为县城西南有一座形状似火的梓山，而城里经常失火，于是修塔以定龟和镇火。陕西韩城县由于东北方向的山峰不够耸拔，于是建塔使风景完善。安徽阜阳地形西北高东南低，堪舆家认为东南洼而地轻，地气外溢而难出人才，须建塔以镇之。当然，更多的风水塔是为了振兴文运。

无论是佛塔还是文峰塔，初始的目的都已渐渐被人们遗忘，如今大多融入当地的自然环境之中，成为地方的景观、标志和象征。它们是我国劳动人民勤劳智慧的结晶，同样是我国传统文化的历史见证。

第二节 巨型建筑——华夏民族的建筑智慧

跳出狭义的建筑界限，华夏先民也建造了不少巨型建筑，而这些建筑都与中华民族的繁衍发展息息相关。

一、防卫体系：万里长城今犹在

2016 年 11 月，国家文物局发布了《中国长城保护报告》，明确指出："长城是中华民族的精神象征，是我国现存体量最大、分布最广的文化遗产，以其上下两千年、纵横数万里的时空跨度，成为人类历史上宏伟壮丽的建筑奇迹和无与伦比的历史文化景观。"①经过多年测量工作，长城各种数据得以确认，其城墙壕总长度为 21196.18 公里，如果用计量单位"里"表示，相当于 42392.36 里，经过北京、河北、山西等 15 个省（自治区、直辖市）404 个县（市、区）。全国各地长城资源，如今遗存点共有 43721 处，墙体为 10051 段，各种单体建筑为 29510 座。

长城又称"万里长城"，始建于春秋战国时期的燕国，历史长达 2000 多年，是中国古代在不同时期为抵御塞北游牧民族侵袭而修筑的规模浩大的军事工程的统称，是中国乃至世界上修建时间最长、工程量最大的古代防御工程。

---

① 《中国长城保护报告》，国家文物局官网，2016 年 11 月 30 日。

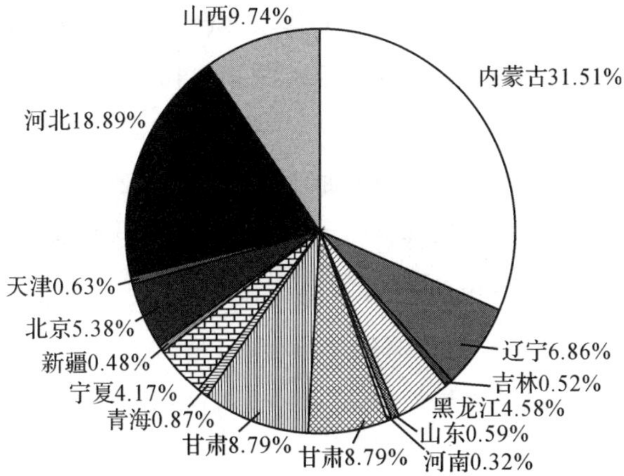

图 73　各省(自治区、直辖市)长城资源比例示意图

载《中国长城保护报告》。

瀚海沙漠群的北部,也就是狭义的塞北之北,包括外蒙古与贝加尔湖,生活着北方游牧民族,那里气候寒冷,生存艰难。而长城以南地区,气候环境相对而言较好,农业种植相当发达。因此,古代北方游牧民族一直觊觎南方的富庶。自公元前 8 世纪起,瀚海沙漠群上,陆续崛起了山戎、北狄、东胡等强大部落,他们的武士善于骑射,长于野战,通常采取突然袭击方式,南下掳掠。他们来去飘忽,难于捉摸,显示出很强的战斗力。而燕、秦、赵在战国中期的作战部队主要是步兵和战车,穿着宽衣大袖的服装,行动迟缓,日行 30—50 里,自然不能阻止匈奴、东胡骑兵的袭击和掳掠。为了防御入侵者,各国诸侯修筑烽火台,并用城墙连接起来,形成了最早的长城。从燕山山脉西端到辽东半岛,有燕王国长城;从燕山山脉西端到河套,有赵王国长城;从河套到陇西高原,有秦王国长城。这些长城,基本上是利用险要的山川形势,在山口与平原地区建筑高厚的城墙,截断匈奴、东胡骑兵进出之路。在长城以内,每隔一段距离,都修建有驻军的大城,并设有迅速传递消息的通讯网,以便统一指挥和互相支援。这些长城及其烽火台、障、城等配套建筑，构成了一套完整的军事防御体系，为后来的军事防御工程提供了有效的样板。

燕秦赵修筑长城，还有战国时期的形势需要。当时齐、楚、魏、赵、韩、燕、秦七国强盛后，兼并战争不断，都在谋求黄河、长江中下游地区的统一。而北方游牧民族不断南侵，不仅使三国北部人民的生命财产受到严重威胁，生产遭到严重破坏，而且大大影响了三国的统一事业。针对这种被动局面，三国便先后进行兵制改革，并在北部修筑长城。

公元前3世纪，匈奴汗国统一了瀚海沙漠群，秦王朝也统一了中国。为了抵御匈奴南侵，秦王朝派大将蒙恬把原各诸侯国的长城连接起来，成为中国第一个完整的防线。蒙恬所筑的秦长城，是在战国秦、赵、燕长城建筑的基础上重新设计的。他利用山川地形，因其险阻建城筑障，把长城建于高山之上，利用山脊、峰峦为城，使匈奴骑兵无法越过；利用河流作屏障，把长城建于河流之北，使敌人得不到水源。在丘陵、平原，则筑成高大城墙，或用土石夹筑，或用土夯筑，把各段长城连接成一条气势雄伟、隔断南北的巨龙。秦长城的烽火台，较三国长城有了很大改进，都建于长城外开阔的山上，而且根据地形，每隔10里、20里、30里就有一座。障城也有改进，在交通路口或谷口，都修建南北两座障城。驻大部队的城都建在长城之南，并与长城紧紧相连。当年秦始皇修筑长城，使用了近百万劳动力，占全国总人口的二十分之一。在没有任何机械的情况下，全部劳动都由人力完成，工作环境又是崇山峻岭、峭壁深壑，其艰难程度可想而知。

汉初，匈奴乘中原战乱，越过秦蒙恬所筑长城，对汉初的国家形态造成巨大危害。由于长城年久失修，北方守军稀少，强大的匈奴不断进入长城以内掳掠，一直深入到代谷、太原、西河、上郡等地。但是，就是这样一条破烂不堪的长城，也在一定程度上发挥了军事防御作用。如果不是匈奴大军，一般不能进入长城掳掠；而如果守将得力，即使有匈奴大军，也进不了长城。唐诗“但使龙城飞将在，不教胡马度阴山”（唐王昌龄《出塞》）即此之谓。当时，政府实力不足，被迫对匈奴采取和亲政策，直到汉武帝把匈奴赶到漠北，下令立即修复蒙恬所筑秦长城和修建外长城，中原才又安宁起来。

10 世纪时，辽帝国乘中原分裂，取得包括今北京在内的幽云十六州，进入长城之内。接着金帝国和蒙古帝国兴起，塞北是他们的本土，万里长城正位于他们的腹地，长城当然被废弃。一直到 15 世纪，明王朝把蒙古人赶回他们的老家瀚海沙漠群，但也没有力量把他们赶向更北的地区，于是重新修筑长城，东起辽东鸭绿江，西到河西走廊西端的嘉峪关。今天所指的万里长城多指明代修建的长城。

除了针对北方游牧民族的北方长城外，还有以楚、齐、魏、韩、中山国为代表的南长城。楚长城始建于公元前 7 世纪，也被称作“方城”，其位置从今河南泌阳北到叶县，经内乡东北而达湖北竹山县境内，用于防御邻国的进攻。齐长城是利用堤防连接山脉陆续扩建而成的，在齐国南部，西起今山东平阴县东北，至胶州市南的大朱山东入海，结构主要有土筑和石砌两种。中山长城是为了防御西南赵、晋的侵扰修筑的，筑于赵成侯六年（前 369 年），其位置在今河北、山西交界的地区。魏长城除西北的防秦和防戎长城即河西长城外，还有保护国都大梁的南长城，经今河南原阳县境转向东南，向西直达新密市。韩长城先为郑国所筑，后韩灭郑，继续修筑使用。随着时间的推移，它们都逐渐淡出了人们的记忆。

据《史记》载，秦代及以前修筑长城的重要原则，就是“因地形，用险制塞”,这也是以后每一朝代修筑长城都严格遵守的。那些关城隘口,都是选择筑在两山峡谷之间,或是河流转折之处,或是平川往来必经之地,这样既能控制险要,又可节约人力和材料,以达到“一夫当关,万夫莫开”的效果。而城堡或烽火台,也多修筑在险要之处。至于修筑城墙,更是充分地利用地形,如像居庸关、八达岭的长城都是沿着山岭的脊背修筑。有的地段从城墙外侧看去非常险峻,内侧则是相对平缓,有“易守难攻”的效果。有些地方甚至利用悬崖陡壁,将崖壁劈削一下就成为长城了,如明代辽东镇的长城。还有一些地方完全利用危崖绝壁、江河湖泊作为天然屏障,可以说是巧夺天工。

万里长城的城墙,是防御敌人的主要部分。城墙的修筑一般根据当地的环境、气候等条件而确定。大体上,早期采用最多的是版筑夯土墙,就是以木板作模,内填黏土或灰石,有时也夹以芦苇、红柳等为筋,层层用杵夯实而成。这种方法能就地取材、施工简便,所以中古前应用普遍。也有土坯垒砌墙的。在石头山区,采石筑墙也很普遍,有些地方甚至先将石头加工成条石,筑成更加整齐宏伟的城墙。当制砖行业发展成熟后,砖砌城墙逐渐普及,有纯用青砖砌墙的,有砖石混合砌筑的,也有泥土连接砖的。用砖、石砌筑城墙,在地势坡度较小时,砌筑的砖块或石头与地势是平行的;而当地势坡度较大时,则用水平跌落的方法来砌筑。许多关隘的大门,用青砖砌筑成大跨度的拱门,如今有的青砖已严重风化,但整个城门仍威严挺立,表现出当时砌筑拱门的高超技能。在一些关隘的城楼上,作为建筑装饰的石雕砖刻,制作技艺极其复杂精细,反映了当时工匠匠心独运的艺术才华。

长城很多都修筑在崇山峻岭之间,建筑材料的运输特别困难,工匠们开动脑筋,发明了不少方法。比如条石都是在石场加工完成的。为了将条石运到目的地,工匠们在冬季到来后,从石场往工地修一条路,

图 74　2013 年，作者在嘉峪关留影

在路面上泼水，让其结成一条冰道，然后把条石放到冰道上滑行，条石就被顺利地运到了城下。在重建明长城时，比较科学的烧制砖瓦技术已成熟，砖制品产量大增，砖瓦不再是珍贵的建筑材料，所以，不少地方的城墙内外檐墙都以巨砖砌筑。在当时全靠手工施工的情况下，采用重量不大、尺寸大小一致的砖砌筑城墙，不仅施工方便，而且提高了施工效率和建筑水平。为了搬运数量巨大的城砖，他们用绳子两头各捆上一块砖，搭在山羊身上，让大群身子轻巧的山羊驮着砖一溜小跑爬上城墙，解决了砖块的运输问题。

长城现存城墙平均高度为 7.8 米，有些地段高达 14 米。凡是山岗陡峭的地方构筑的比较低，平坦的地方构筑得比较高；紧要的地方比较高，一般的地方比较低。城墙的总厚度较宽，基础宽度平均 6.5 米，墙上地坪宽度平均 5.8 米，可保证两辆辎重马车并行。墙身由外檐墙和内檐墙构成，内填泥土碎石。砖的砌筑方法以扁砌为主。

在冷兵器时代，长城防御体系的军事作用是卓有成效的。事实上，秦皇汉武，包括明初，无不是在主动出击、军事上取得压倒优势时修建长城的。这说明，修筑长城既属于积极防御，又是一种积蓄力量、继续进取的策略。而且，长城的防御作用不是一般人以为的“不被攻陷”，其真正的用处在于，入侵者或许能集中力量偶尔攻破一两个关口、闯入内地，但只要整段长城还驻守有强劲的军队，入侵者就始终面临被阻击、伏击而无法返回家园的危险；尤其是长城扼住了燕山和太行山北支各个交通要道，北来的骑兵纵然破关而入，也只能对内地实施骚扰，而他们的后勤根本无法跟上，故而无法在内地立足，因此无法在根本上动摇中原王朝的根基，这是长城存在的终极意义。

长城一线，除了是劫掠与防卫的战争线，更多时候又是中华民族内部南方与北方的经济与文化的交流线。在这里，农、牧两大经济区，游牧、农耕两种文化类型之间，存在着相互依存、相互需要、相互促进的关系。农业经济既需要畜牧业为自己提供农耕、运输等用途的畜力和战马，以及牲畜、皮毛、珍贵药材等，也需要不断向畜牧经济区出售农副业及手工业产品等，使畜牧业经济地区成为农业经济地区的重要商品市场；而畜牧业经济区不仅需要农业经济地区提供粮食、布匹和铁、金、银、陶器等各种手工业品，而且也需要出售己方的皮毛、药材等产品，这样一来，两种经济的贸易交换就沿长城一线不断展开。自秦汉至明清，长城沿线的许多关口，事实上成为农、牧两大经济和文化系统民族交易的场所或中心，长城一线成为国内最大的贸易市场和物资供求、集散地，许多关口逐渐发展成为长城沿线的重要城镇。由此可见，长城并不单纯是将两种经济和文化分割、阻隔开来，更担负着将两种经济、文化紧紧联系在一起的重任。而这，正好证明了中和文化的巨大影响力。

从战争角度考虑，长城似属凶器。然而从建筑上看，古代长城的修筑者们选择险峻地形，依山就势，将长城设计为蜿蜒曲折、迤逦前行的巨型建筑，近观威武雄壮，远望柔和优美，使“中”与“和”得到切实的体现。长城显示着中华民族铁骨铮铮的风貌，体现着中华民族中和建筑文化的深远内涵。

如今，长城抵御入侵的使命已经完成，它作为一项伟大的工程，已成为中华民族的一份宝贵遗产。巨龙似的城垣，因残破而展示了生命的力量，因蜿蜒而影射着文化的张力。它的历史价值，不仅在于表现了两千多年前中华民族的伟大气魄，而且显示了古代中国人民的高度智慧、不畏艰苦、永不屈服的精神，以及高超的军事科学水平、高度的科学文化技术。在今天，它除了象征意义，还有抵御风沙、发展旅游的作用。万里长城永不倒，它是中国的标志，更是古代人民智慧的体现。

二、水利建设工程：运河、拱桥、堰

水是一切生命的源泉，正是在黄河、长江两大母亲河的孕育下，才有了中华民族五千年的历史。而水，既有水利的一面，也有水害的一面。治水，变水害为水利，为中华民族发展史留下了壮丽辉煌的诗章。远古时代的大禹治水，将分散的各个部落联结起来，让古人走进了文明时代，形成了中华民族。此后，中国古人进一步总结治水经验，建筑起造福中华民族的许多水利工程。限于本书主旨，这里只简单介绍几项水利建筑工程①。

① 本书此处的水利建筑工程，取其广义，即与水相关的建筑工程。

(一)运河

在没有机械运输的古代,水道运输经济又省力,因此水道交通很早就受到人们的重视和利用。然而我国的河流绝大多数是东西走向,少有南北向水道,这种横向封闭的自然水系,严重地制约了各地民众的交通往来,不利于国家的统一、经济文化的交流和发展。在这种情况下,人们开始设法开凿南北走向的人工河——运河。

秦开凿的灵渠,位于今广西壮族自治区兴安县境内,是世界上最古老的运河之一,号称“世界古代水利建筑明珠”。秦始皇二十八年(前219年),为了迅速统一岭南,监御史禄督率士兵、民夫,在兴安境内湘江与漓江之间凿建人工运河,以运载粮饷。秦始皇三十三年(前214年),渠成并投入使用,岭南战事很快结束。东汉建武十八年(42年),交趾反叛,光武帝派伏波将军马援南征,继续疏浚灵渠。唐宝历元年(825年),灵渠渠道崩坏,船只无法通行。桂管观察使李渤下令,在河道中垒石,建成犁铧形的拦河坝,也即大、小天平,使河水分流进入南、北渠道,并在南、北渠道上设置壅高水位以利通航的建筑物陡门。两宋及以后各代,均对灵渠加以修缮。1949年后,当地政府多次疏浚、重修、加固灵渠工程,使其继续发挥航运功能。灵渠联接了长江与珠江两大水系,构成了遍布华东华南的水运网,对巩固国家的统一,加强南北政治、经济、文化的交流,密切各族人民的往来,起到了积极的作用。

除灵渠外,古代运河还有先秦时吴国开凿的邗沟、魏国开凿的鸿沟、越国开凿的山阴古水道,以及三国时曹魏开凿的白沟、平虏渠、利漕渠等。当然,这些运河规模都不大,更没有形成一个完整的水运系统。真正展示中华民族在水运水利建设上智慧与能力的,是隋代开凿的大运河。

隋代统治者为了进一步巩固其对全国的治理,发展江淮漕运,增强北方边防力量，从隋文帝开皇四年（584 年）到隋炀帝大业六年（610 年）的 20 多年间，充分利用过去开凿的运河和天然河流，先后开凿了通济渠、永济渠，并重修了江南运河，终于凿成和疏通了以洛阳为中心，北抵河北涿郡、南达浙江余杭的大运河，将黄河流域与长江流域两大文明连接了起来。唐代基本上沿用了隋代大运河的体系，只是做了局部的变更和整修。北宋通过开凿整治汴河、惠民河、广济河、金水河以及江淮运河、江南运河、两浙运河等重要运河河道，把江浙、两淮、荆湖等南方地区与河北、京东、京西以及京畿一带等北方地区连接起来。南宋偏安东南，只好大力疏浚江南运河以供运输。以后各代政治中心移往北京，故开凿沟通河北、山东运河河道，以南接江淮各地，沟通了海河、黄河、淮河、长江、钱塘江五大水系，使大运河贯通南北，从而把南北方各大经济区域直接地联系起来。

经过历年不断的施工、修缮，运河的开凿整修技术逐渐成熟，运河的管理更是日臻完善。不仅在解决运河水源、保护河堤、开凿河道、利用各种闸、堰以控制调节运河水量等关键技术上有了重大创新突破，还制定了较为严密的规章制度，完善了职责分明的运河管理机构，以确保运河的航运通畅，极大地发挥了运河在漕运、商业、农业等方面的功能，营造出新的自然环境、生态环境、生产环境，推动着南北地区之间的经济、文化发展与交流，促进了运河区域工商业的发展，维系了中央集权和中国大一统局面，进一步增强了民族团结和中华民族的凝聚力、向心力。2014 年 6 月 22 日，第 38 届世界遗产大会宣布，全长 1794 公里、世界上最长的人工开凿的运河中国大运河（比苏伊士运河长 10 倍，比巴拿马运河长 20 倍）项目成功入选世界文化遗产名录。“相对于长江、黄河等河流，运河人工开挖的特点决定了其首先反映了人与自然的关系，辩证地看，这关系中既蕴含着人定胜天的积极态度，也有相地而流、本乎时势的理性，是人类适应自然和改造自然这一永恒矛盾的权衡。当这两种思想共同反映在运河河道开挖、疏通、改变及维护的层面上，就形成一种技术层面的文化，可以分为水运工程、引水工程、蓄水系统、整治系统、防灾系统等。其中节制工程、穿越工程、跨江河工程、闸坝工程等专门性工程是工程技术的核心。这些完备且颇具技术含量的工程浓缩了历代官员、水利专家以及大量百姓的心血与智慧，使得中国古代的运河技术一直走在世界前列。”[①]大运河的精神，就是中华民族自强不息、不断开拓进取的伟大精神。

(二)拱桥

江河给沿岸的居民带来无尽的利益，但也是两岸交通的障碍。为了解决这一难题，古人发明了桥，遇水搭桥从远古时代就开始了。在各种桥梁中，拱桥的出现，代表了中国古人在建筑工程上技术与艺术的高度发展。

至今依然耸立的最古老的石拱桥，当属坐落在河北省石家庄市赵县洨河上的赵州桥，又称安济桥，它横跨在 37 米多宽的河面上，因桥体全部用石料砌成，当地称作“大石桥”。该桥建于隋朝，由著名匠师李春设计建造，距今已有 1400 多年的历史。石桥下面没有桥墩，只有一个拱形的大桥洞，在当时可算是世界上最长的石拱。赵州桥不仅结构匀称稳定，还有着大气优美的外观。有联云：水从碧玉环中去，人在苍龙背上行。这是对赵州桥最生动的描写。

历史上，赵州桥经历了 10 次大水灾，8 次战乱和多次地震。1963 年的水灾，大水曾淹到桥拱的龙嘴处。1966 年邢台发生 7.6 级地震，赵州桥距离震中只有 40 多公里，也没有被破坏。著名桥梁专家茅以升

---

① 吴欣：《大运河文化的内涵与价值》，《光明日报》，2018 年 2 月 5 日第 14 版。

说，先不管桥的内部结构，仅就它能够存在1400多年已经说明了一切。据记载，赵州桥自建成以来共修缮约百次。

赵州桥的设计构思和工艺的精巧，在我国古桥中首屈一指。它是中国现存最早、保存最好的巨大石拱桥，曾入选世界纪录协会世界最早的敞肩石拱桥，创造了世界之最。据世界桥梁史的考证，像这样的敞肩拱桥，欧洲到19世纪中期才出现，比中国晚了1200多年。

除了石拱桥，中国古代的编木拱桥也值得我们关注。宋代画家赵伯驹的《江山秋色图》上，就画有一座编木拱桥。这座桥并不是常见的石拱桥，而是用巨大的方木，通过交织关系结合在一起，互相支撑，互相制约，所以化直为曲，形成一道飞虹。在一些古籍上也有关于这类桥的记载与说明。

图75 赵伯驹画《江山秋色图》

如今，在西北甘肃等地仍有这种所谓的卧桥；在西南，如湖北恩施和重庆交界的地方，也有伸臂梁与编木相结合的拱桥；在东南的闽浙两省交界山区的一些地方，这一类桥梁仍有序地得到传承。它实际上是悬臂梁结构，但是在桥梁上部区域使用了编木的原理，所以这类桥出现了很特殊的反曲线。不过，与宋朝出现在北方的编木拱桥不同，由于闽

图 76　西康木里挑梁式木桥

载刘敦桢编:《中国建筑史参考图》,第 89 页。

浙地区气候温和,雨量充沛,为了保护桥体的使用寿命,拱桥的上部多建有廊屋[①],因此,这一带的编木拱桥又被称为贯木拱廊桥。

南方科技大学建筑历史学者刘妍长期进行对编木拱桥的研究,她在一次演讲中对编木拱桥做了深入的介绍。[②] 在闽浙接壤处的山区,最北边到温州、丽水,最南边到福州,西边到武夷山,东边到沿海,从南到北大概 200 多公里的范围内,现在还保留着一百零几座历史遗构,因为是木作,容易受到水、火的伤害,所以肯定有很多桥被毁坏。但由于这地区太过偏远,如此建桥的匠作传统仍得到保存。他们有一整套有效、有序的构造方法,并且有相配套的施工措施,其匠作传承历时超过 400 年。其中周宁县秀坑村张姓造桥世家,距今传承了八代,历时 200 多

① 程霏:《闽浙地区贯木拱廊桥营造技艺》,安徽科学技术出版社 2013 年版,第 6 页。

② 刘妍:《今天不可能再有匠人用这种方式来建造如此惊险的大桥了》,《一席精选》,2019 年 1 月 9 日。

年。寿宁县小东村徐姓、郑姓造桥世家，距今传承了七代，历时 160 多年。2009 年，闽浙木拱桥的营造技艺作为中国木拱桥营造技艺，列入了联合国急需保护的非物质文化遗产名录。

图 77　福建省寿宁县坑底乡杨梅洲桥

载刘妍：《今天不可能再有匠人用这种方式来建造如此惊险的大桥了》。

闽浙木拱桥多建筑在高山峡谷之间，在缺少现代技术的条件下，建筑一座桥是非常困难的。而当地的建筑师正是用最原始的方法、最粗陋的工具，在最惊险的条件下完成了这样的建桥工程。

(三)都江堰

都江堰位于四川省成都市都江堰市(原灌县)城西，坐落在成都平原西部的岷江上，距成都约 50 公里，距青城山约 20 公里。

都江堰始建于秦昭王末年(约前 256—前 251 年)，是蜀郡太守李冰父子在前人开凿的基础上组织修建的大型水利工程，由分水鱼嘴、飞沙堰、宝瓶口等部分组成。

古代的成都平原，是一个水旱灾害十分严重的地方。流经这里的岷江，是长江上游的一大支流。而四川盆地西部，又是中国多雨地区。

岷江发源于四川与甘肃交界的岷山南麓，分为东源和西源，东源出自弓杠岭，西源出自郎架岭。两源在松潘境内漳腊的无坝汇合，向南流经松潘县、都江堰市、乐山市，在宜宾市汇入长江，全长793公里。都江堰以上为上游；都江堰市至乐山段为中游，乐山以下为下游。岷江有大小支流90多条，上游有黑水河、杂谷脑河；中游有都江堰灌区的黑石河、金马河、江安河、走马河、柏条河、蒲阳河等；下游有青衣江、大渡河、马边河、越溪河等，主要水源来自山势险峻的右岸，大的支流都是由右岸山间岭隙溢出，雨量主要集中在雨季。原来岷江上游流经地势陡峻的万山丛中，一到成都平原，水速突然减慢，因而夹带的大量泥沙和岩石随即沉积下来，淤塞河道。所以岷江之水涨落迅猛，水势湍急。经长年累月的冲积，岷江在成都平原上形成了地地道道的地上悬江。成都平原的整个地势，从岷江出山口玉垒山，向东南倾斜，坡度很大。都江堰距成都50公里，而落差竟达273米。所以在古代，当岷江洪水泛滥，成都平原就成泽国；一遇旱灾，又是赤地千里。岷江水患成为古蜀地区生存发展的一大障碍。

战国时期的秦国，国势日盛。他们正确认识到巴、蜀在统一中国过程中特殊的战略地位，秦昭襄王五十一年（前256年），秦王委任知天文、识地理、隐居岷峨的李冰为蜀郡太守。李冰上任后，决心根治岷江水患，发展川西农业，造福成都平原，为秦统一中国创造经济基础。

远在都江堰修建之前的二三百年，古蜀国杜宇王以开明为相，在岷江出山处开了一条人工河流，分岷江水流入沱江，以除水害。李冰为蜀郡守，吸取前人的治水经验，率领当地民众，在岷江出山流入平原的灌县，主持修建了著名的都江堰水利工程。

都江堰的整体规划是将岷江水流分成两条，其中一条水流引入成都平原，这样既可以分洪减灾，又可以引水灌田、变害为利。主体工程包括鱼嘴分水堤、飞沙堰溢洪道和宝瓶口进水口三部分，三者互相依赖、互相制约、互相调节，结构科学又巧妙。他们首先以火烧石，使岩石爆裂，在玉垒山凿出了一个宽 20 米，高 40 米，长 80 米的山口。因其形状酷似瓶口，故取名“宝瓶口”，那开凿玉垒山分离的石堆叫“离堆”。打通玉垒山后，岷江水就能够畅通流向东边，减少了西边江水的流量，使西边的江水不再泛滥，同时让滔滔江水流入旱区，灌溉那里的良田。这是治水患的关键环节，也是都江堰工程的第一步。

由于江东地势较高，江水难以流入宝瓶口。为了使岷江水能够顺利东流，且保持一定的流量，充分发挥宝瓶口的分洪和灌溉功能，又在岷江中修筑分水堰，将江水分为两支：一支顺江而下，另一支被迫流入宝瓶口。由于分水堰前端的形状好像一条鱼的头部，所以被称为“鱼嘴”。于是上游奔流的江水一分为二：西边称为外江，它沿岷江顺流而下；东边称为内江，它流入宝瓶口。由于内江窄而深，外江宽而浅，这样枯水季节水位较低，则 60%的江水流入河床低的内江，保证了成都平原的生产生活用水；而当洪水来临，由于水位较高，于是大部分江水从江面较宽的外江排走，这种自动分配内外江水量的设计即“四六分水”。

为了保持灌区水流的稳定，他们又在鱼嘴分水堤的尾部靠着宝瓶口的地方，修建了分洪用的平水槽和“飞沙堰”溢洪道。飞沙堰采用竹笼装卵石的办法堆筑，堰顶做到比较合适的高度，起一种调节水量的作用。溢洪道前修有弯道，江水形成环流，当内江水位过高的时候，漫过飞沙堰的水流产生了漩涡，由于离心作用，洪水中夹带的泥沙甚至是巨石都会被抛过飞沙堰、流入外江，这样便不会淤塞内江和宝瓶口水道。

为了观测和控制内江水量，李冰又雕刻了三个石桩人像，放于水中，以“枯水不淹足，洪水不过肩”来确定水位。石人显然起着水尺作用。李冰还凿制石马置于江心，以此作为每年最小水量时淘滩的标准。

古代竹笼结构的堰体在岷江急流冲击之下并不稳固，而且内江河道尽管有排沙机制，但仍不能避免淤积，因此需要定期对都江堰进行整修，以使其有效运作。李冰创立的岁修六字经"深淘滩，低作堰"，治水八字诀"遇湾截角，逢正抽心"，是对蜀中先人治水经验的总结。即使今天，这也是水利学的经典。

在李冰与其子的组织带领下，经过八年的努力，都江堰这一历史工程终于建成了。对其有效的管理，保证了整个工程历经两千多年，依然能够发挥防洪灌溉的重要作用，使成都平原成为旱涝保收的"天府之国"。至今其灌区已达 30 余县市、面积近千万亩，是全世界迄今为止年代最久、唯一留存、仍在一直使用、以无坝引水为特征的宏大水利工程。它凝聚着中国古代劳动人民勤劳、勇敢、智慧的结晶。2000 年联合国世界遗产委员会第 24 届大会上，都江堰因历史悠久、规模宏大、布局合理、运行科学，且与环境和谐结合，在历史和科学方面具有突出的普遍性价值，被确定为世界文化遗产。

总体上看，古代中国人民在治水过程中，发挥了无穷的智慧，累积了无限的知识与经验，创造了无数的水利工程，使水害变成了水利，为中华民族的顺利发展建立了不朽的功绩。选择适当地点修造水利工程谓之"中"，变水害为水利谓之"和"。中和文化在水利建筑工程中的作用是非常突出的。

第七章　中西交汇——西方建筑的影响

第一节　入乡随俗:早期西方来华的商人与传教士

近古时代的西学东渐,特别是近代中国被迫开放后,除了引进西方近代的科学技术外,还引进了西式建筑。虽然这个过程离奇曲折,但也是一股不可阻挡的趋势。

一、澳门早期建筑风貌

早期佛教与其他宗教传入中国以后,砖石建筑只是扩展到佛塔上,而大量的宫殿、庙宇、住宅还是保持着土木结构的传统。换句话说,早期从域外传入中国的建筑样式,没有多久就被中国传统建筑消解,其痕迹也融入了中国建筑文化之中。

16 世纪初,随着地理大发现,葡萄牙人来到中国南方沿海地区。明嘉靖三十二年(1553 年),他们在广东香山的壕镜澳驻足下来。万历五年(1577 年),葡人以“愿输岁饷”(即交纳租金)为条件,得到明政府的允许,在澳门建造居室,定居、经商,并取得对进入澳门的商船征税的权利。

图 78 澳门街景

最初,澳门只是葡萄牙人的一个临时居留地,只有用竹枝、木材、棕榈叶搭建的简易房屋,以供交易、贮存和居住。此后,他们开始建造永久性建筑物。在中国的土地上造房子,葡人以及其他外国人可不管中国建筑文化,于是,当贸易街道逐渐形成后,一个融合欧、亚、非、美各洲民众的“华洋杂居”的国际城市由是诞生。与贸易相伴,葡萄牙传教士来到澳门,一座座洋教堂建立起来。教堂多选择地势高敞的地方,其前面或四周建有广场,居民住宅常环绕教堂建造,教堂成为城市景观的核心与城市构图的中心。到 17 世纪初,澳门有了较大规模的砖石建筑。葡人建筑一般为两层,用木梯上下;连通建筑的外墙多为白色,门窗则漆成黄、粉红和蓝色。那些富人建筑,多聚于海边,仿照西洋样式,特别是吸收葡萄牙的建筑传统,保留了 17 世纪里斯本的市镇建筑形式。这些建筑在统一中富有个性变化,色彩明快,造型灵巧,欧风浓郁,只是在细节上由中国工匠做了些变通,显示其受到中国传统建筑的影响。如大三巴之类的耶稣会建筑上,雕刻的主题与中国文化有密切关系;东望洋圣母雪地殿圣堂内的壁画,是以中国式的手法表现出来的。此后随着城市的发展,一方面是大量西洋楼房的出现,另一方面是大批传统中式建筑及一些小型庙宇兴建起来。18 世纪初,华人建筑也引进欧美流行的模式，形成中西合璧的建筑样式，在带有中国特征的同时，明显受到葡式建筑的影响。

图 79　澳门大三巴

澳门在 400 多年的发展过程中，兴建了一批颇具欧洲特色特别是葡萄牙特色的建筑，极具澳门特色的中国传统建筑，以及中西合璧的建筑物。今天，游客会发现，在澳门依然保有中国最早的一批天主教堂、中国现存最古老且完整的修道院、最古老的基督教坟场、中国第一座西式剧院、远东地区第一座现代化灯塔、中国第一所西式大学、中国现存最古老的炮台群等等。而杂处其间的，则是岭南风格的庙宇、清末院落式大宅和广东"西关大屋"式民居。一些颇富历史纵深感的广场和街道，不着痕迹地将这些单个建筑连成了一体。

今天的澳门历史古城区(旧称澳门历史建筑群)，由 22 座位于澳门半岛的建筑物和相邻的 8 块前地组成，是以旧城区为核心的历史街区。

2005 年 7 月 15 日，在第 29 届联合国教科文组织世界遗产委员会的会议上，经 21 个成员国全体表决通过，中国“澳门历史城区”正式被列入《世界文化遗产名录》，成为中国第 31 处世界遗产。

图 80 澳门街景

澳门历史城区以西式建筑为主，中西式建筑互相辉映，是中国境内现存年代最古老、规模最大、保存最完整和最集中的东西方风格共存建筑群，是西方宗教文化在中国和远东地区传播的重要历史见证。

二、洋和尚利玛窦的一路北行

明末清初，大量天主教传教士以澳门为传教基地，积极从事远东地区的传教工作。这些传教士来自不同的修会，他们为中国带来了西方近代的科学技术及人文艺术，又向西方介绍了中国的文化成就，为中西文化交流做出了贡献。

天主教传教士立足澳门，一方面在东南亚一带加速动作，另一方面也加紧对中国大陆进行渗透。罗马教皇看到了机会，决定派传教士学习中文，熟悉中国的礼教和民俗，伺机进入大陆。1579 年和 1582 年，意大利籍传教士罗明坚、利玛窦先后来到澳门，熟悉情况，学习汉语，为进入大陆做准备。1583 年，二人一同来到广东当时的省府肇庆。他们剃了光头，刮掉长须，穿着中国和尚袍，自称“西僧”，利玛窦还起了一个名字“西泰”，大号叫“西江”。当时，老百姓为了镇住河妖，正集资在肇庆城东西江边修建崇禧塔。得到当地官府的准许，利玛窦用在澳门募集到的约 20 万银元（一说是 6000 金币），于崇禧塔旁边择地建房。施工期间，利玛窦受到外界不少阻挠，在知府王泮等开明官员的保护下还是得以顺利进行。1585 年，中国大陆第一座天主教教堂在肇庆落成。罗明坚和利玛窦称教堂为“圣童贞院”，可在教堂落成之日，知府王泮送来他亲笔题写的两块匾额，一为“西来净土”，挂在圣堂的上方；一为“鲜花寺”，挂在教堂门首，成为教堂的正式名称。

《利玛窦中国札记》对当时的鲜花寺有以下描述：“房子本身很小，但很中看。中国人一看它就感到很惬意。这是座欧洲式的建筑物，和他们自己的不同，因为它多出一层楼并有砖饰，也因为它的美丽的轮廓有整齐的窗户排列作为修饰。房屋的地点和安置也增添了它的美丽。从这里能看见沿水面上的所有建筑物，河上有各类船只，河那边是整整一片树木繁茂的山峦。那是当地出名的美景，又加以欧洲新奇的装束，每个人都想一开眼界。”[①]据考证，这是一座两层的房子，用青砖白灰筑

---

① 利玛窦、金尼阁：《利玛窦中国札记》，何高济等译，第 126 页。

成，看上去不太像座西洋建筑，但也与中国建筑不一样。下层有五间房，中间的当客厅，客厅两边各有两间房，作为传教室。楼上则是给神甫住的。

1589 年，利玛窦移居韶州（今韶关），在光孝寺旁的一块空地上建了一座教堂。“这所房屋是按中国式样设计和建造的，只有一层楼。房屋完工后，下一步是在附近盖一座宏大精美的教堂。”[①]1595 年，利玛窦北上到达江西南昌，得到地方当局的支持，于是在知府衙门附近买屋建堂，发展他的事业。在此前后，利玛窦认识到，在中国，地位最高的并非和尚，而是儒生，于是他与来华的传教士们蓄发留须，着儒生服，乘坐轿舆。后来他们在南京购买了一座崭新的房舍，建立了他们新的传教场所。1601 年，利玛窦到达北京，开始只是租了一所平房，在那里接待客人，从事传教活动。后来又在宣武门买了一所大宅院，作为“北京会院”。利玛窦去世后，皇帝赐给他一块墓地，传教士在这里“设计出中国第一座基督教的墓地。在花园的一端用砖修建了一座六角形带拱顶的小教堂。小教堂的每一边伸延着半圆形的墙圈出一块地方作为教会成员的墓地。在这块地的当中有四棵柏树，……挖出了一部分土，在穴中修建了一座大小合适的砖墓放置棺木”。[②]

利玛窦之后，西方传教士大量涌入中国，在各个口岸地区，甚至一些很不发达的地区建院筑堂，传播“福音”。利玛窦等人开创的在中国的传教事业，使中国内地陆续有了教堂这种与传统建筑完全不同的西式建筑。当然，这些早期教堂建筑尽管外形是西方的，其内里却仍是木构架。

---

① 利玛窦、金尼阁：《利玛窦中国札记》，何高济等译，第 172 页。

② 利玛窦、金尼阁：《利玛窦中国札记》，何高济等译，第 451 页。

三、广州十三行的建筑

自唐代以来，广州一向是我国最重要的商港之一。明清时期，广州的对外贸易全属官营，而以牙行经纪这些事情。明朝后期，在澳门经营的葡萄牙商人有时需要到广州办理相关手续，处理与广州的商贸事务，甚至从 1579 年起，葡商还须到广州缴纳出口税。而 1555 年，中葡间“商业的利益，是被原籍为广州、徽州、泉州三处的十三家商号垄断着”，其中广人五行，泉人五行，徽人三行，[①]这就是最早的十三行，时间当在明嘉靖、隆庆之间。而夏、冬两季定期在广州举行的市集，地点在珠江中的海珠岛，故后来兴建十三行夷馆时，就在附近觅址了。康熙二十四年(1685 年)，清廷分别在广东、福建、浙江和江南四省设立海关。粤海关设立时，名义上专管对外贸易和征收关税事宜，但官方奉行中外官民不接触的原则，中国官员不屑于见任何外国人，故实际上税收营生都是由牙行出面主持，承接包揽各类项目，其中包括代办报关纳税，商品的购销买卖等业务。次年四月间，广东官方决议，将国内商税和海关贸易货税分为住税和行税两类。住税征收对象是本省内陆交易一切落地货物，由税课司征收；行税征收对象是外洋贩来货物及出海贸易货物，由粤海关征收。为此，建立了相应的两类商行，以分别经理贸易税饷。前者称金丝行，后者称洋货行。洋货行或称洋行，是清代专做对外贸易的牙行，是清政府指定专营对外贸易的垄断机构。广州的行商依靠政府给予的特权，垄断了广州整个对外贸易，对官府负有承保和缴纳外洋船

① 谭元亨：《广州十三行——明清 300 年艰难曲折的外贸之路》，广东经济出版社 2015 年版，第 7 页。

货税饷、规礼、传达官府政令、代递外商公文、管理外洋商船人员等义务，在清政府与外商交涉中起中间人作用。另一方面，它享有对外贸易特权，所有进出口商货都要经它买卖。此时仍沿用明朝旧例，称十三行。由于竞争激烈，时有洋行破产，也有新加入者，故行数并不是固定的，多时有二十多家，少时仅几家，因而“十三行”只是洋行的代名词。它最初为牙行(中介)性质，后来也自营买卖，通过竞争、垄断，获取巨额利益，同时官吏也通过洋行收受大量赃款。

此时在广州开设商馆的大约有法国、英国、荷兰、丹麦、瑞典、美国、巴西、俄罗斯、西班牙、普鲁士等国。既然海禁大开，洋行为方便生意，都在珠江边的十字门即今十三行路一带建筑夷馆，“所有夷馆的格局，都近乎一模一样。他们猜想，当年广州城外，必是专门有一家建筑行，统一设计了这种模式，又统一加以营造，所以，无论何时所建，都一个标准：它拥有一个独立的庭院，进门便有一大照壁，挡住从外边投入的视线，这自是中国传统格局。大门的一侧，建有一个门房，在门房的门口，挂上一个大灯笼，当然是竹篾编的。绕过照壁，可以看到，夷馆里边，左右为两栋平行的两层建筑，两楼之间，则为长条石板铺出来的方形院落，有自己的排水系统；走出院子，正面当是主楼，造得很是讲究，外墙用的是青砖、龙骨砖，后者是砖中有木棍做有芯子，当为岭南俗称的空心龙骨砖，屋顶上的瓦片，与西洋的相差无几。室内，是一色的木地板。令外商叹为观止的是，楼上，每每面向江面伸出一个不小的阳台，阳台下方的石柱，更直接打入了水面”[①]。在一定意义上，这里成为中西贸易与文化交流的中转站。

1757年，乾隆断然在全国实行防范洋人、隔绝中外的闭关锁国政

① 谭元亨：《广州十三行——明清300年艰难曲折的外贸之路》，第43页。

策,仅留广州的粤海关一口对外通商。此时广州十三行成为中国唯一合法的外贸特区。咸丰六年(1856 年),十三行毁于广州西关大火。

十三行设立在广州附近的十字门,地址在今广州市荔湾区,即主城区西南部,临近珠江。“夷馆区建筑肌理是‘长条建筑+开放空间’的形态,建筑与建筑之间紧凑连接,形成繁华的街道。夷馆区是十三行街区的核心组成部分,北至十三行街为界,南至珠江,东以西豪为界,西以联兴街为界。当年西方来华经商各国的商馆一字形东西横存、万国旗飘,呈现一派西洋建筑风光。”①早期这里的建筑为 1—3 层低层,后来才有 4 层以上房屋。这些以欧美建筑为模式的洋行与夷馆建筑,适应了进出口贸易货物存放与转运的需要,也满足了外商居住的需求。十三行建筑影响了周边区域的建筑风格,对广州近代城市建筑的发展意义特别重大。

当葡萄牙人租占澳门,耶稣会传教势力开始渗透全国时,欧洲正值文艺复兴时期,它的建筑结构多以券洞穹窿为主,外观上则以砖石模仿古代木构形制。明代后期出现的完全用拱券结构的碉楼和结构用砖拱而外形仿木建筑的无梁(量)殿,在外观设计和结构方法上与之具有完全相同的原则,它的出现本身明显是受到西方建筑的影响。但即便到清中叶,中国建筑的主体仍是传统的土木建筑,西方建筑的传入对中国本土建筑的影响是有限的。但这个变化在加速之中。“西方建筑从鸦片战争以前在有严格限制的前提下局部进入中国,到鸦片战争以后在中国的商埠城市中大量克隆、广泛传播,对中国近代建筑产生巨大影响。”②

---

① 易振宗、张博:《广州十三行历史街区建筑风貌特色探微》,《广州城市职业学院学报》,2018 年第 1 期。

② 杨秉德:《早期西方建筑对中国近代建筑产生影响的三条渠道》,《华中建筑》,2005 年第 1 期。

第二节　近代以来的大量西式建筑

西式建筑进入中国，不仅影响了中国的公共建筑，也影响了中国的民居建筑，改变了中国传统土木建筑的发展路径。

一、国中之国：租界

1840年爆发的第一次鸦片战争，彻底改变了中国的历史进程。清王朝顽固坚持的闭关锁国政策被无情打碎。中国被动开放的后果是一系列屈辱的不平等条约，除赔款、通商外，在伶仃洋对岸，还割让了一个比澳门体量大若干倍的香港。此外，西方各国还获得了最惠国待遇、领事裁判权、军舰驻港权、条约口岸租地建屋居住权等特权。

此前，英国人就看好上海作为通商口岸的合适条件。南京条约签订时，散居在上海的英国商人与传教士只有25人。但参加条约签订的英国军事指挥官璞鼎查认定，中英贸易会迅速增长，来华英国人将大幅增加。他很快来到上海，预选英国人在上海的居留区。

英国首任驻上海领事巴富尔于1843年11月8日晚带着6名助手来到上海。第二天一早，他就赶往道台衙门，与上海的地方官道台宫慕久见面，商讨具体开埠时间，并提出在上海城内建领事馆的用地问题。不久，巴富尔租下一中国商人的有52间房的老宅作为领事馆，并发布通告，宣布上海于1843年11月17日正式开埠。到新年时，就已经有11家洋行进入上海滩，而英国传教士、医生、领事馆人员等也陆续来到。当然，国内各地的冒险家、暴发户、买办、商人甚至帮会各色人等，也嗅到这里巨大的机会，纷至沓来。上海迅速热闹起来。中外人士混杂一处，矛盾纠纷在所难免。于是，英国领事提出将外滩划定为外国人居留地的要求。当局抱着息事宁人的态度，既以为有条约在前，又认为华洋分居可免去不少麻烦，于是与英国领事经多次协商，于 1845 年 11 月 15 日商定划界协议条款《上海租地章程》，规定英人居留地边界、租地手续、外侨应遵守事宜等。根据这一章程，将“洋泾浜以北、李家场以南之地，准租与英国商人，为建筑房舍及居住之用”[①]。英国在中国上海的第一块租界正式设立，面积约 830 亩，除付“押手”外，每亩年租金为 1500 文。

英租界建立两年后，外侨人数仅有 134 人。租界里的生活设施也不健全，建筑基本上是一片“棚户区”。直到 1849 年初，各洋行才在外滩建起第一批砖木建筑，竹草棚子慢慢被淘汰。

按当时的租地约定，租界都有边界划分，不得逾越。然而，这个边界线并未精确划定，容易被钻空子。而且，外方欲壑难填、得陇望蜀，租界不断变动。以英国为例，随着来沪的各国侨民不断增多，英国领事也在酝酿着扩大租界面积，并谋求更多权力。1848 年 11 月，中英双方订约将英租界面积向四周扩为 2820 亩。此时上海英租界仅成立了 5 年，面积就大了两倍半。此后它又多次扩界。1853 年小刀会起义占领上海县城，大批避难华人涌进租界，这给洋行商人提供了一个发财的绝好机会。此前因太平天国起义，洋行贸易普遍惨淡。他们就利用手中的闲散资金，在洋泾浜沿岸造了 800 多幢简易住房，供涌入租界的难民居住。而这种房地产生意让洋行大赚了一笔。

---

① 王铁崖编：《中外旧约章汇编》第 1 册，生活・读书・新知三联书店 1957 年版，第 65 页。

随着人口和大笔资金的流入，英租界出现了繁荣景象，租界内土地、房屋价格暴涨。其中外滩一带的地价上涨最快，1852—1862 年的十年间，平均涨幅高达 200 倍。同时，英租界当局乘局势动荡之机，逐渐夺取了对租界内华人的司法管辖权，独揽了租界内一切诉讼案件。此后，英租界当局多次单方面修改《上海土地章程》，不断扩大权力。租界逐渐发展成为集行政权、立法权、司法权、警务权、军事权于一体，中国政府无权制约的“国中之国”。

在上海，1845 年英租界出现。之后，1848 年美租界建立，1849 年法租界建立，1863 年英美租界合并，到 1899 年公共租界的面积为 33503 亩，1914 年法租界的面积为 15150 亩。日本、德国、俄罗斯等也争相效尤，先后在各通商口岸设立了租界。其他国家租界与英租界一样，自行建立管理机构、行使治外法权。据统计，从 1845 年到 1904 年，英、法、美、德、日、俄、比、意、奥九国，在中国的 16 个通商口岸先后设立租界 37 个，其中仅天津，九国租界总面积就高达 23350.5 亩，相当于当时天津旧城(2940 亩)面积的 8 倍①。

二、租界建筑风貌

当租界出现时，西方建筑设计事务所也出现在了中国的开放城市，且不断增多。他们在这些东方传统城市中寻找商机，将西方的建筑理念和文化强势传递进来，也让中国人逐步了解了西方的建筑风格。

20 世纪 20 年代后，一些从西方留学归来的中国青年进入上海及各

① 参见天津市政协文史资料研究委员会:《天津租界・前言》，天津人民出版社 1986 年版。

地建筑设计机构。他们接受了西方的建筑文化熏陶，开始在自己熟悉的这片热土上施展才华，其中陆谦受设计了中国银行大楼、范文照设计了南京大戏院、董大酉设计了上海特别市政府大楼等等。

百年租界建设中，中西方建筑师有意无意地用各自设计的建筑，让租界这些曾经的荒野，最终成为大都市的一部分。当今天的我们回望 1840 年代到 1940 年代，这百年租界里的种种建筑，我们会发现，在庞大的体量、壮丽的风格背后，其实是中华传统建筑文化与来自西方的建筑文化的剧烈碰撞。通过这种时断时续的交汇、踌躇不定的融合，历史给我们留下了特殊的印迹——租界建筑。它在中国建筑史上的意义，直到今天仍是人们谈论的热点。我们仅以沪、汉、津租界建筑为例，展示其风貌。

上海的租界一建立，立即引起西方国家的建筑界的关注。最早在租界中办起建筑事务所的是有恒洋行，它为上海留下了总巡捕房、张园、外白渡桥等。后来的马海洋行设计了亚细亚大楼(外滩 1 号)，马礼逊洋行设计了汇中饭店，以及麦克倍恩大楼、华俄道胜银行大楼、东方汇理银行大楼。还有顺祥洋行、同和洋行也在这里打拼，它们留下了市政工程、圣三一堂等。不过早期建筑就是直接搬来西方的房屋造型，还没有考虑城市的整体建设风格。由于租界迅速扩大，其建筑形式不仅在租界内，也影响到界外其他区域。这使得原来小小的上海县城在 19 世纪后期短短几十年间就变成一座庞然大物，城市的中心被转移，城市圈不断外移，而城中中国传统建筑的比例不断缩小。上海被洋化了。

20 世纪 20 年代末，上海已是中国的经济中心，现代风格的建筑最早正是在这里诞生。1929 年 9 月 5 日，公和洋行设计的沙逊大厦在上海外滩南京路口落成。大厦高 10 层，局部达 13 层，钢框架结构，顶部设有 19 米高的金字塔形铜屋顶。这座体型轮廓线类似世纪初的世界最高摩天楼——美国芝加哥蒙特格美力大楼的建筑建成，给人们带来强烈的视觉刺激。与周围沉重的西洋古典建筑相比，无论是体型、构图，还是装饰细部，它都进行了大幅度的简化，给人清新挺拔的现代感。沙逊大厦的建成标志着现代思潮的开端，它拉开了近代建筑史上具有重要价值的现代建筑设计的帷幕。

此外，赉安洋行设计的雷米小学教学楼、万国储蓄会公寓、道斐南公寓、法租界麦兰捕房，哈沙德洋行设计的永安公司新大楼，英商业广公司设计的上海百老汇大厦，德和洋行设计的仁济医院、嘉陵大楼，法商营造公司设计的上海回力球场、毕卡地公寓、外滩法邮大楼等，具有朴素明快现代风格的建筑连续不断地出现，显示出娴熟的现代建筑设计技巧。这使上海换上了现代城市的时装。

这里要说到一位建筑师，匈牙利籍斯洛伐克人拉斯洛·邬达克。邬达克出生于建筑世家，毕业于匈牙利皇家约瑟夫理工大学(今布达佩斯理工大学)建筑系，后当选为匈牙利皇家建筑学会会员。他在一战期间被俄罗斯军队俘虏。1918 年，25 岁的邬达克从战俘营逃出，流亡到上海。为了谋生，他进入一家美国建筑事务所克利洋行当助手，在这里学会了汉语。7 年后，32 岁的邬达克在上海拥有了自己的建筑设计事务所。此时正是上海建筑业的黄金时代，来自各国的建筑师和大批的“海归派”带来了世界上最先进时髦的建筑理论、建筑模式和建筑材料，上海因此成为展示世界近代建筑风格的大舞台。在克利洋行时，邬达克谨小慎微，设计了一批包括医院、俱乐部、学校、银行、教堂、电影院、剧院在内的建筑。其中最重要的作品是沐恩堂，该建筑带有明显的复古主义色彩，重细节装饰，采用哥特式塔尖，体现了浓厚的欧洲情结。1925 年到 1938 年间，他尽情挥洒他的智慧，设计出一大批精品。如后来成为上海标志性建筑的国际饭店，采用了当时世界上最先进的钢框架结构和钢筋混凝土楼板，拥有雄浑的体量、美国摩天楼式的造型，大楼 24 层，其中地下 2 层，加上地面以上 83.8 米的高度，造型高耸挺拔，是当时亚洲最高的建筑物。在它建成后的半个多世纪，上海乃至全国都没有一座像它那样的摩天大楼。再如大光明影院，其设计简洁新潮，建筑立面处理成横竖线条交叉构图形式，采取乳黄色曲面外墙，使用大片玻璃窗及玻璃灯柱，室内顶棚及墙面线脚自然流畅，一反复古样式的繁琐。它那罕见的先锋倾向，是我国西式建筑转向现代主义的标志。邬达克逐渐成为上海最有名望、最活跃的建筑师，几乎垄断了当时上海的经典建筑设计。自从他主持自己的建筑事务所开始，他从原先强调严谨、唯美的古典复兴风格到回旋于新旧形式之间，最终在上世纪 30 年代完全成为一个先锋派的建筑师。他善于将西方先进的建筑理论和技术传播到上海，使上海建筑跟上世界潮流，出现了远东最高建筑、远东最豪华影院，以及号称 50 年乃至 100 年不会落伍的别墅，塑造了融贯中西的上海风，构成了今人所津津乐道的"老上海"，"海派文化""海派精神"也孕育其间。在华生活 30 年间，他在上海留下的建筑据说有 124 幢之多，这占据他建筑作品的 90%以上，其中 25 个项目现已被列为上海市优秀历史建筑。

汉口本就是一座新兴城市。明成化年间(1465—1487 年)，汉水完成最后一次改道。于是，芦苇荡逐渐淤积，汉口由此而生。由于得长江汉水交通之利，商业的发展使它很快与朱仙、景德、佛山列名一档，称为"中国四大镇"。第二次鸦片战争后，汉口被列强看中，被迫开埠，外国人纷纷涌入。在北抵今京汉大道、南至长江边、西起江汉路、东至一元路的 246 平方公里范围内，出现了英、俄、法、德、日等国租界。

汉口租界沿着长江从现今的江汉路向北一字排开，且从建立之日起，就不断向外扩张，其扩张的发展态势是以长江及汉水的水路交通命脉和京(卢)汉铁路陆路交通枢纽为主要依附的。这里建立了12个外国领事馆,设立了近30家外资银行和金融机构,先后有18个国家前来通商。外商多经营长江航运和茶叶等农产品出口业务,建港、办工厂、开商行,汉口迅速发展起来。到1905年,汉口外贸出口额达1.3亿两白银,成为仅次于上海、位居全国第二位的商贸中心。外来文化和经济的植入,使得租界呈现出与周边"华界"风格迥异的城市格局及社会文化形态,"东方芝加哥"的称谓正是这种舶来文化的生动体现。

汉口租界从1861年英租界设立并兴建领事馆开始,到1898年日本租界建立,租界内外交通及建设已成规模。最初主要建设项目为使馆及相应配套建筑,随后,外资企业的厂房及洋行建筑大量增加,到19世纪末,大批外资银行及洋行还有相应配套居住建筑也建设起来。这一时期的建筑风格体现为"外廊式"建筑和古典主义风格。"外廊式"是殖民者为适应南亚及非洲等热带气候,在原先文艺复兴风格建筑基础上发展而来的四周附带外廊的2—3层建筑。古典主义风格在汉口租界则多应用于洋行及银行建筑。建筑师多为西方设计者,与租界本土联系少,设计过程甚至不在汉口完成。

19世纪末期的20年,各列强在汉口得寸进尺,汉口租界面积逐渐超过原先规划的一倍。租界内的建筑项目几乎覆盖了所有类型,尤其是洋行及银行的设立较之前成倍增长。这一时期租界建筑形式以新艺术运动风格为主,兼有大量古典主义风格。建筑设计师有在汉口租界长期从业的外国人,配合设计及施工方开始出现中国人。在20世纪初,华人商铺与贸易洋行在租界外不断成立,数量达一百多家。此后到抗日战争武汉沦陷前夕,汉口租界已全部收回。这一时期的建筑形式随着欧美现代主义思潮的兴起而变得更加现代、简洁,现代主义建筑及装饰风格成为时代主流。此时,汉口租界建筑设计方呈现出本土设计师与外国原有设计师同台竞争的局面，施工配合方已大量本土化。

黎黄陂路是旧时汉口租界的缩影。该路全长604米，建于光绪二十六年(1900年)，为黄陂人所建，故名黄陂路。后划入俄租界，称夷玛路。因两任民国大总统黎元洪是黄陂人，1946年此路改为黎黄陂路。当年这里树有多栋欧式建筑物，如今尚有道胜银行、俄国巡捕房、美国海军青年会、洛伽碑路高级住宅区等17处旧址，“八·七”会议旧址与该路毗邻。1997年7月，江岸区政府决定建设黎黄陂路街头博物馆，以示纪念。

英国领事馆建于1861年，是武汉最早的领事馆建筑。领事馆有西式二层楼3栋，坐西朝东。德国领事馆于1895年建成，由德国设计师韩贝设计，建筑坐西朝东，为二层砖混结构维多利亚式建筑，地下半层，门斗凸出，两边坡道可驶入汽车。建筑周边设有外券廊，外廊为多立克柱式，外墙采用黄色水泥拉毛，红色小平瓦坡屋顶。屋顶四角各建有一个圆形穹顶角塔。屋顶设有阁楼，阁楼四面开半圆形采光窗。二层楼面与楼层之间设有一玻璃采光顶棚，使得室内空间轻盈通透，天花石雕花饰、楼梯木雕更显精美。美国领事馆建于1905年，砖木结构，主体三层，临江主立面由三个层高不同的建筑体呈阶梯状层叠向上。三个入口，正中最大的拱券门为主入口，进去是内空极高的公共大厅。三层外墙，都是清水红砖、连续半圆拱券窗门，每层间都有显著的腰线。建筑造型带有“巴洛克”风格，曲线墙面呈现动态效果，宏伟别致，韵律感强，为汉口租界少有。

江汉关大楼位于英租界的起点，正面朝东，由英资思九生洋行设计并监督，上海魏清记营造厂承包。1922年动工，1924年落成。楼分四层，由钢筋混凝土和花岗石砌筑，花纹线条刻凿粗犷，使大厦更显得坚固壮观。钟楼四面装有直径4米的时钟，东西北三个立面均有花岗岩

图 81 汉口江汉关

柱廊，采用科林斯柱式，北面的 8 根石柱直径 1.5 米。楼顶端高出地面 83.8 米，为武汉当时最高建筑。江汉关大楼无论从外观还是建筑质量，都堪称当时国际先进水平。其建筑风格为典型的文艺复兴式。同类风格的建筑还有美最时洋行大楼、日清洋行大楼等。

上海路天主教堂又称圣若瑟堂，两层砖木结构，由意大利传教士余作宾设计，始建于清光绪元年(1875 年)，次年建成，耗资 12 万法郎。该教堂奉圣若瑟为主保，故名。教堂为庄严雄伟的罗马式建筑，采用拉丁十字马西利卡长方形大厅，用纵面几排柱子分为几个长条空间。中间厅堂长40米，宽26米；后侧左右各有圆形塔式钟楼1座，内部屋顶天花由半圆形拱券和交叉拱券组成。山面采用双层山花处理，三角形窗楣和角顶部尖形装饰柱与山面山花相呼应，外观朴实。堂顶十字架处高22米。堂内设祭台5座，可容2000余人，是汉口总主教区的主教座堂，建筑居武汉各教堂之首。整个堂区前院为教堂和主教公署，后院为修女院。

租界中的银行建筑形式多样。道胜银行建于1896年，于1927年9月停业，大革命时期为武汉国民政府财政部，后为民国中央银行武汉分行。英国汇丰银行1913年始建，主楼立面采用横三段构图手法，左右对称，四层花岗岩结构，平面呈矩形，爱奥尼克柱及厚重基础使建筑庄重雄伟。室内正中为营业大厅，用天井采光，建筑古朴粗犷，具有古希腊建筑风格。这座典型的古典主义建筑，是汉口最早使用钢筋混凝土的建筑。

公寓别墅建筑也各具特色：比如巴公馆，为俄国贵族J. K. 巴诺夫1909年建的公寓，是汉口最早的多层公寓，具有独特的意大利兼斯拉夫的西式楼房风格。周公馆，银行家周苍柏的别墅，为文艺复兴式建筑，古树花木拥簇着院落，屋瓦、窗扇、壁炉均为典型的欧陆田园风格，房顶陡峭，墙体厚实。别墅有三层，外加花园阳台共1000余平方米。在周围众多的法、英、意、俄及西班牙风格的武汉老建筑中，显得清新脱俗、返璞归真。汉口美国海军青年会，建于1915年，为美国海军在汉设立的俱乐部，砖木结构，正面四层另加地下室和屋面暗层，外围铁砂砖。洛伽碑路高级住宅区，1910—1927年由英商怡和洋行投资所建，均为三层混合结构，略带西班牙建筑艺术风格。

天津租界的建立时间虽然比上海晚，面积也比上海小，数量却是最多的，涉及英、法、美、德、日、俄、意、比、奥九国，是第二次鸦片战争的产物。由于九国租界的建设与发展，天津租界建筑呈现出前所未有的多样性、丰富性和复杂性，基本上经过了中古复兴式时期风格、古典主义风格、折中主义时期的风格、现代主义风格的变迁。早期阶段的建筑主要是教堂、领事馆、住宅等，如法租界的罗马式西开教堂、日耳曼民居建筑特征的德国领事馆。中期的建筑多为大型银行、洋行、商场、旅馆及娱乐设施、高级花园住宅等。如英国麦加利银行，立面是两层高的爱奥尼克柱式，具有古典主义风格。而劝业场是古典复兴式的檐口及装饰，但门窗式样比较活泼。后期受欧美现代运动的影响，建筑师逐渐抛弃了古典式折中的设计手法，代之以简洁、自由、富有体积感与雕塑感的现代设计手法。代表性建筑有利华大楼、渤海大楼、中国大戏院等。

五大道历史上是英租界的高级住宅区，因横贯东西方向的马场道、睦南道、大理道、常德道、重庆道而得名，共有道路 22 条，总长度 17 公里，至今保存有 20 世纪初建造的欧洲不同建筑风格的洋楼近 2000 栋，代表性建筑 230 栋，以英式建筑最多，次为意式建筑，也有法式、德式、日式、西班牙式、中西合璧式甚至犹太式、印度式，包含独栋、双拼、联排、公寓等住宅和少量公共建筑，多为二到四层。20 世纪 20 到 30 年代的欧洲流行折中主义建筑风格，所以五大道的建筑风格虽然多样，但折中主义倾向明显，建筑造型和装饰上趋于简约。

天津的意租界是中国唯一的意大利租界，马可波罗广场是意租界的中心建筑，占地 2200 平方米。和平女神柱位于广场中心，是为纪念第一次世界大战胜利而建，由意大利著名雕塑家朱塞佩·博尼设计，构件由意大利途经上海运至天津建造。广场另有从 1908 年至 1916 年历时八年建成的意式花园别墅住宅建筑群。意租界现存百年以上历史建筑 200 余栋，有梁启超、曹禺、冯国璋、曹锟等名人旧居三十多座。意租界的建筑较之英租界更华丽，多采用角亭、露台、圆拱和廊柱，充满地中海风格。意租界边上是奥租界，有旧奥匈帝国领事馆和冯国璋及袁世凯家族旧居。

利顺德大饭店由英国人始建于1863年，为英国古典主义和欧洲中世纪田园风格，是中国现存历史最悠久的酒店，比上海外滩的汇中饭店早了40多年，比和平饭店（原华懋饭店）早了60多年。酒店接待过全球众多领袖人物，见证了许多标志性历史事件。美国第18届总统格兰特将军曾在利顺德大饭店会晤晚清重臣李鸿章；民主革命先行者孙中山先生北上天津，三次在此下榻；美国第31任总统胡佛青年时代在津供职，曾住利顺德饭店，并由此发迹；末代皇帝爱新觉罗·溥仪和皇后婉容寓居天津期间也曾是酒店的常客。酒店的贵客还有黄兴、梅兰芳等，酒店的许多客房门框边贴有铜铭牌，写着曾经住过的名人的名字。现在的酒店在海河一侧建了新楼，连接新旧酒店的阳光花园极具维多利亚风格，称为维多利亚花园。酒店设有博物馆，近千平方米的展厅内陈列了三千余件文物和展品，述说着横跨三个世纪的历史沧桑和鲜为人知的传奇故事。

天津租界作为中国近代历史上北方最为繁华的“畿辅首邑”，见证了天津近代的繁荣和辉煌。各地租界内相对独立的街区建设以及单体建筑，展现出西方世界最为发达的技术与时髦的形象。尤其是20世纪初现代建筑思潮激荡下的欧美诸国，将其本土的现代建筑持续不断地移植到中国来，在不长的时间内集中出现大量当时国际各种建筑思潮和流派的建筑形式。租界遗留下的建筑旧址和遗址，反映了租界所在城市形态上的历史演变和城市建筑的风貌。

租界建筑是西方文化投射下的产物，它改变了租界一带的天际线，让这些城市初具世界大都会的雏形。那多立克、爱奥尼克、科林斯巨柱，还有罗马穹顶、巴洛克塔楼，无不闪现着异民族文化的光彩。西方设计师们在设计时当然有足够的文化自信，只是这种文化自信又常常不自觉地转化成文化傲慢。这让他们既无视眼中的中国城市，也不接任何的地气，旁若无人到了唯我独尊的程度[①]。作家王唯铭的上述议论，是对租界当年的设计师、建筑者工作的公允评价。

三、中西结合的建筑风格

西式建筑进入中国，既是机遇，也是挑战。利用西方建筑的技术优势，发展具有中华民族特色的新的建筑风格，中国建筑工作者任重道远。

近代以降，中国传统土木建筑也面临着困境。一方面是随着人口剧烈增长，住宅房屋需求量迅速增加，而木材代谢缓慢，中国传统建筑材料来源已成问题；另一方面是钢筋水泥建筑工艺技术成熟，新的建筑材料从由西方引进到国内自行生产，转化迅速，渐成产业；租界建筑强烈的示范效应，在官方与民间造成的影响无法估量；那些走出国门的人们，也对西方建筑印象深刻，这些人又多为上层人士，有着相当的号召力；而留学西方、学习建筑的青年人，带回了西方的建筑技术，直接推动了西方建筑样式在中国的深入发展。

这种变化其实在皇家建筑中早就出现了。传教士在中央朝廷的活动影响了当局。比如圆明园的修建，除了克隆国内名园，也对西方建筑进行了深度的模仿。长春园北部狭长地带的西洋楼建筑群，把 18 世纪欧洲盛行的巴洛克风格带入园中。园中建筑有谐奇趣、蓄水楼、养雀楼、方外观、海宴堂、远瀛观以及其他园林附属建筑，设计者为意大利人郎世宁、法国人王致诚；三组大型喷泉、若干小喷泉，设计者为法国人蒋友仁；中国建筑工匠与中国画师参与建造工程。建筑平面、三面柱饰、门

---

① 王唯铭：《百年租界建筑：海派文化由何而起》，《东方早报》，2013 年 4 月 1 日。

窗、栏杆都是西式做法，房顶则采用中国特有的琉璃瓦，使人们耳目一新。

当然，民间也不可能例外。晚清以后，北京的四合院多多少少受到了西方文化的影响，出现了一些新的建筑元素，开始在院内构筑西式建筑。如后圆恩寺胡同7号，西部是四合院，东部是花园，中部是一座西式楼房。也有构筑西式宅门，如板厂胡同29号是一所旧宅院，但是在传统的屋宇门外部又兴建了一座西洋门。有些宅院的外檐与内檐装修有了新的变化，把室内的纸顶改为抹灰顶，砖地改为木板地，窗户改为外推式；安装电灯、暖气、自来水、卫生设备；把倒座房的某一间改为汽车房等等。

晚清扬州何园建筑融中西方建筑风格于一体，相互渗透，其中最具特色的是玉绣楼。其房屋布局构造及屋内设置的壁炉、吊灯都具有西式风格，而屋顶小青瓦和青灰色的砖则为传统的中式建筑风格。园林建筑中西合璧，这也是开风气之先河。

远在山西运城市万荣县的阎景村，有座晋商李家的大院。这是一座反映晋南民居风格的典型建筑，整个建筑为竖井式聚财型四合院，同时吸纳了徽派建筑风格，融合了中国南北两大建筑特色。不仅如此，李家大院还包含了一系列的西方建筑的元素。因为大院主人李子用曾留学英国，娶了一位英国妻子。在建筑大院时，李子用自然带回了西方文化，使李家大院融入了西方建筑文化的内容，中式的木雕、砖雕、门楼、匾额与西方“哥特式”风格相融合，形成并彰显了晋南民居与西方建筑文化的合璧之美。

广东省江门市下辖的开平市境内，有一中国乡土建筑的特殊类型，名为开平碉楼。它集防卫、居住和中西建筑艺术于一体，是中西合璧的多层塔楼式民居建筑。这里汇集了外国不同时期不同风格的建筑艺术，熔铸了古希腊的柱廊、古罗马的柱式、拱券和穹窿，欧洲中世纪的哥特式尖拱和伊斯兰风格拱券、欧洲城堡构件、葡式建筑中的骑楼、文艺复兴时期和17世纪欧洲巴洛克风格的建筑等等多种建筑风格。

早在明崇祯十七年(1644年),为防盗匪及水患,开平就开始修建碉楼。由于这里大量人员远走国外谋生,当他们回望家乡时,也为家人族众的安全担忧。于是那些有了余力的华侨就开始支持家乡碉楼的兴建。碉楼按建筑材料不同可分为钢筋水泥楼、青砖楼、泥楼、石楼等;按功能不同可分为众楼、居楼、更楼等,其中居楼最多。碉楼的造型变化主要在塔楼顶部。从开平现存的1400多座楼来看,楼顶建筑的造型可以归纳为上百种,但比较美观的有中国式屋顶、中西混合式屋顶、古罗马式山花顶和穹顶、美国城堡式屋顶、欧美别墅式房顶和庭院式阳台顶等形式。开平碉楼的上部造型,分为柱廊式、平台式、退台式、悬挑式、城堡式和混合式等。

开平碉楼大规模兴建的年代,正是中国传统社会向近代社会过渡的阶段,外来文化对传统文化的冲击方式各不相同。国内一些沿海沿江大城市的西式建筑,主要是被动接受的舶来品,由于政府限制,建筑材料缺乏,西式建筑只在一个很小的范围内使用;而开平华侨主要聚居在美国和加拿大,他们把在国外买的钢筋水泥(时称"红毛泥")随船托运带回开平,并带回他们所理解的西方建筑思想,又在当地采购砖瓦,使当地获得了其他地方没有的条件。以开平为中心出现的碉楼群,是中国乡村民众主动接受西方建筑艺术,并与本土建筑艺术融合的产物。不同的国外旅居地,不同的审美观,造就了开平碉楼的千姿百态。开平碉楼寄寓了侨乡人民的传统环境意识、风水观念以及中和建筑文化,是规划、建筑与自然环境、人文理念的优美结合。

结语　道不尽的中和建筑文化的韵味

五千年的文明古国，九百六十万平方公里的广袤国土上，深藏着无数的中华传统建筑，放射着传统文化的瑰丽光辉。近现代的多灾多难，不可能完全抹平古代劳动人民的伟大创造。

一、平视中国传统古建筑

中和传统建筑文化，本来就是中华民族在其古老的聚居地乡村向街镇城市转化过程中累积发展形成的。然而在今天，我们却难以在城市空间中找到原汁原味的中华传统古建筑。各地政府与建筑机构经过三十年的努力，终于将中国的城市统一化，打造成完全一致的建筑空间，让我们在任何城市里都有似曾相识之感。即使是中国最著名的文化古城北京、西安，也不能免俗。四合院没有了，胡同没有了，密密麻麻的高楼挡住了曾经洒向古迹的阳光，我们曾引以为傲的多朝古都，全成为现代化的超高层建筑之林。好在中国足够大，城市拆建的疾风还来不及刮到那些偏远的地方，还能够探寻到那种极静极美的村镇市集。

笔者走过山西碛口古镇，镇南 5 公里处黄河岸边的大山深处，有一座村子叫李家山，远望如展翅的凤凰，故又名凤凰山。村民李姓，在此已居二十多代，繁衍 1000 多人。山村主体建筑民居依凤身、两翼而建，以明清时期窑洞为主，靠着约70度的山坡，从山底一直建到山顶，叠置十一层，一气呵成，形成了“立体村落”，给人一种极具震撼力的视觉效果。黄土高原的土层结构是垂直肌理，易崩塌，雨水冲刷导致山体滑坡是常有的事，李家山村为防患未然，沿民居修有大小不等的石质排水沟，最高的落差达30—40米。村内道路不强调整齐划一，该绕就绕，该转就转，整体构思既宽松又严密，达到了“疏可跑马，密不插针”的意境。这里的“明柱厦檐高圪台”建筑风格极具特色，砖雕木刻做工精细，外表装修十分讲究，建筑形式多种多样，桥、庙、房、厅、堂、厦、窑、照壁应有尽有。建筑空灵幽雅，是黄土高原上中国民居文化的一个明丽的样本。其风格体现了人与自然、人与山水的完美和谐，是独具特色的“立体交融”的乡土建筑，也是当代著名绘画大师吴冠中先生一生的三大发现之一。吴先生说：从外部看，这里像一座荒凉的汉墓，进去是很古老讲究的窑洞，古村相对封闭，像与世隔绝的桃花源，山体与建筑结合之完美，人居环境自然之美，窑洞层层叠置错落之美，在这里得到了完美体现。这样的村子，这样的房子，走遍全世界都难找到。① 典型的黄土地貌、幽雅的自然环境、层叠的窑洞大厦、浓郁的黄河风情、纯朴的百姓人家……每年吸引着全国各地的许多艺术家前来采风、创作。李家山村于2009年1月被国家建设部和国家文物局联合公布为中国历史文化名村。

前两年被朋友邀去湖北咸宁市，到了咸安区高桥镇白水岩村25组，村名“山里饶”，这里四周高山环绕，整个村落就隐匿在大幕山的群山环抱之中。山里饶古民居群是一个神秘而富有古代文明气息的村落，占地近20余亩，保存完好的古民居有40余栋，建筑面积近8000平

---

① 参见王洪廷：《碛口志》，山西经济出版社2007年版。

图 83　李家山风光

方米。住宅群雄伟古朴,座座飞檐翘角。民居建筑大多坐西朝东,主要建筑模式为庭院式,大多一进两重,面阔三间。而最大的一栋则有横直几道天井,四方均有门出入,显示其庭院深深的宏阔。各院设有采光通风的精工石砌天井,外墙青砖,单檐硬山灰瓦顶,马头墙,内为木质结构,木头抬梁制成,大梁和短线上多有各种云纹雕刻和彩绘图案,门窗饰以各种花纹图案雕饰,保存完好。户与户之间建有防火墙,栋与栋之间铺有大青石板路。临天井的客堂大都宽敞明亮,古色古香,令人赏心悦目。一些在拆迁过程中留下的农具、青石板、瓦罐等散落在村里,成为天然景观元素。农具被放置在通廊内,斗笠、簸箕、水车,构成蒙太奇式的片段闪回;石门、石碾、水缸、磨盘等,随意安放在古民居内外,乡土记忆在场景中鲜活流转。

村落中间有一口圆形大水塘,四周用大青石块砌成。一条小溪自北向南在村中穿过。溪水清澈,长年不断。小溪旁有一条用大青石块铺成的南北通向道路,宽 2 米,长近 400 米,形成古街市场。民居布局随小溪两旁规整排列而建,井然有序。民居大门距小溪边有 3 米距离,都用大青石板砌成,平坦开阔。各户在小溪上搭有 2 块 2 米长、40 公分宽的青石板作为路桥,方便进出。小溪北面山坡上遗留有 2 处纸作坊,碾轮、柜架保存无损。据称,过去因盛产造纸用的竹子,这里的纸作坊很繁荣,商业气氛浓厚,吸引着南来北往的客商。古村落只有一条蜿蜒崎岖的山路连接山外。这里民风淳朴,山清水秀,建筑群保存规模之大,工艺之精,为咸宁罕见,具有较高的历史、科学、艺术价值①。

这些年还走过不少城镇村寨,那成片的传统民居及殿宇建筑,无不诉说着中国古代劳动人民的勤劳与智慧,展示着中华传统中和建筑文化的优美与魅力,是不可或缺的中华民族历史文化遗产,也为我们研究中国古代建筑文化、建筑艺术、建筑技术,以及各地建筑风俗等提供了丰富而直观的资料。

然而,在开放、发展的今天,这些优美的中国传统建筑,并不只是我们放在博物馆里供人欣赏与研究的对象,还是人们生活的地方,甚至有不少还是经济发展的重要载体。因此,中国传统建筑,就不能总是生长在传统里,而必须走进现代。

传统建筑,特别是传统古村古街古镇的建筑要走进新时代,就涉及诸多的问题。如何在保留古代建筑的韵味的同时,让古村古街古镇适应新时代的要求,需要人们更多的思考。

---

① 湖北科技学院刘明家教授提供材料。

图 84、85　山里饶古屋内外

二、我们还能做什么

中国古建筑泛指近代西方文明决定性地影响中华文明之前，在中国古文化主导下产生的建筑物、构筑物、建筑方法和相关体制。中国古建筑的影响范围遍及中华民族居住区以及东亚和南亚广大地区，在世界建筑历史上占有不可忽视的重要地位。

在当代建筑领域里，人们把使用木材和传统施工方法，按照传统样式建成的建筑叫作“古建筑”；把使用混凝土、钢材或其他建筑材料，并使用现代建筑施工方法和施工工艺，模仿古建筑形式的建筑叫“仿古建筑”。所有这些中国建筑中，无不映射着中国传统中和建筑文化的光辉。近代以来，由于人口迅速增长，森林木材大幅减少，建筑新材料的发明与充分应用，特别是当代人们对物质生活水平不断提高的要求，再要大规模建造传统木结构房屋已无可能。我们今天需要思考的是，如何保护好仍存世的中国传统建筑，如何在新的建筑中保存中国传统中和建筑文化的基因，让新旧建筑都能体现出中国文化特色，让居住其间的人们能感受到乡愁。这里有许多问题值得我们认真钻研，也有许多事情值得我们老老实实去做。

今天的中国，城乡居住条件改进的要求，倒逼着加快建筑速度；中华传统建筑文化的失落，也在倒逼中国的建筑师寻找中国建筑文化的原始源泉。特别是在现代建筑及建筑群体的设计中，对纪念性或城市标志性的重要建筑群体，建筑师应该有一种虔诚的敬畏感，应用极具中国传统宇宙观的“天人合一”思想，使建筑体现出一种必要的庄严和肃穆，并使其具有一定的标志性作用，将那种千篇一律，或稀奇古怪的形式排除出去，以产生一种符合中国文化的特殊的艺术意境和空间艺术效果。

对于历史古城，在改善市民居住环境与保护历史文化遗产方面，必须要有妥善协调。比如在北京，剩下的胡同已经不多了，这里根本不存在该不该拆的问题，而是如何保护城市文化的根的问题。保护胡同，也要从根本上提高胡同居民的生活水平，同时降低旧城区人口密度，拆除违章建筑，改善胡同建筑的内部设施，增加一些便民设施。在保护和修复古城的过程中，要坚持实事求是、一切从实际出发的思想，从理论与实际结合的高度不断完善我国的有关法律法规。要坚持以人为本，关注民生，维护民利，把改善古城内居民的生活条件和环境放在第一位。古城保护与修复，不是原封不动，不是因循守旧，不是不顾民生，而是要在保护、修复古城文物建筑、街巷格局、历史片区、传统风貌、文化价值的同时，突出抓好居民生活条件和居住环境的改善。要赋予古城以现代城市的服务功能，如在不破坏古城整体布局的大前提下，考虑建设内环路以利交通，建地下停车场以适应汽车停放；建适量的小广场（口袋广场）以方便人们活动；植树绿化以净化空气、改善生态环境；建地下管网，完善通水、通气、通暖、通光缆，以适应现代发展；适度保留中、小学校，以适应学生就近入学；建立相应的社区医院，以方便居民就医；建造消防设施、开辟必需的消防通道，以防止木架构建筑失火造成生命和财产的损伤。要将古城修复成吃、住、行、游、购、娱功能齐全的旅游文化名城，修复成收藏文化名城、影视外景拍摄名城、休闲养生度假名城等，还要根据实际情况，确定一些永远不允许进行商业开发的地段。

作为“古董”的土木建筑，经常会遇到修理的问题。由于这些年国内的确经常发生“拆真古董，修假古董”的蠢事，那种“破坏性保护”，以“修复”的名义给古迹造成新的损毁，让人们对老建筑的修复存在很多争议。其实，西方人早年也走过与我们同样的路。随着现代化的发展，他们终于醒悟过来，并在这方面为我们提供了经验与教训。如在二战结束后，由于许多古建筑损毁严重，法国不得不重建许多古迹的受损部位，在十年之内完成了 700 多座历史建筑的修复或重建。波兰首都华沙老城和日本冲绳首里城王宫，在战争中都几乎被完全摧毁，首里城遗址甚至在战后已建造了琉球大学，但两地最终都选择了复原旧迹。这两处“假古董”居然还被承认为世界文化遗产（遗憾的是，2019 年 10 月 31 日凌晨 2 时许，位于日本冲绳县那霸市的世界文化遗产冲绳首里城突发大火，正殿、南殿和北殿几乎全部被烧毁）。不仅如此，这两个重建工程都极大地激发了当地人的自豪感。华沙重建工程还使波兰形成了自己的修复重建技术知识和人才储备，甚至将之作为一种项目输出到其他国家。

其实，中国建筑不常用石头而喜木材，所以过若干年重修各种楼亭乃是常事，文人墨客照例会写一章“重修某某亭记”，至于它是否百分之百忠实于原样，却不是关注的重点。从中国传统观念上来说，自然也并不存在“古迹就是从古留存至今的文物”这种想法。比如 1884 年黄鹤楼毁于火灾，人们感慨唐宋古迹毁灭可惜，但此楼其实是 1869 年重建的，也很难说就忠于唐宋时的原样，它只是“因名而古”。一直被视为昆明象征的金马碧鸡坊一度被拆毁，但 1998 年重建后，它无疑是提升而非损害了昆明的城市形象。这关系到一个地方的文化脉络和社会心理，并不完全是它能带来多少游客的简单的市场收益问题，因为复原历史性建筑，总比这块地方被丑陋的现代住宅取代为好。学者维舟认为，如果老建筑彻底毁坏，那么文化传统也就失去了可以寄身的空间。哪怕重修的并非真正的“古”，但只要保留那个空间，那么浸透在空间、人事中的民俗传统也就能得以依附而现实化。虽然主政者复建古城往往是着眼于其旅游开发，但如果仅仅这样看，那就太低估了其意义；它至少还涉及城区改造、文化资源整合、提升城市形象、重塑传统、留存文化空间乃至改善老城居民生活等一系列综合性目的[①]。

其实，对于传统古镇村落，单纯为了保护而保护是没有意义的，保护是为了更好地发展，发展后才能更好地保护；只有发展了，这些传统古镇村落才能留得住人，才不会变成“空心村”。有了人的传统古村落才有韵味，才能留得住乡愁。因此，有智识者指出：“乡建的重点，是在‘乡’上下功夫，而不是在‘建’上做文章；乡愁不是在‘愁’上做文章，而要在‘乡’中找情感。”因为，“乡就是农田、民居、菜园、养猪，就是充满人情味的乡土社会。美丽乡村要做的事，就是让年轻人回村，只要他们回家了，人就可以养房，村中就有生机”[②]。

从7000年前的河姆渡民居开始，中国传统土木建筑一路走来，陪伴中华民族逐渐成长壮大，中国传统建筑在世界建筑领域也独领风骚。而作为中国传统土木建筑之魂的中和建筑文化，也日益为人们所认识、研究与发扬。当有了建筑计划时，就要寻找合适的建筑地段，根据建筑本身的性质、要求、使用功能、实际地理位置等因素进行选择。古人特别重视建筑对于地形、环境的选择和利用，这就是“中”；而最大限度地使建筑能够与环境取得有机的联系，使建筑与环境做到“形”“色”与“境”完全融合，同时使建筑符合使用者的需求，这就是“和”。人、建筑、环境融为一体，建筑成为环境的不可或缺的部分，建筑满足人的需要，而人的活动让建筑充满生机，也使环境展现更大活力。这就是中和建筑文化的终极内涵。

---

① 维舟：《重建历史古迹真的是一种中国式愚蠢吗》，腾讯大家，2016年9月8日。

② 李丹：《湖南百年高椅古村重拾乡情引游子“归巢”》，新华网，2015年10月26日。

人离不开居住环境，他需要在大地上找到自己的位置，然后产生对这片土地的认同感，在生活过程中完成对环境、对自然的认同。建筑师、建设者要尊重自然，尊重天地，尊重自然的山、自然的地形地貌、自然的水，这有助于人们完成对自身的认识。接下来，自然而然地，就是尊重人，尊重人的生活方式、文化背景，简而言之就是尊重人性。建筑师、建设者在完成一座建筑时，必须顺应周边环境，并使建筑尽可能融入环境，达到建筑与环境的统一。人本来就来自自然，当然要回归于自然。中国传统土木建筑之所以经久不衰，给予人们良好的心理感觉，原因就在于，它能在有限的空间里，通过各种手法以及建筑细部的处理，使人们能充分感受自然的存在。天人合一、中道自然，在现代化建筑浪潮中，这种思想是我们必须坚持的。只有这样，我们才能处理好“人与自然”的关系，保持人类社会的永续发展。中和建筑文化也必将在人类的永续发展中得到充分的发挥与发展。

参考文献

一、论文

《住建部副部长仇保兴表示:大规模推进绿色建筑时机已经成熟》,《人民日报》,2012 年 4 月 5 日。

蔡祖煌:《京剧的中和大成理论》,《南通师范学院学报(哲学社会科学版)》,1998 年第 3 期。

陈龙海:《中国古代建筑的线性特征》,《殷都学刊》,2009 年第 2 期。

陈庆军:《缺席与回归——徽州建筑在中国建筑史研究中的两个时期》,《学术界》,2012 年第 4 期。

仇保兴:《深刻认识传统村落的功能》,《人民日报》,2012 年 11 月 29 日。

董根洪:《"动化天下,莫尚于中和"——论扬雄的中和哲学》,《社会科学研究》,1999 年第 6 期。

董根洪:《"亨行时中","保合太和"——论〈易传〉的中和哲学》,《周易研究》,2002 年第 3 期。

董根洪:《中庸新释》,《中共浙江省委党校学报》,2000 年第 5 期。

冯刚、田昀:《泉清堪洗砚,山秀可藏书——从楹联谈中国古代书院建筑的审美取向》,《天津大学学报(社会科学版)》,2009 年第 1 期。

郭湘闽:《神韵无形——论传统思维方式对中国建筑的影响》,《湘潭大学社会科学学报》,2003 年第 1 期。

郭沂:《中和乐:中华文明的精神价值》,《光明日报》,2018 年 12 月 15 日。

贾应生:《中和文化内涵浅探》,《天水行政学院学报》,2000 年第 2 期。

金学智:《生态文明与中国古典园林的价值(上、下)》,《苏州教育学院学报》,2005 年第 2、3 期。

李道先、侯曙芳:《简论徽派古民居建筑的审美特征》,《安徽建筑工业学院学报(自然科学版)》,2005 年第 1 期。

李天道:《"中和"原则与"和雅"精神》,《西南民族大学学报(人文社科版)》,2004 年第 4 期。

李行:《建筑哲学——建筑学基础理论之核心——略评北京国家大剧院设计竞赛相关问题》,《哈尔滨工业大学学报(社会科学版)》,2004 年第 3 期。

梁明捷:《岭南庭园叠山的美学表现》,《华南理工大学学报(社会科学版)》,2013 年第 4 期。

刘庆柱:《我国古代都城遗址的"中和"理念》,《光明日报》,2019 年 8 月 17 日。

刘文勇、钟华:《礼乐与中和文化观新探》,《四川师范大学学报(哲学社会科学版)》,1998 年第 3 期。

刘月:《中国传统建筑的美学神韵》,《同济大学学报(社会科学版)》,2002 年第 3 期。

钱逊:《"和"——万物各得其所》,《清华大学学报(哲学社会科学版)》,2002 年第 1 期。

苏保华:《先秦诸子之前"中和"观考释》,《社会科学》,2013 年第 3 期。

唐孝祥:《论建筑审美的文化机制》,《华南理工大学学报(社会科学版)》,2004 年第 4 期。

王冬:《古代“中和”观及其现实意义》,《天津师大学报(社会科学版)》,2000 年第 2 期。
王小回:《天坛建筑美与中国哲学宇宙观》,《北京科技大学学报(社会科学版)》,2007 年第 1 期。
杨明、丁瑞莲:《“中和”思想的伦理内涵及其现代价值》,《唯实》,2007 年第 4 期。
于建福:《从传统中和哲学到当代可持续发展理念——人与自然和谐的教育哲学思考》,《国家教育行政学院学报》,2003 年第 6 期。
曾繁仁:《生态美学的中国话语探索》,《中国文化研究》,2013 年第 1 期。
曾繁仁:《中西比较视野中的中国古代“中和论”美学思想》,《文史哲》,2012 年第 2 期。
张立波:《论“中”》,《湖北大学学报(哲学社会科学版)》,2006 年第 6 期。
郑吉雄:《试论子思遗说》,《文史哲》,2013 年第 2 期。
周浩明:《“天人合一”理念在当代设计中的误读》,《装饰》,2008 年第 6 期。

二、著作

《二十五史》,上海古籍出版社、上海书店 1986 年版。
《黄侃手批白文十三经》,中华书局 2006 年版。
《建筑史专辑》编辑委员会:《科学史文集(第 11 辑):建筑史专辑(4)》,上海科学技术出版社 1984 年版。
《建筑史专辑》编辑委员会:《科学史文集(第 2 辑):建筑史专辑》,上海科学技术出版社 1979 年版。
《建筑史专辑》编辑委员会:《科学史文集(第 7 辑):建筑史专辑(3)》,上海科学技术出版社 1981 年版。
白化文:《汉化佛教与寺院生活》,天津人民出版社 1989 年版。
北川富朗:《乡土再造之力:大地艺术节的 10 种创想》,欧小林译,清华大学出版社 2015 年版。
陈从周:《中国园林》,广东旅游出版社 2004 年版。
陈建军:《大壮·适形:中国古建筑·匠意》,辽宁人民出版社 2006 年版。
陈学勇编:《林徽因文存:建筑》,四川文艺出版社 2005 年版。
邓焱:《建筑艺术论》,安徽教育出版社 1991 年版。
丰子恺:《认识建筑:丰子恺建筑六讲》,北京日报出版社 2017 年版。
贾洪波:《中国古代建筑》,南开大学出版社 2010 年版。
金其鑫:《中国古代建筑尺寸设计研究——论〈周易〉蓍尺制度》,安徽科学技术出版社 1992 年版。
李允鉌:《华夏意匠:中国古典建筑设计原理分析》,天津大学出版社 2014 年版。
梁思成:《梁思成建筑画:中国著名建筑师画系》,天津科学技术出版社 1996 年版。
梁思成:《中国建筑史》,百花文艺出版社 1998 年版。
梁思成:《中国建筑史》,中华人民共和国高等教育部印教材,1955 年。
梁思成著、林洙编:《为什么研究中国建筑》,外语教学与研究出版社 2011 年版。
廖文豪:《汉字树 5:汉字中的建筑与器皿》,中国商业出版社 2015 年版。
林洙:《中国营造学社史略》,百花文艺出版社 2008 年版。
刘敦桢:《中国古代建筑史》,中国建筑工业出版社 1980 年版。
刘敦桢编:《中国建筑史参考图》,陈从周校订,南京工学院、同济大学建筑系合印。

刘克明:《中国建筑图学文化源流》,湖北教育出版社 2006 年版。
柳肃:《营建的文明:中国传统文化与传统建筑》,清华大学出版社 2014 年版。
单士元:《故宫营造》,中华书局 2015 年版。
石守谦:《移动的桃花源:东亚世界中的山水画》,生活·读书·新知三联书店 2015 年版。
世界书局编:《四部精华》,岳麓书社 1991 年版。
孙庆伟:《鼏宅禹迹:夏代信史的考古学重建》,生活·读书·新知三联书店,2018 年。
孙庆伟:《追迹三代》,上海古籍出版社 2015 年版。
王明贤:《名师论建筑史》,中国建筑工业出版社 2009 年版。
王毅:《中国园林文化史》,上海人民出版社 2004 年版。
邬学德:《河南古代建筑史》,中州古籍出版社 2001 年版。
吴焕加、吕舟:《建筑史研究论文集(1946—1996)》,中国建筑工业出版社 1996 年版。
萧默:《建筑的意境》,中华书局 2014 年版。
徐苏斌:《日本对中国城市与建筑的研究》,中国水利水电出版社 1999 年版。
许宏:《大都无城:中国古都的动态解读》,生活·读书·新知三联书店 2016 年版。
许宏:《何以中国》,生活·读书·新知三联书店 2014 年版。
许宏:《最早的中国》,科学出版社 2009 年版。
杨鸿勋:《杨鸿勋建筑考古学论文集(增订版)》,清华大学出版社 2008 年版。
伊东忠太著、陈清泉译补:《中国建筑史》,上海书店 1984 年版。
余桂元:《中国著名的寺庙宫观与教堂》,商务印书馆 1996 年版。

张家骥:《中国造园史》,黑龙江人民出版社 1987 年版。

张驭寰:《中国古建筑百问》,中国档案出版社 2000 年版。

章太炎:《国学概论》,中国文化服务社 1946 年版。

赵海涛、陈华钢编:《中外建筑史》,同济大学出版社 2010 年版。

中国建筑学会建筑历史学术委员会:《建筑历史与理论(第二辑)》,江苏人民出版社 1982 年版。

中国建筑学会建筑历史学术委员会:《建筑历史与理论(第一辑)》,江苏人民出版社 1981 年版。

中国建筑学会建筑史学分会:《建筑历史与理论(第六、七合辑)》,中国科学技术出版社,2000 年。

周维权:《中国古典园林史》,清华大学出版社 1990 年版。

后　记

大约从 1981 年我到省外活动起，几十年来，我走遍了全国各省、市、自治区、各特别行政区，也到访过亚、欧、美的十几个国家。每到一处，公余时除了欣赏自然风光，我会特别关注那些不同风格的建筑，并阅读一些建筑历史文献。正是对建筑文化的持续关注，使我能在退休之后，选择这样一个课题，继续我的学术生涯。非常感谢郑州中华之源与嵩山文明研究会以及王文超书记、阎铁成副会长、刘太恒教授等先生的信任，使我获得了研究本课题的机会。

进入本课题，困难也是明显的。正如我在开题时所说，首先是有关这方面的文献材料，光是元典就浩如烟海，更何况还有海量的相关研究成果，而且一些问题需要田野考察。好在研究会成员，特别是刘教授对我非常宽容，从不催促，让我能沉下心来，认真地进行课题的文献梳理、系统研究与写作。

本课题研究能够完成，要特别感谢张斌峰教授、鲁庆中教授、高天星教授、杨焕成研究员，他们在立项期间与中期检查、结项评审时，充分肯定本课题的研究意义，并对课题研究提出了诸多中肯的意见，还提供了很多参考资料，使写作得以顺利进行。我的同学杨清荣教授，在百忙中审读了前言与第一、第二章，特别对古文献的引用、释读提出了非常重要的意见；我的同事范小方教授支持我的研究，并提出了不少指导性意见；我的朋友刘明家教授亲自开车，陪我访问一些古村古迹，也为本研究项目增色不少。还要感谢商务印书馆参与编审和校对的诸位先生，她们对本书所做的修改润饰工作，使得本课题成果能够最终呈现在读者面前。

需要说明的是，本次研究写作参考了先贤与时贤的诸多成果，还引用了部分网络资料图片，已尽量在脚注或参考文献中做了说明，但因研究时间过长、电脑时出故障，还有部分未能注明出处，敬请谅解。对所有在注或未注的先贤与时贤，作者都抱着十二分尊崇与敬意，感谢他们崇高的精神创造。但书稿只是一个初级成品，书中的缺失将由作者本人承担。恳请读者诸君提出宝贵意见。

终于完成本课题研究，非常欣慰。

李永铭

于鸿泰园

2019 年 5 月 18 日初稿

2019 年 9 月 30 日定稿

2021 年 12 月 31 日再修定

作者简介

李永铭，湖北汉阳人，1950 年出生。中南财经政法大学教授，长期从事逻辑学与思想史的教学与研究，曾发表论文百余篇，著作三十多部。曾任湖北省逻辑学会秘书长、湖北省历史学会理事、湖北省社科联委员等。